高等学校“十四五”学前教育专业精品教材

学前儿童语言教育

（最新修订版）

主　编　郑慧俐　季　燕
副主编　张　梅　陈　洁　范　媛

南京大学出版社

目 录

扫码获取

- 教学课件
- 活动案例
- 拓展阅读
- 在线试题

第一章　学前儿童语言教育概述

语言是人类最重要的交际工具，是人们进行沟通、交流的各种表达符号。《幼儿园教育指导纲要（试行）》（以下简称《纲要》）明确指出："幼儿语言的发展与其情感、经验、思维、社会交往能力等其他方面的发展密切相关。"随着该文件精神的贯彻执行，学前儿童语言教育作为课程领域之一已被提升到很高的地位。学前儿童正处于人生发展的关键时期，在这一时期内获得良好的语言教育对儿童日后的发展至关重要。

第一节　学前儿童语言教育的有关概念

学前儿童语言教育是研究儿童语言发生发展的现象、规律及其训练和教育的一门科学。随着学前儿童语言教育突飞猛进的发展，学前儿童语言教育已经成为学前教育的支柱学科之一，对学前教育其他相关领域的发展起到巨大的推动作用。学前儿童语言教育有广义和狭义之分。

一、广义的学前儿童语言教育

广义的学前儿童语言教育是指将 0～6 岁学前儿童的所有语言获得和学习现象、规律以及训练与教育作为主要研究的对象，对 0～6 岁学前儿童加强听、说、读、写的训练。

在儿童期，除有严重的学习语言障碍的儿童外，一般儿童都能成功学会母语的口语。在现有的教育条件下，绝大部分儿童还应学习母语的书面语，从出生即开始进行早期阅读的训练；有条件的儿童还要学习一两门外语。随着科学技术的发展和社会教育观念的进步，即使有学习语言障碍的儿童也将不同程度地受到语言康复教育。

二、狭义的学前儿童语言教育

狭义的学前儿童语言教育只把 3～6 岁学前儿童掌握母语的过程，特别是把 3～6 岁学前儿童早期掌握母语的听说训练和教育作为主要研究的对象，对 3～6 岁学前儿童加强口语听说训练。

不管是广义还是狭义的学前儿童语言教育，都强调儿童语言运用能力的发展，并注重发展儿童运用语言进行交际的能力。新时代的儿童应该是一个富有个性、全面发展的儿童，因此，语言教育还应该在促进学前儿童语言发展的同时，为儿童提供思维训练、情感陶冶、文化传递、社会交际等多方面发展的机会。

第二节　学前儿童语言教育与学前儿童发展

语言是人类的交际工具。人们借助于语言交流思想、增进了解；人类文明借助于语言得以传承。学前儿童掌握语言的过程就是不断社会化的过程，是学前儿童由不成熟迈向成熟的第一步。儿童心理的研究成果和长期的教育实践已经证明，婴幼儿期是人的一生中掌握语言最迅速的时期，也是最关键的时期，我们将之称为儿童语言发展的"关键期"。关键期是指个体发展过程中环境影响能起最大作用的时期。在关键期中，机体对环境影响极为敏感，对细微刺激即能发生反应。在适宜的环境影响下，行为习得特别容易，发展特别迅速。但此时如果缺乏适宜的环境影响，也可能引起病态反应，甚至阻碍日后的正常发展。在儿童语言发展的关键期内，婴幼儿的听觉和言语器官的发育逐渐完善，正确发出全部语音的条件已经具备，三四岁时儿童发音机制已开始定型，发音系统逐渐形成比较稳定的神经通路，以后要改变就非常困难。一个人在婴幼儿期如果没有掌握正确的发音，以后进行补偿教育就会非常困难。如果婴幼儿在发展语言的关键期，没有条件学习口语，以后就不可能真正学会说话。

众所周知印度"狼孩"卡玛拉就是一个典型的例子。卡玛拉经过 7 年的教育，才掌握四五个词，勉强地学说几句话。她死时已有 16 岁左右，但其智力只相当于三四岁的孩子。这个实例说明，长期脱离人类社会环境且错过语言发展关键期的幼童，就不会产生人所具有的脑的功能，也不可能产生与语言相联系的抽象思维和人的意识。婴幼儿语言的发展如果错过了时机是难以弥补的。因此，学前期的语言教育在家庭和幼儿园中应该处于举足轻重的位置，学前儿童语言教育有着重要的意义，它能有效促进学前儿童的全面发展。

一、学前期语言教育促进儿童思维能力的发展

关于思维，一般把它定义为"人脑对客观事物的本质属性和事物之间内在联系的规律性所作出的间接与概括的反映"。语言将会在很大程度上多方面地影响并制约思维。语言的发展是一种社会现象，它遵循着一定的发展规律。人类首先具备发音的生理系统和有组织、整合能力的大脑中枢系统，随后是口语的运用、文字符号的创造、词句的产生和语法结构的发展。我们可以通过婴幼儿的语言发展，从侧面看到人类掌握语言的发展规律与思维的关系。

（一）前言语活动的发音阶段

新生儿时期，婴儿能自动发出"ei""ou""o"等元音声音，这些断续的、经常出现的发音代表着婴儿的某些机体状态、感觉状态和情绪状态，反映着婴儿的感受。这些发音是

言语发展的前提和组织者，“咿呀学语”是婴儿在与成人之间日益频繁的交往和互相呼应中产生的，婴儿以发出语声的方式同成人在感情和行为上发生联系。这个阶段的发音除了生理因素外，也与婴儿的语音分辨有关。有研究表明，出生 4 天的婴儿已经能够分辨不同长度的语言音节，能区分母语和非母语；2 月龄的婴儿能够区分音素；4 月龄婴儿已经表现出对语言刺激的偏好；6 月龄婴儿开始学会保留母语而放弃非母语的语音。发音阶段是语言发展的基础，对语言的正确感知是婴儿发展正常的口语理解与表达能力的重要基础。

（二）言语的早期发展——词汇的理解和掌握

人类的语言是以词为基本单位的，对词汇理解和掌握的不断发展，有助于婴儿语言的具体发展。人们在进行思维活动、认识事物的内在联系时，总是以第二信号系统的某种语言的词作为其刺激物（如声音、符号、体语、文字等），只有通过语言活动“说出”的词，才会有效地激活第二信号系统进行思维活动。一个人在与他人进行交流、沟通的过程中，时刻需要通过他人的语言来理解对方的思想，推测对方的意图，理解和推测的过程就是思维的过程作用。第一批词汇的产生是婴儿言语产生的标志。发音阶段的语音是自发式的、无具体意义的表达，而一旦词汇产生，婴儿的言语发展就进入了一个实质性的进程。人们在掌握语言的词的过程中，先是从单词开始的，然后发展到掌握复合词和句子。词汇的内容在这个时期也不断扩大，随着年龄的增长，从掌握与日常生活直接相关的词汇到与日常生活距离稍远的词，从具体的词汇到抽象性、概括性比较高的词。比如，儿童刚开始掌握的词中较多的是“人称类”“动物类”以及“日常生活用品类”，随着年龄的增长，他们掌握了关于社会现象、工农业生产、技术、工具等方面的词。这个阶段，儿童对词义的理解逐渐得到确切和加深。随着年龄的增长，他们逐渐克服了词义扩张和词义缩小，能够正确理解并使用词。如“苹果”与“梨”、“老虎”与“狮子”的区别等，基本上能用比较准确的词分别进行表述。

（三）词语组合成句的语言表达能力的发展阶段

15 个月时，婴儿一般能说出 20 个以上的词语，2 岁婴儿已学会使用 100 个甚至几百个词，经常出现两个字的组合，所以这个阶段又称为双字句阶段。双字句是婴儿语言表达的主要方式。能说出词是婴儿语言发展质变的标志。到 1 岁半时，语言发展较早的婴儿能说出少量的简单句子。这个阶段的句子似乎是以主题和主题的作用组织的，基本上符合主、谓、宾语的基本语法结构，这表明儿童已掌握了某些语法和某些语义。儿童使用词语组合，一方面是模仿成人的语句，另一方面是自觉的行为，是与成人进行沟通的直接、有效的方式。这表明，儿童基本上能够用他们自己所能说出的词句来表达自己的意思，这是一个很大的进步，为其语言发展奠定了基础。

（四）口语的进一步发展阶段

人类语言包括口语语言、书面文字语言等形式。口语语言在人类语言发展进程中具有很重要的作用，也是人类进行交流和联系的重要手段之一。婴儿晚期和儿童早期的语言都是以口语为主的，并借此与成人进行沟通和交流。有研究表明，儿童在3岁时已基本上掌握了本民族口语。这个阶段，儿童能说出完整的简单句，并逐步出现复合句，不但能使用名词、动词、形容词，而且学着使用连接词、介词等。儿童到4～6岁已掌握了基本的生活应用词汇以及各种词类和句型，即掌握了语言的基础部分。但在儿童阶段的语言水平基本上属于情境性语言，并与活动直接联系。在儿童期，口头语言的表达能力，不管是顺序性、完整性和逻辑性的发展，都是随着年龄的增长而渐趋完善。儿童具有独特的获得语法结构和自动应用组词成句的规则，并大致按照如下趋势发展：(1) 从单句到复合句的发展；(2) 从陈述句到各种形式句子的发展；(3) 从不完整句到完整句的发展；(4) 从简单句到语句修饰和精确化的发展；(5) 从自言自语发展到能连贯地说话；(6) 书面文字语言的萌芽阶段。

综上所述，我们可以看到人类语言发展的基本过程和规律，而在语言的发展过程中，人类的思维是与之相适应发展的。在由直接地感知，表象进入分析、综合、判断、推理、概括等抽象思维的过程中，语言起着特别重要的作用。如果语言不能发展，思维的内容将不会得到有效的表述，思维的内容也会贫乏，缺少多样化。儿童的思维内容，只能用他们所掌握的语言进行表述，不可能用成年人的语言表述。因此，语言的发展推动着思维的发展。

二、学前期语言教育促进儿童个性的发展

个性通常是指个人具有的比较稳定的、有一定倾向性的心理特征的总和，包括气质、性格、动机、兴趣、意志、理想等。个性心理特征调整着个体心理过程的进行，影响人的外显行为和内隐行为，因此个性是心理及行为的动力来源。

学前期语言教育与儿童个性发展之间的关系主要表现为以下三点：首先，学前儿童自我意识的萌芽状态出现于2岁左右，其进一步发展与儿童有关自我词汇的掌握密切相关。其次，学前儿童语言的发展使其得到巨大的个人乐趣和满足，从而导致其个人或社会的良好调节，对其性格形成和发展带来积极影响。语言的发展，使儿童有可能与成人直接进行语言交往。儿童通过观察周围其他人对事物的态度、行为方式和成人强化方式，直接或间接地学习为人处世的方式，获得有关“什么是礼貌的行为”“什么叫诚实”等经验。再次，儿童通过阅读故事作品来了解故事中人物好与坏、是与非，结合自己进行对照。在老师的引导教育下，开始进行自我认识，逐渐学会评价自己、了解自己的特点，从而增强自信心和自尊心。

三、学前期语言教育促进儿童社会化行为的发展

儿童社会化是儿童在一定的条件下逐渐独立地掌握社会规范，正确处理人际关系，从而客观地适应社会生活的心理发展过程。儿童社会性发展的特征表现为：他们大都不甘寂寞，喜欢与同伴一起玩，游戏的关系从比较疏松的撮合发展到比较协调的、有规则约束的结合，社会化程度大大提高。影响儿童社会化的条件有社会环境系统、生物因

素和心理工具，其中，心理工具指儿童的符号系统，主要是语言。语言的发展帮助儿童逐步发展对外部世界、他人和自己的认识，使儿童社会性发展得以正常进行。

儿童期是儿童社会性发展的重要时期，儿童社会性发展是儿童未来全面发展的重要基础。《纲要》在语言领域教育活动内容与要求中明确提到：要创设一个自由、宽松的语言交往环境，支持、鼓励、吸引幼儿与教师，同伴或其他人交谈，体验语言交流的乐趣，学习使用适当的、礼貌的语言交往。由此可以看出：学前期儿童的语言教育强调儿童与人的交际，重视儿童的社会性发展。

语言发展对儿童社会性发展的促进作用主要表现在以下两个方面：

（一）提高社会交往能力

随着学前儿童语言能力的提高，其社会交往能力也得到了大大改善。有了语言之后，个人的内心活动就可以进行交流了，思维的发展使其能够把这种思维告诉别人。首先，学前儿童可以使用语言讲出自己的感受和需要，让成人或同伴及时了解自己或引起他人的注意；能用语言清楚表达自己情感的儿童通常能够受到他人的欢迎和喜爱，使其情感获得极大的满足。其次，学前儿童可以使用语言来调节行为，掌握自我评价的标准。例如：在与他人交际中，儿童逐渐学会使用语言而不是身体动作的侵犯，学会通过语言协商而不是发脾气或其他粗暴行为，来解决与他人之间的争端或冲突。

婴幼儿早在会说话之前，就能用表情和动作吸引周围人的注意，用哭喊等方式来满足生理上的需要。当照护者满足了孩子的要求后，更提高了他们交际的积极性。随着婴幼儿各种需要的发展和语言能力的发展，他们与周围人的交际逐渐增多，在与周围人的交流中，他们的各种需要得到不同程度的满足，由此产生了愉快、积极的情绪，而且能够模仿并学到怎样表达自己的思想和感情，怎样去理解别人，如何同情、关心别人，如何与别人进行合作等。这些经验的获得，既促进了儿童语言交际能力的发展，也促进了儿童社会化行为的发展。儿童语言的逐步发展以及口语表达能力的提高，促使儿童敢在众人面前讲话，愿意与人交谈。如此良性循环，逐渐使儿童喜欢交际，这样他们就比较容易适应集体生活，为今后适应社会打下良好的基础。相反，语言能力差，交际中不擅于用语言与人沟通，在一定程度上会降低儿童与人交往的积极性。怕见陌生人，羞于在众人面前讲话，在幼儿园的活动中不敢大胆回答老师的提问，这样，儿童不但口语能力难以提高，与周围人的交往也会受到影响。因此，语言教育不仅能提高儿童的语言表达能力，也有利于儿童社会化行为的发展和良好性格的形成。

（二）促进道德的发展

学前儿童的道德行为和道德判断也是在学前儿童掌握言语以后才逐步产生的，而且多少包含了一些意志行动的成分在内。语言获得初期，随着在日常生活中自己良好的行为获得成人“好”“乖”的评价，婴幼儿能在成人要求的前提下做出一些合乎道德要求的行为。随着语言和认知的进一步发展，3 岁后儿童的道德感开始形成，他们通过交往和模仿学习，逐渐掌握了一些行为规范和各种道德标准，还开始关心别人的行为是否符合道德标准，并由此产生相应的满意或不满的情感，各种道德习惯也逐渐养成。

五、学前期语言教育为儿童学习书面语打好基础

人们在信息传递的过程中，语言是主要载体。书面语言是信息交流的一种重要方式。书面语言是以有声语言为基础的，在掌握口头语言的基础上才能学好书面语言。因此，发展儿童的口语，也是为学龄期学习书面语言做准备，这既符合儿童的年龄特点，也符合人们掌握语言的规律。

儿童在学习口语的过程中，学会了准确地发音，掌握了大量的词汇，理解词义的能力加强，这就使儿童在学习文字时能更快地找到意义和字形的联系，从而加强对字形的记忆。儿童在口头组词、组句、口语表达能力的训练中，如在各种类型的创造性讲述、续编故事、复述故事等语言能力的训练中，提高了口头语言的表现力。儿童口语的良好发展有利于向书面语言学习的过渡，在此基础上可以促进儿童文字表达能力的发展。学前阶段家长如能有意识地训练孩子的口语表达能力，让孩子现想现说、有条有理地说，就可以促进孩子思维敏捷性、灵活性和逻辑性的发展。以上这些因素，均可为孩子入学后学习书面语言打下良好的基础。

第三节　学前儿童语言教育的基本观念

学前儿童语言教育应贯穿一定的指导思想，即一些基本的教育观念。这些教育观念直接影响着学前儿童语言教育的效果，对其语言教育效果起着决定性的作用。对学前儿童进行语言教育，首先需要同时树立整合教育观、完整教育观和活动教育观，明确语言教育是什么、语言教育和其他领域教育有何关系、以何种途径实施语言教育等问题。这些基本观念既是学前儿童教育总的指导思想在学前儿童语言教育中的具体表现，也是当代儿童发展与教育研究成果在学前儿童语言教育实践中具体运用的必然结果。

一、整合教育观

整合的语言教育观是把儿童语言学习看成一个整合的系统，充分意识到儿童语言发展与其认知、情感等方面的发展是整合一体的关系。在儿童语言发展的过程中，儿童对每一个新词、每一种句式的习得，都是整个学习系统调整、吸收和发展的结果，儿童的语言发展离不开其他方面的发展。

美国儿童语言教育专家卡洛-乌尔福克提出应将儿童语言学习视为一个整合的系统，语言学习系统包括：语言代码范畴，包括语音、语素、句法、语义、语用；语言内容认知范畴，包括符号化、表征、概念化、记忆、感觉、知觉；语言表达范畴，包括说、写、语言制作、理解和言语感知；交际环境范畴，包括内部交往的需要、愿望与外部的自己和强化。

该模式强调儿童的语言是以整合的方式获得的。总之，语言教育整合观强调语言与其他方面的联系，强调在语言学习内容方式方法等方面都应执行整合的观念。

儿童语言学习与语言教育，尤其是当今学前儿童语言教育，已经步入了整合观的阶段。新的生活方式对新型人才的突出要求，便是人与他人沟通交流的能力，谁具备了交际能力，谁便能在未来的生活与发展中获得更多的机会和更大的成功可能性。从这一点出发，儿童自小学习和掌握的语言，应是活的语言、具有明显应变色彩的语言，并且是与其他方面发展相辅相成、互为支柱的语言。因此，陈旧的单纯语言形式训练的观念及方式均已无法适应需要，而在整合教育观指导下的学前儿童语言教育脱颖而出。

儿童语言学习的每一点收获，都对他们其他方面的发展起到良好的促进作用，儿童其他方面的发展同样也离不开语言的发展。基于这样的观念，在开展学前儿童语言教育的时候，始终将其作为学前儿童教育整体中的一部分来看待，加强学前儿童语言教育与其他方面教育之间的联系。把语言学习与其他方面的知识学习和能力发展割裂开来，以及对学前儿童进行纯语言教学的做法是不合适的，不应采纳。

（一）语言教育目标的整合

整合教育首先表现在语言教育目标的整合上，这要求在制定学前儿童语言教育目标时，既要考虑完整语言各组成成分的情感、能力和知识方面的培养目标，也要考虑语言教育以及与语言相关的其他领域的目标，同时还需要考虑语言教育的目标在其他领域的教育中得以实现，使语言教育目标成为以促进儿童的语言发展为主线，同时促进儿童其他方面发展的整合的目标体系。只有树立了整合的语言教育目标意识，才能实现语言教育内容和方式的整合。

（二）语言教育内容的整合

卡洛-乌尔福克和伦奇在他们的语言学习整合观模式中指出，儿童语言发展有赖于三种知识的整合习得：社会知识、认知知识和语言知识。当代学前儿童的语言教育内容是以这三种知识为主的整合，因此，学前儿童语言教育工作者在设计、选择教学内容时，应充分考虑社会知识、认知知识和语言知识三个方面的有效结合考虑学习内容在这三个方面都对学前儿童有积极的挑战意味，考虑儿童在学习时获得整个语言学习系统的调整与接纳。需要特别指出，语言教育内容的整合是渗透在教育各个方面的语言学习机会的整合。正如语言教育中融入其他方面的教育一样，其他方面的教育也从不同角度对儿童语言学习提出了要求，并帮助儿童提高在不同情境、不同活动性质条件下语言的应变能力。因此，教育工作者为儿童提供的语言教育内容，实质上是适于他们语言学习系统与之交互作用的环境组成部分。

（三）语言教育方式的整合

目标与内容的整合，意味着语言教育方式的整合走向。整合方式的突出特点，是以活动的组织形式来建构语言教育内容，其中包括专门的语言活动和与其他活动结合的语言活动。在这样的学习中，一方面是语言知识，另一方面是认知知识，再有一方面是社会知识，这三个方面交融汇合在语言操作实践中得以锻炼，并继续对环境产生良性反馈作用。语言教育内容与方式的整合，构成良好的语言教育环境，儿童不再单纯为学说话而学说话，不再被动地接受教师传授的语言学知识，他们在整合的语言教育环境中获得的是语言和其他方面共同发展的机会，他们是主动探求并积极参与作用的语言加工创造者。

二、完整教育观

《纲要》强调：儿童的学习是综合的、整体的。在教育过程中应依据儿童已有经验和学习的兴趣与特点，灵活、综合地组织和安排各方面的教育内容，使儿童获得相对完整的经验。完整语言教育观是指在儿童语言发展的关键期内，有必要给他们提供完整语言学习的机会，即强调学前儿童语言教育目标是完整的，学前儿童语言教育内容是全面的、完整的，学前儿童语言教育活动过程是真实的、形式多样的。

完整的语言教育观提倡自然、完整的语言学习，认为应重视语言能力而非孤立的语言技巧，强调语言的交际意义；强调真实的语言情境；强调语言不是独立系统，而是和认知、情绪、经验、学习欲望等密切相连。

（一）学前儿童语言教育目标是完整的

语言教育主要是为了培养儿童听、说、读、写的能力，语言形式包括口头语言和书面语言。口头语言的输入是“听”，口头语言的输出为“说”；书面语言的输入是“读”，书面语言的输出是“写”。儿童在各个领域中的学习都不能缺少这四部分，语言能力的发展就存在于每个领域的学习中。因此，完整的语言教育目标应该包括培养儿童语言的听、说、读、写四个方面的情感态度、认识和能力。对学前儿童来说，主要是培养他们的听、说能力和良好的听、说行为习惯，同时使他们获得早期的读、写技能，为他们进入小学进行正规的读写训练做前期准备。在所有的目标中，培养儿童的语言运用能力，特别是提高学前儿童的语言核心操作能力应当成为语言教育的重点。

（二）学前儿童语言教育内容是全面的

学前儿童语言教育的内容是指学前教育机构传授给儿童的语言形式、语言内容、语言运用的总和，是教给儿童一套特定的语言符号系统，并指导他们学习运用这套符号系统进行交际。学前儿童语言教育内容是丰富多彩的，学前儿童的学习经验、生活经验和语言内容选择之间的关系非常密切。全面的语言教育内容是指在学前儿童语言教育中，既要引导学前儿童学习口头语言，也要引导学前儿童学习书面语言；既要让学前儿童理解和运用日常交往语言，也要引导学前儿童学习文学语言。整合的语言教育内容是指在选择和编排语言教育内容时，要把语言视为一个整体，而不是将教学切割成分离的技能成分。

（三）儿童语言的学习是先功能后形式的学习

目前，在学前儿童语言教育实践过程中，不管是专门的语言教育，还是渗透在整合课程中的语言教育，都仍然存在重形式、轻功能的问题。有些幼儿教师更强调儿童学习词语、句子以及完整的表述，而利用语言表达自己当时的情感、传达信息以及促进认知能力的发展等方面的目标被弱化了。在儿童语言发展过程中，语言功能先于语言形式，儿童先知道语言是可以用来满足交际需要的，然后再去选择合适的语言。儿童在说话之前就已经掌握母语系统所有的字词，在学会阅读之前已经掌握了所有字词的拼写，这样的情况是不可能发生的。事实是在他们未完全掌握成人的语言之前就已经能够与人交谈，在掌握语法规则之前就已经能够说出较长的句子。儿童使用语言是因为他们有交际的需要，对语言形式的正确掌握发生在根据交际需要，不断地试用语言形式，不断地纠正语言错误之后。在这个过程中，成人的积极反馈和对儿童语言错误的宽容态度起了相当大的作用。

（四）学前儿童语言教育活动过程应该是真实的、形式多样的

著名哲学家海德格尔曾经说过：语言就是人的家园，语言就是人的生活，语言就是人的存在。创设真实的语言环境对于学前儿童的语言学习来说是非常重要的。完整语言教育观强调教育活动的真实性，即教师在组织活动时应着眼于创设真实的双向交流情境，使语言教育的过程成为教师与儿童共同参与的、积极互动的过程，因为儿童的语言必须在一定的情境中使用才能真正得到发展和体现。语言教育提倡以教师和儿童共同参与的活动作为语言教育的基本形式，活动的形式应该多样化。教师要为儿童提供动脑、动口、动手的生活环境和学习材料，促使儿童成为主动的学习者。在专门的语言教育活动、日常语言教育活动中，教师应随时随地开展语言教育，展现给儿童一个完整的、真实的语言学习环境。

对话是语言的一种双向交流活动。每当儿童接触新事物、体验新情感时，教师要主动告诉儿童周围的一切，教他说有关的词语。当儿童说出新的词语或句子时，教师一定要及时鼓励，千万不要错过跟他说话的机会。在对话过程中，教师应做到以下几点：声音要清晰，发音要正确规范；音调可略提高，但要柔和、亲切；讲话态度要和蔼，富于表情，还可伴有手势，以加深印象，促进记忆；讲话内容要结合当时情境，使儿童能身在其境，把所见、所做、所讲的话联系起来，使其在充分感受、理解的基础上，在日常生活与环境交互中自然地获得语言。同时，教师应尊重儿童的反应、看法，要倾听儿童的语言，满足孩子交谈的愿望。

三、活动教育观

（一）活动教育观的含义

所谓活动教学，是指一种在活动课程思想引导下，旨在克服传统教学中单一地采用抽象的符号形式学习的弊端，充分调动学生的多种感官和学习兴趣，把感知学习与实践操作融合在一起的教学思想和方法，是一种实践性、探究式、综合型的教学模式。活动教育观在学前儿童语言教育中的含义是指以活动的形式组织学前儿童的语言教育过程，

帮助学前儿童学习语言。儿童语言教育的活动观具体体现在教育过程之中，要求教师更多地给儿童提供充分操作语言的机会、鼓励儿童以多种方式操作语言以及发挥儿童在操作语言过程中的主动性等几个方面。

1. 提供充分操作语言的机会

儿童发展需要外界环境中的人、事、物的各种信息，但这些信息不是由成人灌输，强迫儿童接受的，而是在没有压力、非强迫的状态下，儿童通过自身积极与之相互作用而主动获得的。儿童的语言发展是通过儿童个体与外界环境中各种语言和非语言材料交互作用才得以逐步获得的。学前儿童语言教育便是引导儿童积极地与语言及其相关信息进行相互作用的过程，让儿童积极主动地在活动中学习语言，强调动作、活动是知识的源泉。社会建构主义认为，意义是通过两个或多个人的协同努力而获得的。也就是说，我们的语言只有在得到他人的肯定之后才有意义，即语言发生在对话者的互动交流过程之中。幼儿园的语言教育活动采用谈话活动、讲述活动、听说游戏、文学活动和早期阅读等多种形式，为儿童语言学习创设了丰富的环境。这样情境丰富的语言教学活动充分调动了儿童的积极性，发展了儿童的语言能力。

2. 提供开放性环境，通过多种形式的操作，促进儿童语言的发展

《纲要》指出："幼儿园应为幼儿提供健康、丰富的生活和活动环境，满足他们多方面发展的需要，使他们度过快乐而有意义的童年。"儿童语言的学习需要教师的引发、支持、鼓励和指导，其中，提供一个支撑性的物质环境与安全的心理环境不可或缺。在语言活动中，教师应为儿童创设一个自由、宽松的语言环境，使每一个儿童都有自由表达、自主学习的机会。教师要创设谈话情境，使儿童想说、敢说、有机会说，体会到语言交流的乐趣，学会互助、合作和分享。同时，教师要尊重个体差异和个人意见，鼓励儿童勇于提出问题，敢于大胆发表自己的看法，在各种活动中自由表达，发挥创造性，从而使儿童学会从不同的角度看问题，并尊重他人的想法。教师在日常生活中则应注意观察和倾听儿童的语言，对儿童语言发展的有关信息表现出高度的敏感度。这不仅是开放性、支持性学习环境创设的基础，也是为儿童选择更适合他们的语言学习方式的保证。

儿童语言的发展有赖于认知的发展，而认知的发展主要依靠儿童自身的动作。学前儿童正处于动作思维向具体形象思维发展的阶段，对客观事物的认识主要依赖于自身的各种操作活动，通过动手、动脑和手脑并用的操作来产生与环境的交互作用，因此，儿童应在亲身体验中增强语言操作的积极性，获得愉快成功的体验；在对操作材料的探索中激发学习的内在兴趣和动机，变被动学习为主动学习，真正实现以活动的形式促进语言的发展。

3. 要注意发挥儿童在活动中的主体作用和教师在活动中的主导作用

活动教育观认为，学生是学习的主体、活动的主体、发展的主体，在学习过程中有选择权、决策权和发展权，要充分尊重学生的兴趣与爱好，为学生自主性的充分发挥开辟广阔的空间。所谓学前儿童的主体地位，是指在活动组织设计时充分考虑内容和形式适应儿童发展水平和需要；学前儿童在活动过程中始终有积极的动机、浓厚的兴趣和主动的参与精神，而不是消极被动的受教者；活动为每个参与者提供适合他们发展特点与需要的环境条件。

教师在儿童活动中从旁引导，扮演着促进儿童积极参与、良性发展的角色。教师在语言活动中的主导作用主要通过以下几个方面来体现：

（1）活动前为儿童创设良好的语言教育环境，如语言材料、操作材料、适当的氛围等，体现教师有关教育的目标设想，安排和组织儿童与一定的语言材料以及相关的信息材料相互作用。

（2）在活动过程中，教师通过提示、提问、讲述或暗示、示范等方法，指导儿童感知和探索，帮助儿童找到获得知识的途径，从而引导儿童完成学习任务。在儿童与环境相互作用的关系中，教师往往成为一种中介力量，设计环境让儿童与之交往，同时指导儿童去与环境交往。

（3）根据儿童不同的特点，因材施教，同时帮助他们找到行之有效的学习方法以顺利完成学习任务。教师的主导作用也体现在对全班提出统一要求时，根据自己对每个儿童发展特点的了解，有针对性地给予指导，争取让每个儿童都得到进步。

（4）在活动结束时，教师要及时点评，总结学前儿童活动的成果，找出儿童们的闪光点。对学前儿童的活动提出新的要求，使儿童明确更高的目标，为下个环节的活动奠定基础。

（二）活动教育观的理论依据

儿童语言教育的活动教育观以心理学有关活动以及认知与活动之间关系的理论，特别是皮亚杰的认知发展理论作为主要依据。

1. 儿童的发展有赖于其自身的活动

语言学习从本质上说是一种行为活动，它是儿童当前认知机能与其当前所处的语言及非语言环境相互作用的结果。可以说，智慧起源于人体对周围环境的动作，儿童的语言则起源于他的智慧发展。一方面，语言发展以最初的认知发展为前提，认知发展的顺序和普遍性决定了语言发展的顺序和普遍性；另一方面，语言和符号功能的发展也促进了认知发展。

2. 同化和顺应是儿童认知和语言发展的两种机制

根据皮亚杰的理论，学习是一个同化、顺应、再同化、再顺应的循环过程。同化是认知结构的量变过程，顺应是认知结构的质变过程。在学习过程中，同化和顺应交织进行，学习者的认知水平在动态平衡、循环往复的交替中不断地发展。因此，学习者在学习过程中，应重视原有知识经验和新的知识经验之间的意义联结过程。学习不再是传统意义上的信息积累，而是新旧知识经验的意义冲突，以及由此引发的认知结构的重组。

同化和顺应是儿童认知和语言发展的两种机制。一方面，将外界的新信息融入自身的认知结构之中，即同化作用。通过同化作用，儿童将陌生的事物纳入原有的认知结构中，从而达到对事物的理解。同化的直接结果是促进原有认知结构内容量的扩大。另一方面，不断地改变原有的认知结构或建构一种新的认知结构以容纳新鲜的刺激，从而达到对外界环境的适应，这一过程便是顺应。顺应包括两个方面：其一是对原有认知结构的改造，使其可以接纳新的信息；其二是创造一种新的结构，以接纳新事物。顺应作用促使认知结构发生质的变化，从而导致认知的发展。儿童是主动的探索者，其活动受当时的兴趣和需要支配，即活动是由儿童主动发起的，而非被动地接受他人的安排。

3. 儿童认知与语言发展的影响因素

影响儿童认知与语言发展的因素有四个：成熟、物质环境、社会环境和平衡化。

（1）成熟

成熟主要指人的思想观念的转变，从幼稚向更高一级的转变，对事对物的看法更加理智，并且这一过程往往伴随着周围环境的改变而发生，也包括其他人的影响。成熟是儿童认知发展的生理基础。如果认知发展未曾达到一定水平，外界的新信息就不可能引起认知的同化和顺应机能发生作用。

（2）物质环境

物质环境的经验主要表现为儿童通过与外界物质环境的相互作用得到的经验。物质环境经验可分为简单练习、物质经验和数理逻辑经验三种。简单练习是指通过感官获得有关外界事物的简单的、外部的直观特征；物质经验是指在主体作用于客体的过程中，通过抽象获得的一些有关客体的颜色、重量、比例、速度等性质；数理逻辑经验则是通过对外界客体的操作以及与客体之间的协调获得的有关主体与客体之间关系的经验。这些经验是儿童认知发展成熟的必要条件。

（3）社会环境

社会环境对于儿童参与的社会生活、语言信息的交换和文化教育有着深远的影响。每一个儿童的活动都不是发生在真空之中的，而是发生在一定的社会环境之中的，儿童基于生活经验的活动是在与他人交互作用的过程中进行的。关于社会的知识和经验是由成人传递的，而成人传递的知识同样要通过儿童自身的同化和顺应，才能使儿童吸收并为其服务。

（4）平衡化

平衡化是成熟、物质环境和社会环境三个因素之间的相互作用所需要的协调。任何认知结构的形成，都要经过不断地同化和顺应的一系列活动及其平衡，这是一种自动调节；同化和顺应一旦失去平衡，就出现不平衡。当儿童在认识过程中出现不平衡状态，便会主动地去做必要的同化和顺应，以达到新的平衡。这种新的平衡是发生在低层次的平衡被打破以后，在高一级的水平上建立起来的。因此，平衡的倾向作为一种过程，其作用在于把儿童的认识水平推向更高阶段，从而推动儿童认知的发展。

第二章　影响学前儿童语言发展的因素

语言的发生与发展是一个较为复杂的过程,它包括某种语言现象的产生和产生之后的发展演进过程。语言发展是儿童心理学的重要研究领域,也是学前儿童语言教育的热门话题。本章将从学前儿童语言发生的生物基础、社会实践基础以及学前儿童的语言获得理论三个方面进行详细论述。

第一节　学前儿童语言发生的生物基础

人说话是靠大脑的言语运动分析器来指挥的。人之所以能说话,还因为有能说话的物质基础——言语的发音器官。这个器官包括肺、支气管,喉头和声带,口腔、鼻腔和咽腔,人说话就是靠这几部分的协调活动来完成的。说话时口腔共鸣器和咽喉共鸣器的活动是由听觉来监督的。人的大脑、发音器官和听觉器官的健康和完善,是人的言语活动的先决条件,其中任何部位发育不完善或受到损伤都会直接影响到人的言语能力。例如,声带受到损伤,人的外部言语就无从表现;当听觉减弱或完全丧失时,人的言语就不会清晰或完全失去言语能力。由此可知,大脑和言语器官发育是否完善和保持健康,是儿童语言发展的关键。

一、大脑神经中枢的成熟

言语活动的生理机制是第二信号系统的活动,这个信号系统的刺激物是词。词是一种"信号的信号",它把直接刺激物的信号加以概括化。在言语活动过程中,除发音器官参加之外,词的表达主要通过言语运动分析器的活动实现。对词的感知和理解,则主要通过言语听觉分析器和言语视觉分析器的活动实现。

言语运动分析器的外周部分是发音器官的声带、喉头、口腔、舌、唇等。人说话时,由大脑皮层发出指令,支配发音器官活动。发音器官活动时发出的动觉刺激传到大脑皮层的活动中枢,进行分析与综合,又同时发出神经冲动反过来调整言语器官的活动,使言语活动更加协调、准确。

言语听觉分析器和言语视觉分析器的外周部分就是一般听觉和视觉的感受器,但在皮层上却有专门化的中枢。皮层的言语中枢包括言语运动、言语听觉和言语视觉三个分析器的中枢部分。这些分析器彼此紧密联系并与第一信号系统协同活动，而且协调地与神经系统全部活动相联系。

过去研究认为，各种不同的言语活动是与皮层上一定的区域相联系，即在皮层上有与各种不同的言语活动相对应的言语中枢，如左半球下额回后三分之一是言语运动中枢，左半球上颞回后三分之一是言语感觉中枢。近几十年来，随着生理学、心理学的发展，对这种言语活动生理机制简单化的看法提出了批评。研究表明，某一种言语活动并不是由大脑皮层某个特定区域的有限细胞组织的活动所承担的，而是由神经系统各种水平的复杂组织的活动来保证完成的。言语活动的生理机制是一种专门化了的机能系统。更确切地说，它是若干多项目、多水平的机能系统的复杂组织。其中，有些是专门为言语活动“服务”的机能系统，也有一些是同时为其他活动服务的机能系统。

二、发音器官的成熟

人的发音器官包括三部分：① 呼吸器官。肺脏呼吸时所产生的气流是人类发音的原动力。肺的扩张和收缩，使气流吸入和呼出。当气流通过管道上的某些部位发生冲击摩擦时就形成声音。② 喉头和声带。声带是主要的发声体。喉头起调节声带开闭或松紧的作用。③ 口腔、鼻腔和咽腔。它们是一个共鸣器，使声音产生各种不同的语音音色。

人类就是通过这些发音器官的作用，发出各种各样带有个人特色的语音。人类的言语不仅有声音，更重要的是有意义。对词的理解和词汇的选择，这是一个非常复杂的过程，是在大脑两半球的皮层上实现的。

三、听觉系统的发展

人类的听觉系统包括听觉器官（外耳、中耳和内耳）、脑干与大脑听知觉中枢。耳郭就像一个收音器，负责收集声音，然后将声音传入外耳道，沿着外耳道下行至中耳。外耳与中耳的交接处有一层薄膜，这就是鼓膜。音波振动鼓膜，声音信息传入中耳内的听骨，然后沿着内耳耳蜗内的液体传送，刺激听觉神经，形成听觉。人的听觉发育较早，但成熟较晚。听觉功能发展不足的儿童会有如下表现：虽然能够听到声音，但只能接收部分信息，常出现听不太懂他人话语的现象。患有先天听觉障碍的孩子，如果能在出生后6个月内进行检查，基本可以查出。研究表明，患有轻度以及中度听觉障碍的孩子，如果能及早做出诊断并接受治疗的话，听觉水平将接近正常人。

研究表明，胎儿在3个月时就能够听到母亲体内的声音，5个月左右能够听到母亲体外的声音。从孩子出生一直到12～13岁，听觉功能一直在增强。成年后，我们的听觉功能会逐渐降低，主要是高频部分听力的减弱。刚出生的婴儿不仅能够听清声音，还能够分辨出声音的高低以及持续时间。此时，他们比较喜欢听持续不断的、反复的声音，一些优美的古典音乐能对他们起到安慰作用。这说明婴儿对语音信号的频率特征的分析是非常精细的。这种对声音的敏感性和已经发育的听觉器官，为婴儿和成人的早期咿呀对话提供了条件。这种对话从出生第一、二个月就可以在母婴之间进行，成人要创设条件让孩子多听、多说、多看、多交往，给予多种形式的语言刺激和语言交流，一直可以延续到1岁以后，使婴儿在正确、清楚地发出这些音之前，就能正确辨别这些声音。

第二节　学前儿童语言发生的社会环境基础

除了生物基础，学前儿童语言的发生还依赖于其生活的社会环境。后天的语言环境和成人有意识、有目的的教育对于学前儿童语言的发生有着重要的作用。

一、语言环境的作用

孩子出生后，虽然都具有能说话的物质条件，但是如果他们从来没有听到过人类的语言、没有模仿的对象、没有良好的语言环境，孩子是永远学不会说话的。因此，成人的言语范例以及儿童所处的语言环境，是儿童掌握语言的关键。

（一）成人的言语范例

儿童学习语言的基本方法是模仿，从发音、用词到掌握语法规则无不如此。因此，成人的言语质量在一定程度上决定着儿童言语的发展水平。家长和幼儿园教师的言语就是儿童学习的直接榜样。

成人的言语范例表现在以下方面：发音正确，坚持讲普通话；词汇丰富，用词确切；口语清楚明确，文理通顺，有文学修养，富于表现力；在表达方法上要适于儿童的接受水平；讲话的语调要使儿童感到亲切；讲话的速度和声音，以儿童能听清为准。总之，从内容到形式，成人的言语都应是儿童的榜样。

成人的言语要符合儿童的接受水平，应以儿童能理解或经解释能够理解为原则，但不能错误地认为要注意儿童的特点就去讲“小儿语”。有的小班儿童将汽车称为“笛笛”，将糖叫作“甜甜”，成人也随着叫就不合适了。成人的责任应是不断地扩充儿童的新词，告诉他们事物的正确名称，逐步培养他们能听懂成人的言语。

为了以正确的言语影响儿童，成人对自己的言语应十分注意，应多看些文学作品，多听广播中的朗诵、讲述。更重要的是自己多练，特别是方音较重或有语病的成人更是如此，以不断提高个人的言语修养。

（二）丰富的生活内容

丰富的生活内容有利于儿童言语交际能力的发展。语言不是空洞的声音，总反映一定的思想或生活内容，只有具有活跃的思想、丰富的情感时，才有表达的要求。思想和情感都不是凭空而来的，它们是对客观世界的反映。人们有了丰富的生活内容，才能有丰富的思想和情感，儿童也不例外。儿童的生活范围狭窄、知识经验贫乏，这是儿童言语发展的不利条件。要解决这个问题，就必须创造条件，使儿童多接触社会生活，丰富他们的生活内容。有了被反映的内容，儿童自然也就有了反映的要求。如果儿童有一个丰富多彩、轻松愉快而又有教育意义的生活环境，必然思想活跃、性格开朗，愿意与成人和同伴交往，谈论他们的感受和见闻。在这个过程中，儿童经常会产生交际需要与表达能力之间的矛盾，这一矛盾便成为他们学习语言的动力。当儿童需要有更多的词去命名事物和现象，需要有更强的表达能力来表达自己的认识和体验但又表达不畅时，他们就会注意倾听别人的讲话，会积极、主动地去模仿别人的语言，这样就能促进儿童言语的发展。

因此，成人应非常重视儿童生活内容的安排，使其生活内容尽量丰富多彩一些。生活内容的丰富并不单纯指新内容的增加，也包括变换方式去复习、巩固旧的内容，以形成深刻的印象。这样，言语表达才能有基础，言语质量的提高才有了前提。丰富儿童生活的方法是多种多样的，除了每天的日常生活内容应有所变化外，还可以带儿童外出参观、组织节日活动、听“小喇叭”广播、阅读书刊等。总之，要尽可能地增加儿童广泛接触自然和社会生活的机会。

（三）为儿童提供自由交谈的机会

《幼儿园教育纲要》指出：“要创设与教育相适应的良好环境，为幼儿提供活动和表现能力的机会与条件，既要为幼儿创设一个丰富的、可感知的物质环境，更要为幼儿营造一个宽松、愉快的精神环境，使幼儿在与环境的相互作用中得到发展。”这是实施环境育人的原则。在幼儿园日常生活中，教师应把“不许说话”限制在最小的范围，如睡觉、吃东西时等。在其他时间，教师不应过多地限制儿童自由交谈，应创设条件启发他们自发的交际愿望，使其多听、多说、多实践，以丰富他们在不同情境中的语言交际经验。具体做法如下：

1. 让儿童想说

依据儿童喜欢接受教师的表扬、喜欢小礼物的特点，教师应用鼓励的办法让儿童产生说的欲望。例如，对能大胆发言的儿童以贴红点、拥抱、送大拇指、鼓掌等作为肯定，以点带面地刺激其他儿童也上台发言。对于性格内向的儿童，教师要帮助其克服心理障碍，鼓励其大方地和教师或同伴一起交谈。

2. 让儿童敢说

有些儿童不是不想说，而是不敢说，因此，教师应为儿童创造多种表达自我的机会，以消除儿童语言表达的恐惧。如开展“开心小主持”“餐前播报”“故事大王”“自由交谈”等活动，教师让儿童学会把生活中的所见所闻传达给周围的人，学会与他人一起分享，体验分享的快乐，从而培养儿童倾听的习惯，提高儿童的表达能力，增强儿童的自信心。

3. 让儿童会说

教师要在孩子想说、敢说的基础上，对儿童的语言表达提出高要求并给予指导，如要求孩子把要说的话讲清楚，讲完整，讲得生动、贴切些。

二、成人有目的、有计划的培养

（一）成人要随时随地指导儿童的言语

在日常生活中，成人与儿童以及儿童之间的自由交谈，是儿童学习语言的最佳环境，儿童不仅可以从成人和同伴那里学习用词、造句和表达的技能，而且在自己表达有困难时可以得到及时的帮助。在幼儿园环境中，自由交谈有利于教师了解儿童的言语发展水平，可有针对性地进行个别指导。特别是对那些在集体活动中沉默寡言的儿童，教师更要帮助他们。另外，儿童言语中的消极面最容易在日常生活中暴露出来，如讲粗鲁的话、乱用词、讲话存在语法错误和语病等，这些都需要教师及时指出与纠正。若放任自流，就会使错误的语言表达习惯巩固下来而难以纠正。

在游戏中，儿童可以自由组合进行各种活动，如商量怎么玩、定哪些游戏规则等，都要通过相互交谈、协商来解决。有时，儿童还把语言教育活动中学过的内容在游戏时间内朗诵、复述并表演出来。通过这些活动，不仅能使儿童从多方面提高语言技能，而且便于教师在提高言语质量方面作具体、细致的指导。

（二）组织好语言教育活动

语言教育活动是指在幼儿园中，教师有目的、有计划地发展儿童语言的教育形式。语言教育活动与其他形式的教育活动的不同之处在于，语言是从发展儿童言语能力的角度考虑教育目的和方法，是有目标、有计划、有步骤进行的教育活动。

为了组织好语言教育活动，每学期开学之前，教师应把本学期语言教育活动的内容和形式作一个总的安排。其内容主要包括：确定本学期的语言教育目标，并把教育目标具体化；根据教育目标确定具体内容，如认识哪些事物，语言训练重点是什么，丰富哪些词汇，谈话、讲述能力方面有哪些具体要求，教给儿童哪些故事、诗歌，要求儿童复述与背诵哪些作品……然后，把教育内容合理地分配在各周。不同形式、不同方法进行的语言教育活动应穿插进行，如发音练习、谈话，各种形式的讲述、朗诵诗歌、讲故事、复述故事或几种内容综合在一起的活动等，最好间隔进行。

语言教育之外的其他四个领域的教育活动，都离不开语言表述，教师在组织这些活动时，都应对儿童的言语质量有明确要求，发现儿童言语上的缺点时教师要及时指正。

第三节　学前儿童语言发展的个体认知基础

语言是人类特有的一种能力，也是人类心智活动和认知能力的体现。语言和认知机制有着密切的联系。认知是人类个体对客观世界的认识过程，包括感知觉、记忆、注意、思维等心理过程。认知的特性可以归结为四个方面：认知方式、认知策略、认知速度和认知成绩。感知觉是基本的认知过程，是高级认知活动的基础，儿童对客观世界的认知是从感知觉开始的，然后学会了语言，在此基础上才逐渐发展了高级的认知过程。而语言的发展须有经验感觉动作的操作，当这些操作动作内在化时，才容易发展出语言这种象征性的符号行为。通过感觉器官，儿童能够分辨出物体的大小、长短、高矮等特点，进而理解高低、上下、前后、左右等概念；儿童通过听觉辨别出人声、动物声音、音乐声等不同声音的区别；通过触觉分辨出物体的外形、质地、软硬度等特质；通过味觉分辨出酸、甜、苦、辣、咸等不同味道；通过运动觉理解走、跑、跳、攀登等不同动作的意思。如果儿童对环境中的事物属性有了基本的概念，当他掌握到相应词汇时，便可以用语言进行有效沟通。也就是说认知是由于感觉动作行为的内在化，将认知的一种象征系统转化成为语言，所以要有足够的活动或游戏经验，由“行为”进入“认知”，促成象征性思考的产生与应用。语言是人类进行沟通和联系的工具，也是个体发展其他认知活动的基础，当个体明白了代表事物的字眼的含义时，就能够用一种符号来代替他身边的种种事物，传达个体的思想、情感、需要，了解他人的思想、情感和需要，从而对自己的生活进行有效的指导。

学前儿童对客观世界的认识依赖于自身的动作，同时也依靠语言表达。学前期儿童正处在动作思维向具体形象思维转换的阶段。儿童能够逐渐将语言形式和语言内容加以区别。例如，学习“球”这个词时，儿童逐渐能够理解“球”不仅指自己手中的玩具球，还可以表示足球、篮球、乒乓球等这同一类物品。随着对客观世界探索范围的不断扩大，儿童的认知得到了迅速的发展，儿童开始对一些抽象的、复杂的语言有了比较准确的理解与运用。因此，在学前儿童语言发展过程中，个体的认知发展同样起着非常重要的作用。儿童语言发展与认知发展是相互促进的关系。一方面，幼儿认知发展水平决定了其语言发展水平；另一方面，作为一种心理表征符号，语言一旦被个体所理解和掌握，就能对认知发展起着推动和加速作用。

第三章 学前儿童语言发展与教育的理论

语言是人类长期进化过程中产生的一种特有的交流信息的符号系统。儿童的语言获得是一种非常神奇的现象,有许多问题需要回答:儿童为什么能在短短的几年内掌握各种复杂而抽象的语言规则?儿童语言能力是先天遗传的,还是后天习得的?应当怎样去促进儿童语言能力的发展?这些问题是语言学界、心理学界和教育学界共同关注的问题。对于这些问题,不同的理论都试图进行回答。其中典型的有先天决定论、后天环境论、先天与后天相互作用论等,而每一流派又有各种不同的主张。

第一节 先天决定论

先天决定论者强调人的先天语言能力,并强调遗传因素对儿童语言发展的决定性作用,忽视乃至否定后天环境因素的影响,与后天环境论针锋相对。其中,较有影响的理论主要是先天语言能力说和自然成熟说。

一、先天语言能力说

(一)乔姆斯基的基本观点

同后天环境论者的观点相反,先天语言能力说认为儿童"是自然界特别制造的小机器,是专为学语言而设计的"。乔姆斯基注意到以下事实:儿童掌握本族的语言异常迅速,极其完善和极富创造性;尽管语言环境不同,但世界各民族儿童获得语言,尤其是句法结构的顺序基本一致,时间也大致相同;尽管各种句子的形式不一样,但它们都有着共同的普通语言的基本形式,即语法结构。据此,乔姆斯基提出了自己的理论假设:儿童大脑中有一种受遗传因素决定的先天的语言获得装置(Language Acquisition Device,简称 LAD),语言获得装置包含两样东西:一套包括若干范畴和规则的语言普遍特征;先天的评价语言信息的能力为这套普遍的语言范畴和规则赋上各种具体语言的值。儿童获得语言的过程,就是为普遍的语言范畴和规则赋值的过程。儿童听到一些具体的语言,首先根据语言的普遍特征对某一具体的语言结构提出假设,接着运用评价能力对假设进行验证和评价,从而确定母语的具体结构,即为语言的普遍范畴和规则赋上具体的值,获得语言能力。

LAD的工作程序说明，先天语言能力说把儿童的语言获得看作一个演绎的过程。这种学说并不完全否认后天语言环境的作用，但是认为后天语言环境的作用非常之小。后天语言环境只是起到触发LAD供过于求的作用。LAD利用少量的后天接触到的具体语言材料，就可以像知识渊博的语言学家那样，从输入的语言素材中发现规律从而获得语言。

儿童语言的获得，是儿童通过自己的LAD的活动实现的，即以生来就有的普遍语法为依据，对所接受的具体的原始语言素材进行处理，并逐步形成一种个别的语法能力。在此过程中，儿童能发现语言的深层结构(显示基本的句法关系，与语义相连决定句子的实质性意义)，以及将其转换为表层结构(用于交际中句子的形式，与语音、表达形式相连)的转换规则，因而能产生和理解无限多的新句子，创造性地使用语言。

先天语言能力说把儿童获得语言描绘为一个积极主动、充满创造性的过程，而不像后天环境论者，把儿童看作只会对刺激发生反应的被动模仿者。儿童获得的不是一句一句具体的语言，而是关于语言的一系列规则。这一系列具体的规则，能够使儿童听懂他从未听过的话，能够让儿童具有生成他从未听过的语言的能力。儿童在获得语言的过程中所使用的特有的句法现象，就是儿童创造性的最明显的体现。

LAD的活动有一个临界期，过了这个临界期，LAD就会退化。因此，成人学习语言的能力不如儿童；儿童能在较短的时期内获得语言，没有LAD是不可想象的。像"狼孩"等一些特殊的儿童，在临界期没能使LAD发挥作用，当他们被发现以后，尽管为他们提供了学习语言的机会，但是也不能够再顺利发展他们的语言了。

（二）对先天语言能力说的评价

先天语言能力说在20世纪60年代提出后，一时震撼了美国语言学和心理学界，被称为语言学的革命，掀起了研究儿童语言获得的热潮。先天语言能力说从根本上改变了行为主义的儿童被动模仿的看法，注意到了儿童获得语言的先天因素和儿童的主动性、创造性。这一学说对于儿童语言获得过程中所出现的"过分概括"等现象，可以给出较为简便的解释，因此是具有一定理论价值和学术意义的重要学说。

但是，先天语言能力说也受到了不少批评。这些批评可以归纳为以下几个方面：

(1) 乔姆斯基的理论是思辨的产物。人脑中是否存在一个如乔姆斯基所说的那种由语言普遍特征和先天的语言评价能力构成的LAD，是一个无法证明的假设。

(2) 过于低估后天语言环境的作用。许多研究表明，儿童各阶段语言的发展，同成人与儿童交谈的语言成正相关。在关于成人同儿童交际的语言问题的研究中发现：成人同儿童交谈的语言，在复杂程度上具有略微"超前性"，对儿童的语言起着向导作用。

(3) 史莱辛格对儿童生来具有LAD这种普遍的语言范畴和规则提出了反证。史莱辛格让聋童看几幅内容不同的画：人把猴子给狗熊，狗熊把猴子给人，猴子把人给狗熊，等等。他要求被试者用手势语来表达画的内容，目的是看这些对自然语言毫无所知的聋童是否具有一些最基本的语法范畴。实验结果表明，这些儿童的手势语没有英语中的那些语法关系。聋童只是因听力障碍而不能获得有声语言，但他们的LAD并没有损伤。这说明儿童生来并不具有如乔姆斯基所说的普遍语法范畴。而且，如果说儿童生来就具有这些范畴的话，就不会在获得语言的过程中出现儿童特有的语言现象，因为这些特有的语言现象并不属于人类的普遍语法。

(4) 先天语言能力说非常强调儿童本身在获得语言过程中的主动性和创造性，但既然人类生来就拥有一套现成的、可以规定本族语言如何理解和产生的普遍语法规则系统，就无须儿童本身再作什么探索和发现了。这无异于从与行为主义相对立的另一个极端来否定儿童在语言获得中的主动性和创造性。乔姆斯基把儿童学习语言的过程看得过于容易。事实上，儿童学说话是一个十分艰巨的过程，不仅有大量的试误，而且所花费的学习时间是非常多的。著名的加拿大语言学家麦基在他的被称为语言教学研究的圣经——《语言教学分析》一书中指出："马蒂估计，学校用于教第二语言的课时数，平均每年为 250 小时；而在家里学习第一语言，另一个人一年大约能花 5 000 个小时。马蒂的估计如果可信的话，如果一个孩子需要 5 年才能掌握第一语言的话，那么他所花费的时间是 25 000 个小时。这个数字就足以说明，儿童语言的获得绝不是一件轻而易举的事情。"表面上看，先天语言能力说者很强调儿童在语言获得过程中的主动性和创造性，但就此而言，他们对于儿童的主动性和创造性是估计不足的。

二、自然成熟说

自然成熟说是由美国哈佛大学医学院心理学家勒纳伯格提出的一种儿童语言发展的理论。勒纳伯格以生物自然成熟观点来说明先天语言能力，特别强调语言发展的先天基础。

（一）勒纳伯格的主要观点

1. 生物的遗传素质是人类获得语言的决定因素

人类大脑具有其他动物没有的专管语言的区域，所以语言为人类所独有。语言是人类大脑机能成熟的产物，当大脑机能的成熟达到语言准备状态时，只要受到适当外在条件的激活，就能使潜在的语言结构状态转变成现实的语言结构，言语能力就被获得。比如，儿童生下来时不会走路，但已具有了走路的可能性，后天的生理发育一旦成熟，儿童就会自然而然地走路。儿童生下来时也已具有了语言能力，这种能力在后天的发育中逐渐成熟。

2. 语言发展的关键期

语言既是大脑功能成熟的产物，语言的获得必然有个关键期，约从 2 岁开始到青春期(11、12 岁)为止。过了关键期，即使给予训练，也难以获得语言。同样，大脑的单侧化也是在关键期内出现的。迄今为止在各地发现的不少"兽孩"在一定程度上为这种观点提供了佐证，如"狼孩"卡玛拉和"羚羊孩"亚玛拉等。当人们发现他们并把他们带回人类社会时，由于他们已错过了语言发展的关键期，因而不管人们怎样教化，他们也无法掌握人类的语言。

（二）对自然成熟说的评价

语言发展关键期学说让我们了解了成人与儿童之间语言学习等问题，但勒纳伯格的自然成熟说否定了环境和语言交往在语言发展中的重要作用，忽视了后天环境的影响因素。勒纳伯格的潜在语言结构和现实语言结构与乔姆斯基的普遍语法和个别语法颇为相似，但这种理论无法解释何以生活在不同语言社会的儿童会获得不同的语言系统，能听、说不同的语言，以及本身听力正常而父母聋哑的儿童为什么不能学会正常人的口语而只能使用聋哑人的手势语，而且不能说明“狼孩”等儿童的语言发展问题。

事实上，先天论者不管是强调先天语言获得机制还是自然成熟法则，都否定环境和学习对语言获得的决定性影响。

第二节　后天环境论

与先天决定论相反，后天环境论的各种主张都强调后天学习对语言获得的决定性影响，有的甚至认为句法学习并非人类所独有，灵长类也有学会的可能。后天环境论主要有模仿说、强化说和中介说三种理论。

一、模仿说

模仿说是以行为主义为理论背景的后天环境决定论中的一派观点。模仿说认为，儿童是通过对成人语言的模仿而学会语言的。成人的语言是刺激（S），儿童的模仿是反应（R）。模仿说可分为早期的机械模仿说和后来的选择模仿说。

（一）机械模仿说

机械模仿说是较早的行为主义理论，它最早由美国心理学家阿尔伯特在1924年提出。机械模仿说认为儿童掌握语言是在后天环境中通过学习获得语言习惯，是一系列“刺激—反应”（Stimulus-Response，简称S-R）的结果，儿童学习语言是对成人的临摹，儿童的语言是其父母语言的简单翻版。

机械模仿说存在以下不足：（1）许多事实证明，如果要求儿童模仿的某种语法结构和儿童已有的语法水平距离较大时，儿童不能模仿，他总是用自己已有的句法形式去改变示范句，或顽固地坚持自己原有的句型。（2）儿童经常在没有模仿范型的情况下产生和理解许多新句子，具有创造性，而且按语言能力的发展顺序来说，理解总是先于产生，即在儿童能说出某类句子之前，已能理解该类句子，也就是说理解是产生的基础。这些事实都是无法用机械性模仿来说明的。

（二）选择性模仿说

不少研究者虽不赞成传统的机械临摹说，但并非根本否定模仿在语言获得过程中的作用，他们认为对语言模仿的性质应有正确理解。怀特赫斯特等主张对传统的模仿概念加以改造，提出了“选择性模仿”的新概念。选择性模仿说认为，儿童学习语言并非是对成人语言的机械模仿，而是有选择性的，儿童能够把范文的句法结构应用于新的情境以表达新的内容，或将模仿获得的结构重新组合成新的结构。

选择性模仿说强调，语言学习不是在强化训练的情况下发生的，而是在正常的自然情景中发生的，当儿童对某种语言现象具有一定的接受能力（理解）时，就会对这种语言现象进行选择模仿。选择性模仿把示范句的语法结构应用于新的情景以表达新的内容，或将模仿获得的结构重新组合成新的结构，这样便产生了儿童自己的话语。怀特赫斯特等把他们的这种理论表述为“理解、模仿、产生假说”。

和传统的模仿说相比，选择性模仿具有两个特点：(1) 示范者的行为和模仿者的行为反应之间具有功能关系，即两者不仅在形式上，更重要的是在功能上相似。因此，模仿者对示范者的行为不必是一一对应的临摹。(2) 选择性模仿不是在强化和训练的情况下发生的，而是在正常的自然情境中发生的语言获得模式。模仿者行为和示范者行为的关系，在时间上既不是即时的，在形式上又不是一对一的。这样获得的语言既有新颖性，又有学习和模仿的基础。选择性模仿说给“模仿”一词增加了崭新的内容，它所提出的语言获得模式是比较符合获得过程实际情况的模式，但也不是唯一的模式。

一个怎么也教不会的句子，在另一个情况下，儿童居然能够自发并且正确地说出来。儿童能够把示范句的句法结构运用于新的领域以表达新的内容。允许儿童用少量自己的语言，这并不会对儿童以后的语言发展造成不利影响，相反，这正是适应儿童心理发展规律的表现。总之，选择性模仿认为，儿童不仅可以原原本本地模仿示范句，而且可以对示范句进行选择性模仿，特别是对示范句语法结构的模仿，并指出模仿的条件是儿童具有了对示范句初步理解的能力。选择性模仿说试图以此解决理解、模仿和新话语产生的关系，而且注意到儿童学习语言的主动性，为“模仿”增加了崭新的内容，对儿童语言的发展具有一定的解释力。

二、强化说

强化理论是美国心理学家以及行为科学家斯金纳、赫西、布兰查德等提出的一种理论，也称为行为修正理论、操作条件反射理论或行为矫正理论。其代表人物是被称为联想派大师的斯金纳。

（一）强化说的主要观点

(1) 语言的发展是一系列刺激—反应的连锁和结合。

(2) 儿童通过自我强化和强化依随形成言语能力。自我强化是指一个儿童听到别人的话之后，独立在别处发出同样的声音，就会自动地强化自己那个试探性的言语行为。强化依随是指强化的刺激紧跟在言语行为之后。其特点有两个：一是最初被强化的是个体偶然发生的动作。如婴儿偶然发出[m]声，母亲就笑着来抱他、抚摸他并答应他等。二是强化依随的程序是渐进的。若要儿童学习一个复杂的句子，不必等待他碰巧说出这句话以后才给予强化，只需他所说的稍微接近那个句子就给予强化，然后再强化更加接近该句的话语，通过这种逐步接近的强化方法，儿童最终能学会非常复杂的句子。

学习强化论认为儿童的言语是通过操作性条件反射，特别是选择性强化而获得的。语言的操作条件反射建立在由环境引起的、声音和声音联结的选择性强化的基础上。比如，儿童在牙牙学语时，会自发地、无目的地发出各种声音，一旦有些声音近似于成人的说话声，父母就对这些声音加以强化，使这些声音逐渐巩固下来，在儿童的发声中占了优势。这里最重要的是“选择性强化”，即对接近于成人说话的声音给予正强化，反之则给予负强化，这样儿童就学到了正确的发音。

同时，儿童学习说话还必须学会适合各种语言反应的情境，使言语活动受到环境刺激的控制。比如，儿童最初说“爸爸”一词，不论其父亲是否在场都会得到强化。之后，儿童只有当父亲在场时叫“爸爸”才得到正强化，否则就得不到强化或得到负强化。这样，儿童的言语逐渐获得了意义，逐渐变得有效。

（二）对强化说的评价

刺激—反应论和强化说对语言学界和心理学界曾产生过很大的影响，但从 20 世纪 60 年代开始受到越来越多的批评。这些批评主要概括为以下几点：

（1）乔姆斯基认为，刺激、反应、强化等概念是行为主义心理学家在实验室中通过对小白鼠等动物的实验得出的，人的语言行为必然不同于动物的“行为”。行为主义者把动物的“行为”与人的语言行为相提并论，用来解释儿童语言的发展是不合适的。

（2）行为主义者把语言行为简单地看作一系列刺激—反应现象，只强调语言可观察、可测量的外部因素，并认为弄清楚了这些制约语言反应的变量，就可以预测人的各种语言行为，这种看法也未免太简单。语言行为十分复杂，既有环境因素，又有心理因素，还有大量的语言因素。这些方方面面的因素，并非都是可观察、可测量的，也不是简单的刺激与反应。比如，许多“异形同义”的语句会引起相同的反应，而“同形异义”的歧义结构，则是一种刺激引起不同反应。各种修辞意义的学习，也绝非简单的刺激—反应论所能解释的。

（3）强化虽然是儿童学习语言的一种重要方式，但绝不是唯一的方式。语言的单位和规则是有限的，但由这些单位和规则所生成的句子却是无限的，成人不可能把这些无限的句子都给出强化反应。而且，在儿童语言发展的自然环境中，成人比较关注的是儿童语言内容的正确性而不是语法结构的正确性。

总之，这一理论有合理的成分，但过分强调儿童的无目的反应和狭隘的强化作用，忽视了儿童自身在语言学习和语言活动中的作用，带有片面性。

三、中介说

（一）中介说的主要观点

中介说又称传递说，是为解决传统的刺激—反应论的简单化缺陷而提出的一种改良主张。斯塔茨认为，一个词或一句话都可以具有刺激的性质，可以诱发条件反应。这种隐含的反应又可以成为刺激，引起新的反应。这样一系列的刺激和反应构成了中介体系。中介说在刺激与反应之间加上了传递性刺激和传递性反应的中介，以此来解释客观环境怎样通过语言作用于人、语言怎样表现当时当地的事物、新的语言怎样创造出来并被理解等，这些都是传统的刺激—反应论所不能解释的问题；并利用它进而解释儿童是怎样通过一系列的刺激—反应链条学会语言的。

（二）对中介说的评价

中介说在刺激与反应之间加上传递性刺激和传递性反应的中介，解释了很多传统的刺激—反应论所不能解释的问题，是一大进步。但其依然坚持刺激—反应的基本模式，仍存在着很多缺陷。传递性反应不一定是在刺激作用下产生的，传递性反应也不一定能够成为隐含的刺激或引起新的反应。

在行为主义者看来，儿童掌握语言的过程，是其在后天环境中通过学习获得语言习惯的过程。然而，以行为主义为基础的后天环境论，其很多观点都被证实是片面、狭隘的，其本身也并不能解释一些其他的语言现象。但是，这些理论也有很多合理的地方，对它们一概否定并不科学。而且，后天环境论在研究语言发展的过程中，结合自己的研究和他人的批评，不断地修正、发展自身的理论。从机械模仿说到选择性模仿说，从强化说到中介说，都在不断增加和补充一些新的内容，不但为这一传统学说注入了新的活力，也为一些新理论、新学说的形成提供了很多养分。

第三节 先天与后天相互作用论

一、皮亚杰的认知论

（一）皮亚杰认知论的主要观点

（1）儿童的语言发展是天生的能力与客观的经验相互作用的结果，儿童的语言学习是建立在儿童认知能力发展的基础上的。

（2）认知理论认为人类有一种先天的认知能力（功能不变式），这种能力随着躯体内部组织的成熟，与环境相互作用，并向环境学习，作为向环境学习的结果，形成了一定的“认知结构”。这种“认知结构”随着儿童的发展而变化，其认知能力也不断从低级阶段向高一级阶段发展。

（3）儿童总是与环境相互作用的，向环境吸取对其有用的东西，逐渐适应他所处的环境。“适应”的本质在于主体能取得自身与环境之间的平衡。

（4）自身与环境达到平衡的具体途径是同化与顺应。儿童遇到新的东西时，总是试图用原有的认知结构去“同化”它。如果同化不成功，他就要调整自己的认知结构或创立新的结构，即改变自己的行为方式来适应环境，也叫作“顺应”，才能进一步同化新事物，这就意味着原有的认知结构需要调整，这样其认知结构就有了发展。儿童学习语言并没有 LAD，也没有普遍语法，而是运用了这种同化和顺应的能力，也就是认知能力。他们总是用他们熟悉的结构去创造新的用法，用他们熟悉的形式去理解不熟悉的话语。

（二）对相互作用论的评价

相互作用论吸收了“先天论”的合理因素，实际考察了儿童的语言运用，认为儿童语言的获得既要依赖于生理的成熟，又必须有一定的认知基础，这样就比较多地反映了客观规律，能够解释“刺激—反应”论所不能解释的许多问题，同时又避免了极端先天论的一些固有问题，能解释很多语言学习的现象。如儿童一开始用的词汇都是周围存在的人和事物，由近及远，在 2 岁前都是习得名词，说明儿童首先对物体形成概念，然后才对物体之间的关系有所认识。相互作用论不是把语言本身看成先天的产物，而是在非语言的认知基础上构造出来的，强调的是认知结构的动态建构过程，这一过程也适用于语言的获得。这对个体自发、能动地获得语言成分，总结归纳语言规则，以及创造性地建构话语作了合理的解释。同时，这种建构的能动性不是无限地发挥，而是和认知发展存在相互制约的关系，因此表现为语言习得中的阶段性和顺序性。这些解释都是很有说服力的。

相互作用论的不足之处：(1) 从目前接触到的材料来看，相互作用论基本上还停留在理论假设的阶段，并没有完全得到验证，虽然有不少事实说明了认知和语言发展的关系，但因研究方法的问题，还无法找到认知发展和语言发展的对应关系，还需要进一步研究。相反，有研究发现，某些语言技能与认知发展可以相互分离、互不影响，如某些有缺陷儿童在认知测验方面得分很低，但却有正常的语言技能。(2) 语言发展受许多因素的影响，只强调认知一个因素，也不可能是全面的。认知论强调认知发展对符号发展的影响，而忽视语言发展对认知发展的影响，也是其不足之处。(3) 过分强调认知发展是语法发展的基础时，必然会遇到认知发展和语言发展的关系是否是直接的和单向的等难题。

二、规则学习说

布朗、弗拉瑟、伯科等学者提出的规则学习说是在乔姆斯基和行为主义的双重影响下形成的一种儿童语言发展理论。规则学习说认为，儿童具有一种理解母语的先天处理机制，而这种机制主要是一种学习和评价的能力。儿童学习母语是一个归纳的过程，而不是演绎的过程。儿童的语言学习主要是对规则的学习。

（一）规则学习说的主要观点

(1) 先天因素与环境在语言习得过程中共同起作用。儿童身上存在着一种帮助儿童理解母语结构的先天处理机制，是一套程序和规则。这是一种先天的能力，也是一种学习和评价的能力。

(2) 儿童习得语言是一个对规则归纳的过程，主要是对接触的语言规则的习得。先天语言处理机制使儿童从他们所接触的语言中发现语言的普遍特征和个别特征，并从接触的语言材料中归纳出语言的结构规则。总的来说就是儿童根据先天具有的对语言的处理能力，从可接触的语言输入中发现规则的存在，继而制定、应用并评价这些规则。因此，语言的发展需要先天因素与后天因素的相互补充和相互依赖才能得到完善。

(二) 对规则学习说的评价

规则学习说强调儿童的语言学习有先天能力的存在，认为儿童的语言学习是一种在先天能力参与下的条件反射，儿童对语言的学习是归纳的而不是演绎的。规则学习说虽然强调了先天与后天因素的相互作用，但是过于刻板地强调对于一种规则的概括，忽略了社会环境对于儿童语言发展的影响。因此，规则学习说的系统性还不够，还需要进一步的完善和发展。

三、社会交往说

社会交往说是 20 世纪 70 年代布鲁纳(J. Brunner)、贝茨(E. Bates)、麦克惠尼(B. Macwhinney)等一批学者综合前人研究之长提出的新的理论。它批判地继承了行为主义的一些合理的思想和“先天论”学派的观点，与“先天论”一样强调语言有结构而且要遵循某些规则，以成为有别于其他特征行为的独一无二的行为，但又和行为主义一样强调客观环境对语言结构产生的作用。

(一) 社会交往说的主要观点

该理论认为，个体语言获得的决定性因素是儿童和成人的语言交流。儿童及其语言环境是一个统一的整体，是一个动态系统，在这整个系统中，儿童不是被动的接受者而是主动的参与者。语言获得不仅需要先天的语言能力，而且需要一定的生理成熟和认知发展，更需要在交往中发挥语言的实际交际职能。

布鲁纳指出，儿童不是在隔离环境中学习语言，而是在社会交往中学习语言。他强调社会交往对语言获得的决定性影响，认为如果从小剥夺儿童的语言交往，儿童就不可能学得语言。

社会交往几乎可以看作儿童的一种天性。儿童在会说话之前，就已经能用体态与成人交流，并听懂一些成人的话语；在单词句和双词句阶段，儿童以语言、体态或体态语言相结合的方式作为交际手段，最后过渡到可以完全用语言进行交际。

(二) 对社会交往说的评价

该理论具有很大的合理性，但也有不少问题。例如，不能说明儿童如何在交往中在语言输入的基础上形成发展语言能力，以及语言输入在儿童语言获得中究竟起什么作用。社会交往说的特点是折中主义，很多细节都未具体化，还不能完整地阐述个体语言获得的过程和机制。

上述三种语言获得理论均有不同程度的可取之处，但又都有各自的局限性和片面性，都未能对儿童语言获得做出完满解释。总的来说，语言是具有一定遗传素质的个体在与各社会环境的相互作用中，特别是在和人们的语言交流中以及认知发展的基础上发展起来的。儿童语言富有创造性，但模仿与学习在语言获得中仍起着极为重要的作用。选择性模仿可能是语言获得的重要途径之一。强化理论不能解释语言获得的全部事实，尤其不能完满地解释语言的创造性。乔姆斯基的先天能力和先天语言获得装置假设则更是缺乏事实依据的理论观点。皮亚杰学派从主客体之间的相互作用来说明儿童认知能力和语言能力的发展，但过分强调认知这一因素，形成了“单向”影响的看法，未免过于片面。因此，各种有关儿童语言获得理论的纷争势必还要持续下去。

第四节　语言发展与教育理论对儿童语言教育的启示

儿童的语言发展是一个积极、主动，充满了复杂、波折的过程。单个因素的影响是无法全面解释语言发展过程的，只有把各因素的核心部分进行归纳、概括，才能解释儿童语言的获得。语言发展与教育理论对儿童语言教育有着重要的启示作用。

一、加强儿童语言的“关键期”教育

先天决定论把儿童的语言获得描绘成一个积极主动、充满创造性的过程，并且肯定儿童语言发展存在关键期，这使我们必须正视年龄在儿童语言获得中所占有的重要地位。儿童 2 岁时，便开始了人生的积极言语阶段；5 岁就进入成人语言表达阶段，基本的语法已经完全掌握。因此，在儿童的语言“关键期”施加教育影响，会起到事半功倍的效果，而一旦错过语言发展关键期，那么造成的语言发展的损失是不可逆转的。教育工作者应在儿童语言获得的关键期内对儿童的语言发展给予适宜的指导和帮助。

语言关键期的存在对儿童的第二语言教学也有着指导意义。研究人员以不同年龄移民到美国的中国人和韩国人为例进行测试，其中有些参与者早在 3 岁时就开始学习英语，而有的则在 17 岁或者更大年龄时学习英语，结果发现学习英语的年龄越大，分数越低。实践表明，充分利用关键期，不仅对儿童的第一语言的获得起到重要作用，也能够使儿童学到“地道”的第二语言。

二、重视认知结构与语言发展并重

语言与认知，尤其是两者之间的关系是语言学与教育心理学极为关注的话题。在语言与认知的关系阐述中存在很多争论，儿童是先掌握概念后学会用词来表达这些概念，还是先掌握语言机能再建立概念，抑或语言与认知的关系是平行发展的，这一直是悬而未决的争论。皮亚杰曾在认知发展理论中指出语言是儿童成长的第二条发展线，而基本的语言发展必须建立在最基本的认知基础上，并随之发展而发展。虽然他的观点受到质疑，但至少可以肯定的是，语言与认知的关系不是绝对分离的，而是有内在联

系的。实践证明，儿童的语言发展与认知发展是相互促进、相互影响的。语言获得有助于儿童理解和深化生活中的表象，语言所产生的间接经验会刺激儿童的直接感受，并使感受得以升华，而丰富的感受又极大地提高了认知活动的兴趣、速度和质量。语言作为思维的工具，它以广阔的概括力为人脑的活动带来新的原则和无穷的创造力。

三、创设宽松的氛围，把握生活化的学习情境

后天环境论者强调环境对儿童语言发展的重要影响，《纲要》也明确指出：发展儿童语言的关键是创设一个能使他们想说、敢说、喜欢说、有机会说，并能得到积极应答的环境。首先，为儿童的语言学习创设生活化的学习情景。学习情境只有和儿童的实际生活以及自然生活紧密联系起来，才能使语言教育充满生命和活力，也才最接近儿童语言表达的需要。发展儿童语言的关键是让儿童从生活中通过使用语言来学习语言，让儿童在生活化的学习情境中愿意与成人交流，形成主动交往、愿意表达的情感态度。其次，为儿童的语言学习提供宽松的语言氛围。儿童在语言发展过程中表现出较大差异性，成人在对儿童语言指导过程中要采取无批评、无压力的原则，不要为儿童提出硬性的语言发展要求，更不能无端斥责，以免造成儿童语言表达时的心理恐惧。第三，成人应有意识地带儿童出入一些社交场合，提供关于事物和人际交往的丰富经验，为儿童的语言活动积累素材。当身处陌生而又新奇的环境时，儿童会产生强烈的语言表达需要，当这种需要与内在语言水平产生冲突时，学习语言的内部动机就成为儿童语言发展的动力。

四、重视语言教育方法的探索

从新生儿发出第一个声响，到牙牙学语乃至儿童期的识字、学习，成人在陪伴的过程中，应遵循后天环境论的语言观进行模仿、强化、训练，为儿童语言学习提供各种指导和帮助。怎样才能为儿童的模仿提供支持性的语言环境，成人如何对儿童的语言表现呈现出高度的敏感性，如何把握时机给予更有效的强化和训练，这些成为促进儿童语言发展的重要问题。对这些问题进行研究能够为儿童语言教育方法探索提供有益的尝试。

首先，为儿童营造语言学习的语境和互相分享协作的学习共同体。在这个共同体的构建中，成人允许儿童通过各种方式探索如何使用语言，对其各种需求及时给予反馈。在这个共同体中，只有相互交流的快乐，没有竞争和评价的压力，通过了解儿童语言发展的真实水平，确立儿童语言发展的现有水平和可能达到的水平，并在现有认知水平和新知之间构架桥梁，以求达到语言教育的有效性。

其次，让儿童进行各种符号学习，允许儿童表达的多样性。具有符号特性的表达工具很多，语言只是其中一种。儿童的表情、绘画、动作都是在特定的情形下与别人进行的沟通，描绘事物的手段和语言之间是相互转换的。恰当地利用这些符号会对儿童语言的持续发展起到积极作用。

再次，在游戏和活动中促进儿童语言发展。儿童是在动中学的，语言的发展也需活动的依托。活动一方面从功能的意义上讲是建立在兴趣上的行为；另一方面从执行的意义上讲是某种外在运动性质的操作。具体的活动意义是非常鲜明的，语言教育应渗透在儿童日常活动中，包括生活活动、学习活动、游戏活动。通过生活活动能够了解儿童语言发展的真实水平，并激发儿童强烈的语言需求；通过学习活动能有目的地对儿童的听说读写能力进行训练，使其全面提高；游戏活动则是激发儿童语言表达的主动性、丰富词汇、提高语言表达水平的最佳途径。

最后，在其他教育领域中渗透语言教育内容。语言教育活动既属于一个专门的活动领域，又是其他活动实施的重要载体，在艺术、社会、科学、健康领域的渗透成为丰富儿童语言的主要方式和途径。因此，应在各种教育活动中提供语言活动素材，在探索事物间关系和联系中尝试运用不同的词语和表述方式来阐明事物的联系，并为教师在教育活动中加入一些言语指导提供可能，同时为儿童的语言表达和语言交际提供条件。集体教学、小组教学、个别活动等组织形式以及对应的语言交流形式，使儿童体验到不同的交往情境与交往行为的关系。在集体讲话时，声音要响亮；在小组表达自己的意见时，既要学会倾听，又要学会听说的有机转换；在个别交谈时，声音要适度，这些都是语言获得中所必须掌握的技能技巧。

著名教育家乌申斯基认为，语言是一切智力发展的基础和一切知识的宝库，因为一切事物的理解都要从它开始，通过它并回复到它那里去。儿童语言的获得之所以称为奇迹，是因为其中凝结了很多的创造，这种创造与思维的关系有着密切的联系。我们在承认奇迹发生的同时，必须正视儿童的语言发展是建立在系统的刺激之上的，我们在重视语言发展本身的同时，更应把语言的获得同丰富多彩的生活联系起来，让儿童的语言获得本身成为愉悦自我、陶冶自我、丰富自我的过程。

第四章　学前儿童语言的发展

学前儿童语言的发展是一个连续的、有次序的、有规律的过程，也是不断地由量变到质变的过程。心理学的观察和研究表明，学前儿童语言发展分为前语言期和语言发展期两大阶段。0～3 岁是婴儿在心理、动作、语言等方面发展最为迅速的阶段，从只能咿呀学语到用语言与人交流，从什么都不懂到逐渐明白事理。3～6 岁年龄阶段的儿童语言发展也非常迅速，个体对母语的理解呈现出固有的发展顺序和阶段。了解学前儿童语言发展过程及其特点，是制定学前儿童语言教育目标、探讨学前儿童语言教育规律的重要依据。

第一节　学前儿童的语言发展过程

语言是一个符号系统，儿童对语言的获得包括对语音、语义和语法的理解与表达；语言还是一种交际工具，儿童语言获得还应包括对语言运用能力的获得。儿童语言的获得是对语言形式、语言内容和语言运用的综合习得。心理学的观察和研究表明，儿童语言的获得与发展遵循一定的规律且具有阶段性。学前儿童语言发展主要分为前语言发展和语言发展两大阶段。

一、前语言发展阶段

有学者认为，儿童的前语言阶段，是一个在语言获得过程中的语音核心敏感期。围绕着语音，儿童发展了三方面的能力，即前语言感知能力、前语言发音能力和前语言交际能力。

（一）前语言感知能力的发展

前语言阶段感知语音的能力是儿童获得语言的基础。正常儿童在这段时间内不仅能够听到声音，而且可以以某种能帮助自己语言学习的方式去感知语言。正常儿童出生后不久就能把语音和其他声音区分开来，并能对其做出不同的反应。我国的一些学者将前语言发展从语言产生和语言理解的准备两个方面进行了简单的概括，认为儿童的前语言发展从语言理解准备的角度来看，可以分为语音知觉（0～8、9 个月）和音位知觉或词语理解（8、9 个月～1 岁左右）两个阶段。

最近几年的一些研究，将出生后大约一年半的时间内儿童逐渐发展起来的前语言感知能力分成三种水平层次：辨音、辨调、辨义。

1. 辨音水平(0～4 个月)

在婴儿刚来到世界的这段日子里，他们对环境中的各种声音非常感兴趣。正常的婴儿首先运用他们的听觉器官去捕捉周围的各种信息，并且迅速地学会如何捕捉话语声音的方法。周兢等的调查结果显示：在出生到 4 个月左右的时间内，儿童基本上掌握了如何"听"单一语音的本领。换言之，他们在这个时期形成了感知、辨别单一语音的能力。

2. 辨调水平(4～10 个月)

语调是表示情绪状态的一种基本手段。进入辨调阶段后，儿童的前语言感知水平向前跨了一大步。他们开始注意一句或一段话的语调，从整块语音的不同音高、音长变化中体会所感知的话语声音的社会性意义，并且能够给予相应的、具有社会性交往作用的反馈。研究发现，这个时期的汉语婴儿对父母或其他成人说话时表现情感态度的语调十分注意，能从不同语调的话语中判断出交往对象的态度。

3. 辨义水平(10～18 个月)

10 个月之后的婴儿开始进入对语音的辨义阶段，他们越来越多地在感知人们说话时将语音表征和语义表征联系起来，从而分辨出一定语音的语义内容。实际上，这时的汉语婴儿开始学习通过对汉语声、韵、调整合一体的感知来接受语言。这种能够从人们说话中感知、分辨语义的能力，在之后的几个月中迅速发展，婴儿很快便积累起大量的理解性语言。

（二）前语言发音能力的发展

除了大量地获得感知语言的经验之外，在出生之后的一年半时间里，儿童语言学习的另一种主要现象是前语言发音。尝试掌握语音的发音能力，是儿童为正式使用语言与人交往所做的另一番准备。前语言发音是指儿童正式说话之前的各种语音发声，类似于说话之前的语音操练。儿童自第一声啼哭到咿咿呀呀做好说话的准备，经过了大量的发音练习过程，这个过程大致可以分为三个阶段，即单音发声、音节发声和前词语发声。

1. 单音发声阶段(0～4 个月)

婴儿的发音是从反射性发声开始的，哭叫是婴儿第一个月主要的发音。在这个月内，婴儿学会了调节哭叫声的音长、音量和音高，能用几类不同的哭叫声，表示饥饿、疼痛、无聊等意思，用以表达要人抱或要吃奶等不同需求。这些哭声一般只有父母才能理解。2 个月时，婴儿出现了喁喁作声的情况，在早晨睡醒之后，吃饱了舒服地躺着时，会发出愉快的自言自语的声音。一般而言，此时汉语婴儿的发音大多为简单的元音，类似于汉语的单韵母，但也有少量的复韵母。

2. 音节发声阶段(4～10 个月)

大约从 4 个月起，婴儿发音出现明显的变化，一方面，婴儿发音有了一定的指向性，较多的是对成人的社会性刺激做出反应；另一方面，发音内容与以前不同，出现了许多辅音和元音的组合。汉语儿童在这段时间内的发音以辅音和元音相结合的音节为主，并且有一个从单音节发声过渡到重叠多音节发声的过程。

3. 前词语发声阶段(10～18 个月)

经过音节发声阶段之后，儿童咿呀学语的发音进入一个更为复杂的时期。此时，汉语儿童能够发出一连串变化不同的辅音加元音的音节，仿佛一句汉语包含了由若干声韵母组成的音节。这段时间儿童的汉语发音才真正具有了汉语的“味道”。儿童语言发展因其语言类型所造成的特殊性，在这个阶段有了明显的反应，而这一点与他们每日所感知、接受的语言有着必然的联系。

有关儿童英语发音的研究发现，这一阶段的婴儿不仅能发出英语的语音，而且能发出一些非英语的语音，并出现了语调、节奏、重音和音量的变化，用以表达明确的意义。

（三）前语言交际能力的发展

语言是人类重要的交际工具，在获得语言之前，儿童是否具有一定的交际能力？有关儿童语言的研究对此给予了肯定的回答，指出婴儿期存在着一些交际的倾向和表现，这种表现可以称为前语言交际。前语言交际是儿童获得语言之前用语音及伴随的表情或动作去代替语言进行交往的现象。这种特定的交际能力与儿童的语言感知和发音经验有着密切的关系。学前儿童的前语言时期主要划分为以下三个阶段。

1. 产生交际倾向(0～4 个月)

周兢在研究中发现，汉语婴儿的前语言交际在出生后不久便开始了。一周至一个月期间的婴儿，已经能够用不同的哭声表达他们的需要，吸引成人的注意。婴儿最先用哭声唤来成人去帮他们解决问题，这种成功的经验促使婴儿调整自己的哭声，更好地吸引成人的注意。婴儿正是在这样的企图下逐渐发展起交际的兴趣，产生交际的倾向。

2. 学习交际“规则”(4～10 个月)

在产生交际倾向之后，婴儿的前语言交际进入一个似乎在学习基本交际“规则”的阶段。4 个月左右的婴儿，在与成人的交往中开始出现这样的变化：对成人的话语逗弄给予语音应答，仿佛开始进行说话交谈；在用语音与成人“对话”时，婴儿出现与成人轮流“说”的倾向，即成人说一句，婴儿发几个音，待成人再说一句后，婴儿再发几个音；当成人和婴儿一段轮流“对话”结束后，婴儿会发一个或几个音来主动地引起另一段“对话”，从而使这种交流延续下去。

3. 扩展交际功能(10～18 个月)

从交际的倾向来看，这个时期的婴儿有坚持表达个人意愿的现象。当婴儿用某种声音表示自己的需要却未得到成人理解时，婴儿会重复这种行为直至成人弄明白他想要表达的意思。这个时期的婴儿还逐步学会了用语音、语调和动作、表情等来达到交际的目的。他们的前语言交际行为不仅具备了四种功能，即指令、要求、情感表达和评论情景，而且具有表达陈述、否定、疑问、感叹、祈使等句式意义的功能。婴儿在前语言交际能力发展过程中，比较好地理解了语言的交际功能。

二、语言发展阶段

经过一段时间的沉默之后，从一岁半开始，儿童正式进入语言发展期。处于语言发展期的儿童，其语言发展可以从语言形式、语言内容和语言运用技能三个方面进行考察。

（一）语言形式的获得

语言形式是指语言中的约定俗成的符号系统和系列规则。儿童对语言形式的获得包括对语音和语法的获得。语音是指语言的声音，和杂乱的声音不同之处在于它有实际意义，而杂乱的声音毫无实际意义。因此，语音的发展，严格地说，是从牙牙学语阶段之后开始的。从1～1.5岁时起，儿童开始学习发成人词的音，但常会出错，错误的类型受儿童所处的具体语言环境的影响而表现得不尽一致。

1. 语音的发展

语言的结构或基本成分，包括语音、词汇、语法等方面。入学前是儿童掌握语言结构的时期。入学前儿童语言的发展，主要表现在口语的发展。口语发展的第一个问题，就是掌握语音问题。儿童掌握语音的过程服从一定的规律。语音的形成大致可以分为以下四个阶段：(1) 出现嗓音。儿童刚出生时，就会发出声音。为了得到足够的氧气，初生婴儿用力呼吸，于是气流冲向声门、声带和口腔，发出人生第一声哭喊。以后，这一类的哭声、叫喊声和在安静状态下发出的嗓音会经常出现。(2) 出现"啊咕"声。从2～3个月开始，婴儿在吃饱睡足时，会发出"啊咕"等声音。这已经不是嗓音，而是一定的声音，这种声音只有在安静状态或满足时才出现，仍然是由于机体内部的因素引起。(3) 出现喃喃语声。在这一阶段，明显地出现了元音和辅音，发声是在反复地重复某些音节的基础上形成的，发声的特点是出现较多的重叠音。(4) 开始发出语音。这是真正发出语音的阶段。

2. 语法的获得

语法是组词成句的规则，儿童在学习语言的过程中，要掌握母语，进行言语交际就需要逐渐掌握本民族语言的基本语法结构形式。语法的获得是指儿童对母语中语句结构的获得，包括理解和产生不同结构的语句。对儿童的句子产生的评定和分析通常采用两种方式：其一，考察儿童说出句子的长度，即句子中所包含的最基本意义单位的数量；其二，考察儿童说出句子结构的完整性和复杂性。

学前儿童句法结构获得大致呈如下规律：(1) 从混沌一体到逐步分化。分化过程主要表现为三个方面：① 表达内容的分化。儿童早期的言语功能由表达情感、表达意动和指物等三个方面紧密结合发展到以后的逐步分化。② 词性的分化。最初，儿童的语词不分词性，如“嘀嘀”既可以当作动词(开汽车)，也可以当作名词(汽车)。③ 句子结构层次的分化。句子结构由主谓不分的不完整句发展到结构层次分明的完整句。(2) 从不完整到逐步完整，从松散到逐步严谨。儿童最初的句子不仅结构简单，而且不完整，常常漏掉或缺少一些句子成分。随着年龄的增长，句子结构逐渐复杂而且严密，意义也较明确、易理解。(3) 由压缩、呆板到逐步扩展和灵活。儿童最初的语句结构不能区分出核心部分和附加部分，陈述内容显得单调、形式呆板，只能是千篇一律的、由几个词组成的句子，稍后能加上一些修饰词，最后达到修饰词的灵活运用，表现的内容也逐渐丰富。据研究表明：儿童在 5 岁时语句结构逐渐完善，6 岁时句法结构水平显著提高。

(二) 语言内容即语义的获得

儿童语义的发展是指儿童对词、句子和语段三个语言结构层次在理解上的发展和获得。儿童语义的获得具有两个特点：第一，根据当前的语境和已有的经验猜测语词的意思，最初的猜测通常是不全面或不正确的。第二，对语义的理解经历理解词或句子所表达的基本语义关系、理解语言的实用意义和理解句子的各个语词的含义等几个阶段。

儿童获得词义要比获得语音、句法更加复杂，可以说，对词义的获得贯穿人的一生。儿童最早获得的是专用名词，然后逐渐获得普通名词、相对词等。

(三) 语言运用技能的获得

语言运用技能的发展是儿童语言发展的一个重要方面。语言运用技能是指交际双方根据交际目的和语言情境有效地使用语言工具的一系列技能。儿童的语言运用技能是在言语交际过程中表现出来的，为了能够与同伴和成人进行顺利的交际，儿童需要掌握一定的语用知识和技能。学前儿童的语用技能可以从语言操作能力、对交际外在环境的感知能力和心理预备能力三个方面进行考察。

1. 语言操作能力

语言操作能力指的是交际双方根据交际的实际需要，灵活而有效地调出已有的语言以及与其有关的非语言知识，并恰当地用于交际过程的能力。对语言及其辅助系统的操作水平的高低直接影响言语交际的效果。语言操作能力包括说话人的语言表达能力和听话人的语言理解能力。其中，语言表达能力包括根据交流的需要对语言各要素进行适当组合的能力，通过发音器官发出有意义的声音的能力，以及将语言符号和非语言符号恰当结合的能力；语言理解能力包括辨别有意义声音和无意义声音的能力，通过耳朵和眼睛的协同作用感受言语及非言语的能力，以及理解听到和看到的言语和非言语的意义的能力。

2. 对交际外在环境的感知能力

感知言语交际的外在环境的能力包括：对交际对象本身特征的敏感性、对实际交际情景变化的敏感性和对交际对象反馈的敏感性等。

对交际对象本身特征的敏感是指，说话人能够对不同的交际对象采用不同的、易在交际双方之间产生共鸣的语言形式。

对实际交际情景变化的敏感指的是，当交际情景发生变化（如交际的时间、地点及内容发生变化或增加了新的交际伙伴等）时，说话人能够根据需要调整语言的表达方式、内容，或者听话人根据情景的变化理解变化了的语言形式的能力。

对交际对象反馈的敏感则是指，说话人可根据交际对象发出的是否已经接收到信息的反馈情况，及时调整说话的内容和方式，也是指听话人对说话人所说的话的理解情况的自我感知能力和及时反馈的能力。

3. 心理预备能力

言语交际行为的顺利完成还有赖于交际的双方对言语交际的心理预备能力的提高。这类心理预备能力包括交际双方调节自己的情感、兴趣、动机并使之指向言语交际行为的能力，对同一话题的保持、拓宽能力，以及对有关交际内容知识的组织能力等。学前儿童的自我中心语言相对较多，社会性语言有待发展，其社会性语言的产生和理解情境性较强，他们很容易随外部客观情景的变化而转变谈话的主题。

第二节　0～3 岁婴幼儿语言的发展

爱因斯坦说："一个人的智力发展和他形成概念的方法，在很大程度上是取决于语言的。"语言的发展是婴幼儿智力发展的表现，是鉴别其智力发展的重要标志。语言还能帮助婴幼儿感知事物，有意识地去注意环境，记忆所见所闻，产生丰富的想象。因此，婴幼儿语言能力的发展，更能促进其智力的发展。家长和教师要抓住时机对婴幼儿进行语言教育，但这种语言教育必须符合婴幼儿的年龄特点，否则，易使婴幼儿的语言学习陷入混乱。

父母是孩子最佳的语言教师。当孩子出生后，父母便会时常在其耳边说"你好，你是我的小宝宝。""来，让妈妈抱一抱。""亲亲爸爸吧！"等温柔甜蜜的语言，家长此时虽然并不是有意识地教孩子说话，但孩子却在这不断的语音刺激中受到语言的感染，并且积累了倾听和发音的经验。当孩子言语水平发展到一定程度时，就会模仿父母的话语和声调，不断地堆砌着建造语言的基础。当孩子经历听—发音—模仿练习—理解语言—运用语言的过程时，孩子就渐渐地踏入了语言的世界，父母的教育成果就会不断地呈现出来。因此，了解 0～3 岁婴幼儿语言发展的各阶段特点，掌握家庭语言教育和训练的策略，对于儿童语言水平的提高具有重要的作用。

0～3 岁的婴幼儿，语言教育的重点是对其进行听力以及口语表达的训练。从婴儿出生的那刻起，我们就应该对其进行语言教育。语言来自听力，在语言教育中，听力训练非常重要，儿童的语言教育也是从听力训练开始的。妈妈在给孩子喂奶、按摩、换衣物、哄睡时，都应该跟他进行语言交流。当孩子慢慢长大，接触的人、事、物多了以后，就会有很多语言学习的机会。在对孩子进行语言教育时，家长要注意孩子的口齿是否清楚、发音是否准确，对于错误的发音要及时做出示范，不要觉得孩子这样说话好玩而去重复错误的发音。在日常生活中要多鼓励孩子和家人、小伙伴进行语言交流。

一、0～3岁婴幼儿每个月语言的发展特点

第1个月

喜欢听人类的语音；满月时，听到妈妈说话声能暂时停止哭泣；除了发出有意义的哭声外，还会从喉咙里发出细小的喉音，偶尔吐露 ei、ou 等音。

第2个月

发声以哭为主，可以发出 a、o、e 等音；偶尔笑出声来；跟他说话时，他会摆动脑袋，并从喉咙中发出微小的声音。

第3个月

能发出拖长的单元音或连续两个音，如“啊咕”“啊呜”等；发声更加自如，乐意与人对答；如果有人对他说话，他会用点头、微笑、动动嘴巴、吵闹、尖叫或者其他快活的神情做出反应，身体也会兴奋地活动。

第4个月

发声能持续15～20分钟；能发出一连串类似音节的声音；会有意尖声地叫。

第5个月

开始能发出两个双辅音；常“自言自语”；会仔细观察别人的嘴，听到别人的声音后，用自己的嘴练习发音，力图模仿；对人的声音能做出更明确的反应，开始理解自己的名字。

第6个月

会发2～3个双辅音，如“ka-ka-ka”“la-la-la”；听到“妈妈”的声音时会看母亲，听到“爸爸”的声音时会看父亲；如果大人边念儿歌边做相应的动作，宝宝能记住，也会学着做相应的动作。

第7个月

又多认识了1～2种新的物品，会看或指向物品所在的地方；一口气能说出几个语音，能说“ma-ma”“ba-ba”，但经常无所指；能用手势示意“谢谢”“再见”等；开始喜欢模仿简单的事情。

第8个月

有意识地模仿语音，并以此为乐；听到大人说“不”会停止活动；会用点头或伸手表示“要”，用摇头或皱眉表示“不要”，开始能表达自己，而不是单纯模仿；手势语发展很快。

第9个月

能较清晰地发声，来表达自己的意思和感情；能叫“爸爸”和“妈妈”；知道大人在谈论自己，会表现出害羞，这是宝宝理解大人谈话的表现。

第10个月

除了“爸爸”“妈妈”以外，会说其他几个词；会模仿最后一个音。

第11个月

能够有意识地称呼爸爸、妈妈，还能说出两三个词；能理解大人的话并用手势回答，比如问“你几岁啦”，会竖起手指表示；爱听熟悉的话，会照着听到的一些话去做，如“坐好”等。

第12个月

认物的范围增长很快，除五官外，还认识手、脚、头、肚子等部位；唱儿歌时，能做出4种以上的动作；对书本上的东西流露出浓厚的兴趣，希望成人指出它们的名字，有的还会自己认出书中的物体并用手指出。

13～15个月

喜欢说一种他自己才能听懂的语言：一连串类似母语的音节，配合着手势和表情，可能还会夹杂着零星的真正的词；懂得一些日常用品的名称，能说出几个词和自己的名字；还不能流畅地表达需求和愿望；会按照大人的话去做一些简单的事，比如把东西放回原处、自己脱袜子等。

16～18个月

较多地发叠音词，如“ge-ge”“bao-bao”；指出和说出身体的3～5个部位；能指出书中和日常生活中的许多物品；能使用10个左右有意义的词。

19～21个月

开始明白更复杂的要求，如“把红皮球从床上拿来”；会说“我的”，用“我”代替自己的名字；大约能说出20～30个词语，会说两三个字的短句，如“下地”“宝宝喝水”等；知道亲人和最熟悉的小朋友的名字；非常喜欢模仿大人说话，在玩耍时，会跟自己叽叽咕咕“说话”；会表达个人的愿望和需求，会用其他手势引起大人的注意。

22～24个月

有关物品名称的词汇量迅速增加，会形容物品的颜色，能描述熟悉物品的特征并认出它们；能回答简单的关于生活的问题，并开始提问题；常自言自语，话也变得复杂起来了；懂得等别人说完以后自己再说；能够用语言解决一些问题，比如索要物品、叙述事物等，不过说话还不太清楚。

25～27个月

会问“这是什么?”；会说6～8个字的完整句子或唱4～6句的儿歌；用“你”提问时，会用“我”回答问题，比如问“你几岁了”，会回答“我两岁”；开始理解“你”“我”的相对概念，但有时还会混淆。

28～30个月

能将熟悉的儿歌从书里找出来；知道5种以上颜色和一些数字，能数到3；知道自己的名字；开始问“为什么”，会说“不”“不要”“不行”。

31～33 个月

会讲一些熟悉的物品的用途，如茶杯、刀、梳子等；知道简单的反义词；能按照故事内容回答大人提出的问题，如“这是谁”“在干什么”。

34～36 个月

会叙述过去发生的事，还会说“什么”“哪儿”“怎么了”“为什么”；能说 5～10 个字的有动词和形容词的长句子，说话时也很有信心了；开始用“和”来连接自己的观点；能正确用“我”“你”“他”之类的代词；有关时间的词也开始多起来了，逐渐理解过去、现在和将来的概念。

上面介绍的是婴幼儿在 0～3 岁每个月具体的语言发展特征，下面我们将从三个阶段对婴幼儿的语言发展作一个整体划分。

二、0～3 岁婴幼儿语言发展阶段

根据 0～3 岁婴幼儿语言发展的特点，其语言发展可分为以下三个阶段：

（一）第一阶段：语音发展阶段（0～1 岁）

1. 简单音节阶段（0～3 个月）

此阶段婴儿主要表现为：发出简单的单音节，在哭叫中发声。婴儿的发音是从反射性发声开始的，哭叫是婴儿第一个月主要的发音。在这个月内，婴儿学会了调节哭叫声的音长、音量和音高，能用几种不同的哭叫声表示不舒服、叫人来或要吃奶等不同要求。此外，简单音节阶段的婴儿还喜欢面对面的言语交际。只有面对面的交流，婴儿才会注意到说话对象，如果声音是在婴儿视力范围之外响起，婴儿的神经系统会自动默认为忽视。在此阶段，婴儿喜欢看着家长微笑的面孔，因此，成人需要多与婴幼儿面对面地接触，在与孩子的身体接触时尽量跟他讲话，与他目光接触，讲故事给他听，让他听到家长发出的声音。此阶段的婴儿还喜欢高频率的声音。婴儿喜欢女性的声音，尤其喜欢母亲的声音，因为女性的音频比较高，符合这一时期婴儿的需求特性。

2. 连续音节阶段（4～8 个月）

此阶段的婴儿经常发出连续的音节。大约从 4 个月起，婴儿的发音出现了明显的变化，发音增加很多重复的、连续的音节。一方面，婴儿发音较多的是对成人的社会性刺激做出的反应；另一方面，发音内容大多是以辅音和元音相结合的音节为主，并且有一个从单音节发声过渡到重叠音节发声的过程。如婴儿能发出一连串近似词的音节，仿佛在叫“妈妈”“爸爸”，这是婴儿开始有意识发音的雏形。

连续音节阶段的婴儿能够辨别语气、语调和音色的变化。他们能区别熟悉与陌生的声音、男声和女声、愤怒与友好的声音。立规矩在这一阶段最有效，因为婴儿已经能够听得出成人的声音变化。成人要多表扬孩子，让孩子始终对任何事物充满信心。但是，如果孩子确实做错了，比如喜欢玩电源线等危险的物品，就要严厉制止，用严肃的声音以及语调中的降调发音，让孩子对你的声音产生不舒服的情绪，几次之后，他就不会继续这样做了。

“小儿语”现象出现在此阶段，4～8个月的婴儿会用语音来吸引别人的注意。这一阶段婴儿的咿呀学语开始发生变化，变成一种形式相当复杂而又独特、令成人难以听懂的“小儿语”。这些“小儿语”听起来似乎含有提出问题、发出命令和表达愿望等不同意思。当把同龄婴儿放在一起时，则会发现他们用这些难懂的“小儿语”交谈得很愉快。其实这是婴儿语言真正产生之前最后的准备性练习。在婴儿独自玩耍时，成人还会听见孩子在悄悄地练习一些发音，试图把嘴部运动和某种语音联系起来，甚至用语音来吸引别人对他的注意。

3. 学话萌芽阶段(9～12个月)

这一阶段的婴儿开始发出不同的连续音节，并且明显增多，音调也开始明显多样化。婴儿的发音形式更加接近汉语的口语表达，有重叠音和升调，似乎在说某个句子。婴儿此时的发音往往是一种固定情景的学说话活动，他们竭力模仿成人的发音，使自己的发音接近某些词语发声。

婴儿在学话萌芽阶段开始真正理解成人的语言。婴儿大约在6个月时，已经有话语理解的萌芽；到9个月后，理解反应迅速发展；到1岁时，发生理解反应的祈使句和疑问句有10个之多。如果把婴儿理解的最小话语单位称为“语元”的话，如“走”“看”等，那么婴儿在这一阶段已经可以理解约230个不同的“语元”。从成人角度来看，语元可能是词，也可能是句子。婴儿能对这么大数量的语元做出听觉分辨，说明婴儿听觉分析器已经相当敏锐，在他的头脑中已经建立起相当复杂的语音表象。这似乎可以表明，虽然婴儿在此阶段还不能说话，但是他的听觉已经开始语言化了。

大约从10个月开始，婴儿会说出第一个有意义的单词，这是婴儿语言发展过程中最为重要的里程碑，也是前一阶段家长辛勤培育的结果。婴儿最初掌握的词语，都与某一特定的对象相联系，与他们每日所感知接受的语言有着必然的联系，具有专指的性质，如“喵喵”就是指他自己的玩具猫。婴儿一般较早掌握的是具体名词。

（二）第二阶段：语音正式阶段(1～2岁)

1. 言语理解能力发展阶段(1～1.5岁)——单词句阶段

在这一阶段，婴幼儿往往用一个单词表示一个句子，我们称之为单词句。如孩子说“车车”这个词常常反映多种意思，有可能是让妈妈拿玩具车给他玩，也可能是要坐妈妈的车等。这时候婴幼儿说出的词，并不独立地与词所代表的对象发生联系，而是与包括这个对象在内的一种情境相联系，所以单词句阶段的词所表达的意思是不准确的。家长常常需要把孩子说话时附加的手势、表情、体态等许多情境作为参考的因素，确定孩子说话的意思。

在这一阶段，婴幼儿所能理解的语言大量增加，但是会说出的词语相对比较少，即我们通常说的“什么都懂就是不会说”。理解能力优先于表达能力是正常现象，这一时期婴幼儿突出的表达方式是：无论说什么统一用“嗯——”或直接用手势代替。此阶段的婴幼儿还出现了语言沉默期，前一阶段出现的自言自语在这一时期就不再出现了，这也是正常现象，这是在为词语爆炸阶段的到来积聚能量。

在词汇能力方面，以声音代物是1岁半以前的孩子说话的一个明显的特点。例如把“狗”称作“汪汪”，把“猫”称作“喵喵”，或者用某种声音来代表人的某种活动，如用“嘘嘘”声代表小便。这种声音与成人常对孩子以声代物有关，同时也和婴幼儿生活范围的扩大、生活内容不断丰富、认知能力逐渐提高有关。由于声音是物体或活动的鲜明特征，容易记住，因此婴幼儿已学会用声响来给日常生活中常见的物体命名。但是婴幼儿在命名和使用新词时常常会出现一种词义“泛化”“窄化”和“特化”现象。(1) 词义泛化。又称为词语扩充，是指儿童对词义的理解使用超出了目标语言范围的现象，即一词多义。它是婴幼儿对于词的语义特征掌握过少造成的。如孩子常用“毛毛”代表所有带皮毛的动物或毛皮做的东西。② 词义窄化。窄化是指儿童对于词义理解和使用达不到目标语言的到位现象。婴幼儿早期的词义有缩小、窄化的特点，具有专指性。有些窄化是因儿童语言能力的限制所致，有些窄化则是儿童的主动选择所致。如婴幼儿最早理解的“车车”，就是婴儿自己的婴儿车，而不是所有的交通和运输工具。(3) 词义特化。这是指儿童的词语指称对象完全与目标语言不同。如一个婴儿尿床了，妈妈过来给他换被褥，说了一声“糟糕”，以后孩子每当要小便时都会说“要糟糕”。

此阶段的婴幼儿说话时还有“小儿语”，其“小儿语”中有明显的旋律和抑扬顿挫的音调变化，在某些情况下听上去很像成人说话。他们在发音上常常表现出一些特殊的发音策略，主要有三种：(1) 省略音。即省略词首或词尾辅音，如“星星”说成“西西”。(2) 替代音。用浊辅音代替辅音，如“哥哥”说成“得得”。(3) 重叠音。这几乎被看作儿童早期语言发展中的一种普遍存在的最重要的现象，如“车车”“饭饭”等。

2. 言语表达能力发展阶段(1.5～2岁)——双词句阶段

这一阶段，婴幼儿似乎突然开口，说话的积极性很高，语词大量增加，出现了“词语爆炸现象”。如18个月的婴幼儿经常挂在嘴边的大约是20个单词，到21个月则能说出约100个单词，到24个月则能说出300多个单词。婴幼儿的话语当中近70%的词仍然是名词，其他各类如动词、形容词、数词、代词、副词、感叹词等虽占比例尚小，但都开始出现，这是一个可喜的现象。词汇量的迅速增长，使婴幼儿具备了进一步发展口语的能力。从1岁半开始，婴幼儿词句的掌握也迅速发展，由单词句向双词句甚至完整句发展。集中的、无意义的发音现象已经消失，此时的发音已与发出的词和句子整合在一起。总之，这一阶段是婴幼儿掌握词语的第一个关键期。

此阶段，婴幼儿的语言表达能力将发生质的飞跃，表现为：出现词语爆炸现象，将以每个月平均说出25个新单词的速度递增，到2岁时基本可以说出300个单词左右，成人每天都会听到孩子学会说新的词。孩子接受新事物的能力是惊人的，主要通过成人专门的教育、听大人们交流，以及电视、广播而学会新的词语。

此阶段，婴幼儿双词句快速增长。所谓双词句，是指由两个单词组成的句子。如“妈妈抱抱”“爸爸班班”，这些话听起来就像我们发电报时所采用的省略词句，因此又被称为

“电报句”。本阶段初期单词句仍占主要地位，大约从20个月开始，婴幼儿开始出现双词句；本阶段后期又出现了复合句，所以1.5～2岁婴幼儿的语言发展是多种句式并存的。常用的句子有单词句（占三分之一）、双词句（占一半以上）和复合句（不到十分之一）。

此阶段的婴幼儿开始进入人生第一个反抗期，其心理和行为上的独立在语言上表现为具有自主性和反抗性。他们开始学会使用疑问句和否定句。疑问句表现在提问上，否定句则表现在语言反抗上，如常把“不”挂在嘴边以示拒绝。对待这一时期的孩子要遵循一个原则——“先满足后要求”。比如：孩子说“我不睡觉”，那么家长可以说：“好的，那么你是打算五分钟还是十分钟后睡呢？”也就是说，家长不要强硬地拒绝或要求孩子。

（三）第三阶段：基本掌握口语阶段（2～3岁）

2岁以后一直到入学前，是学前儿童基本掌握口语的阶段。他们在掌握语音、词汇、语法和口语表达能力方面都较前一阶段有着明显的进步，他们开始逐步用语言来表达自己的需要和情感，用语言来调节自己的动作和行为，基本上能用语言与人交往，语言成了这一阶段婴幼儿社会交往和思维的一种工具。

基本掌握口语阶段主要分为简单句阶段和复杂句阶段。

1. 简单句阶段（2～2.5岁）

此阶段的婴幼儿基本上能理解成人所用的句子，出现了多词句、简单句和疑问句。2～3岁是婴幼儿疑问句出现的快速发展期，他们总是喜欢不停地问为什么，对一切事物抱着好奇的态度，但是这一阶段他们只会问“为什么”，而不会回答“为什么”，所以家长需要耐心地回答孩子提出的问题，要保护孩子难能可贵的好奇心与探索欲。

简单句阶段的婴幼儿开始产生句子整合、接尾、重复现象，与人交往意图明显加强。此阶段的婴幼儿虽然不能够说完整的一句话，但是如果在语句上给孩子开个头，他就能接着补充后半截。例如，你说“宝宝吃饭了”，他就会重复地说“狗狗吃饭了，猫猫吃饭了”等。

2. 复合句阶段（2.5～3岁）

这一阶段，婴幼儿的单词句、双词句这一类特殊语言成分已经大大减少，语言已经纳入目标语言的轨道。婴幼儿的语言系统和基本语法规则已经掌握，具有了一定的词汇量和语言运用技能，可以初步用词语来解释词语。而且，婴幼儿的语感已经开始形成，并能运用语言进行一般的日常语言交际。

此阶段的婴幼儿词汇逐步丰富，能说出完整的句子，出现了多词句和复合句，婴幼儿的言语功能不断丰富和准确。在口语表达方面，开始能用完整的句子与人交往，表达个人的要求和愿望，句子的含词量已经达到5～6个单词。在他们所使用的句子中，陈述句占绝大多数，经常出现的复合句已占总句数的三分之一以上，其中，联合复句在2.5～3岁阶段占绝对优势，占60％～90％；偏正复句占10％～30％。

这一时期，由于大脑中枢对语言的组织还不到位，婴幼儿在语句表达上常常会出现“破句现象”，即经常会出现说话不流畅的现象，有时结结巴巴，有时说话显得气喘吁吁，往往在不该换气的地方换气，让人担心他是否口吃。实际上，婴幼儿在此阶段思维的速度往往超过他们说话的速度，说话跟不上思想，想说的东西太多，一下子选不到恰当的词，但又很心急地想要把它说出来，于是就变得说话不连贯，表现出犹豫不决或者经常重复同一个单词或语句。这种情形看起来好像口吃，但对 3 岁的儿童来说，说话不流畅、重复都是正常的现象。成人对此千万不要着急，要耐下心来慢慢听孩子讲述。如果处理不当，反而会引起他们语言发展上的危机，语言发展的缺陷也会在这个时期出现。

三、婴幼儿家庭语言教育存在的误区

（一）语言教育脱离了现实生活

目前有许多家长采用鹦鹉学舌的方法对儿童进行语言教育，即自己说一个词，然后让孩子跟着说一个，以此丰富他们的词汇。这样的教育方法往往忽视了孩子最熟悉的现实生活素材，也忽略了“教育源自生活”的原则。

（二）与孩子进行交流的时间太少、方法单一

语言交流是语言发展的前提，但很多家长只有在向孩子提出某种要求时才进行长时间的交流，平时却很少主动和孩子交流；或者工作太忙，没有时间和孩子进行过多的交流；有时孩子主动向家长提问或讲述一些事时，家长却表现出心不在焉的样子，导致孩子不愿意和家长交流。家长片面地认为语言教育无非就是让孩子开口说话，于是平时采用最多的就是一问一答的方式，方法过于单一，也导致孩子不愿意交流。

（三）忽视在日常生活中渗透语言教育

在家庭教育中，很多父母虽然意识到自己的日常语言对孩子影响很大，但却忽视了日常语言对孩子的重要性，不重视培养孩子的说话方式和习惯。常有家长抱怨自己的孩子“说话不清楚”，“经常扯着嗓子讲话，甚至大喊大叫”，他们只是停留在抱怨上，认为孩子只处于语言学习的初期，长大后自然会好的，但是，言语表达的坏习惯一旦形成，错过了最佳的关键期，以后要改就会非常困难。孩子形成了不良的说话方式和习惯，则必然会阻碍其人际交往，不能很好地适应社会。

（四）口头语言环境明显优于书面语言环境，家长对早期阅读的理解比较狭隘，偏重知识获得

对于早期阅读的界定，家长的理解比较单一。多数家长认为早期阅读是家长和孩子一起读书，由家长念给孩子听，有的家长甚至把早期阅读等同于“早期识字”，认为早期阅读就是教孩子认字或写字，没有认识到早期阅读主要是培养孩子的阅读兴趣和阅读习惯，是对孩子整体阅读能力的培养。早期阅读在促进儿童神经系统发育、开启其智慧、丰富其知识、发展其个性、提高其语言能力等方面有着积极作用，家长需要重新认识早期阅读的价值。

（五）家长对图画书的使用率不高，较少参与和指导

家长利用图画书与孩子进行亲子阅读的时间较少。大多数家长空闲的时候陪孩子

一起看书，一般是一周 2～3 次，很少有家长几乎天天陪孩子一起看书，而每次看书的时间大多为 15 分钟左右，缺少时间必然会影响早期阅读的质量。早期阅读是孩子与成人互动的过程，但是只有 52%的家长会在陪孩子一起看书时边看边讲解故事，其余家长会自己看书，再把故事讲给孩子听。家长把早期阅读等同于讲故事，这是对阅读特有价值的忽略。

四、婴幼儿家庭语言教育的策略

语言能力是智能水平的重要标志，而且能促进智能的发展。掌握一定的婴幼儿语言教育策略，对婴幼儿语言能力的培养尤其重要。

（一）声音的训练

婴幼儿感受语言的最初能力是听力，发音则是学习说话的基础。按语言发展的规律，声音的训练有听和发音两方面。1 岁前孩子听音、发声练习是最首要的，因为这是婴幼儿接收和传递信息的重要条件之一，他们在听到别人和自己的声音后，不断地对比和调整自己的发音，从而学习说话。听音、发声练习除了能帮助孩子建立言语听觉和言语动觉之间的关系外，还给幼小的孩子一种安全感，能消除他们刚来到人世间的那种陌生不安的情绪，尽快地建立起和谐的亲子关系。

(1) 家长应提供优质的发声玩具或能发出滴答声、叮咚声的物体，每天和孩子一起玩耍，让其听不同的声音，提高听觉的敏感性，特别是对 1～3 个月的婴儿要加强听力练习。

(2) 在孩子情绪好时，家长可从不同的方向叫孩子的名字，开始可让孩子看到成人，慢慢过渡到只用声音逗引他，使他跟踪声音。

(3) 每天让孩子听一段悦耳的音乐或儿童歌曲，家长轻柔地抱着孩子或拉着他的手，跟随着音乐“跳舞”。

(4) 结合家庭的日常生活，指导孩子建立语言和自身行动的有机联系。如：摆手时，说“再见”；穿衣时，讲述穿衣的过程，要求孩子配合成人的动作，如“伸出手”“抬起脚”等。成人应尽量对孩子多说话，即使他们一时听不懂也没关系，孩子在多次接触同一动作的基础上能把动作和词义联系起来。

(5) 在帮助孩子建立自身动作和语词联系的同时，还需帮助孩子建立对外界事物形象和词语之间的联系，如一边和孩子接触周围环境中的人和物体，一边和孩子说“这是爸爸”“这是灯”等。久而久之，当父母说出人和物的名称时，孩子就会用手或眼指或者向人和物。

(6) 多用孩子的原始发音与孩子说话，如“啊”“噢呜”“嗯咕”等，这些语音最能引起婴幼儿的共鸣与反应，当孩子情绪好时，这是很好的反复强化的发音练习。当父母面对面地模仿孩子的语音，婴儿在听到父母的声音时，会注意看父母的嘴巴，能及时地对自己的发音进行调控，跟着成人模仿发音。

（二）词和句的学习

词汇是建筑语言大厦的砖瓦，是孩子学习说话的基础之一，词汇的学习在婴幼儿

1～2岁时尤其重要。然而,孩子的思维是具体、直观和形象的,只能在看、听、触摸客观事物的基础上去认识事物,学习词汇。

(1) 在日常生活中教孩子学新词,每遇到对孩子来说是新的事物或活动时,都把其名称和有关词汇告诉孩子,使其理解事物形象和这些词之间的关系及其意义。

(2) 在认识具体事物、学习各类名词的同时,家长还要帮助孩子结合各种动作学习动词。如,吃饭、穿衣时,学习“吃”“穿”等动词;在玩球时,学习“拍”“踢”“打”等动词。

(3) 多和孩子做语言游戏,如用婴幼儿易看懂的图片,玩看图学词的游戏:把图片放进小盒子或小布袋里,孩子摸出一张说出其名词和图片内容;利用家里的各种物品和孩子玩“买卖”游戏,在一定范围内可以集中地教孩子学习更多的词句;用玩具吸引孩子,边游戏边学动物的叫声或句子,如“小狗叫,汪汪汪”,“这是小鸡,叽叽叽”等。

(4) 当成人和孩子沟通时,应注意为孩子提供正确的词语,少用“小儿语”,不重复孩子错误的语言,多用普通话与孩子交流。事实证明,在标准的普通话环境里长大的孩子,他们所使用的词语较准确,所说的句子较完整,其口语和思维能力都较强。另外,成人说话时还应注意口型的变化,以便孩子模仿,也可让孩子对着镜子观察自己说话的情形,以提高其学习的兴趣。

(5) 帮助孩子把所学习的词语组成句子,引导孩子说简单的完整句子。如孩子想要皮球而只说“球”时,成人应问孩子:“宝宝要什么?”“谁要皮球?”这类语言和情景相结合的方法,是最好、最必要的方法。

(三) 语言环境的创设

(1) 建立愉快的家庭语言气氛。这对孩子的发音、学习词汇和表达有很大的帮助。家长应以童心去了解孩子的想法和需要,给予孩子积极的、温和的、有效的语言刺激,使孩子没有负担、轻松地掌握语言。

(2) 布置一个有情趣的游戏角,放有娃娃、电话、餐具、木偶、画册、图片等,经常和孩子进行表演、打电话、看图书、讲故事等活动,从游戏中发展孩子的语言。如:家长和孩子进行“过家家”游戏时,家长扮演“孩子”,孩子扮演“爸妈”,在这种与父母角色的暂时调换过程中,婴幼儿模仿成人语言的机会就更多了,口语的能力也得到加强。

(3) 让孩子与不同的人交往对学习语言很有必要。孩子接触的人越多,所习得的词汇越丰富,语言活动越频繁,其思维越活跃,智力发展也越快。

(4) 经常播放儿歌、童谣的录音给孩子听,使孩子在一种无意识的状态下,不断地接受语言的刺激,得到潜移默化的教育。

(四) 语言的记忆

婴幼儿语言学习必须经过对语言信息的记忆、积累过程,应注意婴幼儿语言记忆能力的培养。

(1) 多给孩子念三字到五字、两句到六句的儿歌,讲有语言重复出现的故事。如:年龄小的孩子学儿歌“小皮球,圆又圆;拍一拍,跳一跳”;等孩子年龄稍大时,增加像“拍得轻，跳得低；拍得重，跳得高”这样的儿歌以提高其表达能力。

(2) 把孩子所认识的事物，用描述性语言将其主要特征讲给孩子听，让孩子猜出这一事物。简单的谜语能使婴幼儿对已有经验产生联想，各种事物常在脑里浮现，有助于他们在与别人交流时语言信息的储存与提取。

(3) 多利用各种感官去参与学习，让孩子在看一看、摸一摸、尝一尝、听一听、嗅一嗅、做一做中感知事物，学习代表事物的词语，更好地记忆语言。

(五) 提问的技巧

想要不断地提高婴幼儿的语言学习与思维能力的层次，提问是帮助孩子理解语言、与人交流、思考问题的有效方法。专家认为，不同类型的提问，对孩子的语言和思维有不同的影响。

(1) 描述性提问：如“有谁、有什么、是什么、是什么样子的、在做什么、有什么表情”等。这属于感性认识的提问，可以帮助婴幼儿对所学内容有初步和基本的了解，积累丰富的经验，使其在大脑里储存大量的表象和信息，对其细致观察、清楚表述某一事物有帮助。

(2) 判断性提问：如“在什么地方、什么时间、是什么天气、什么是一样”等。孩子需根据观察的情景做出相应的综合判断，这对其思维的准确性、精细性与周密性都有帮助。

(3) 推想性提问：如“他在说什么、在想什么、将会怎么样”等。要回答这些问题，孩子需要对涉及问题的各方面内容进行分析和判断推理，这对其思维的逻辑性很有好处。

(4) 想象性提问：如“你会想到什么、之前有什么、后来怎么样、像什么”等。孩子的回答大多是由某一事物联想到其他的事物，是对其思维流畅性、发散性的启动。

(5) 追究性提问：如“为什么、是什么道理、怎么知道的”等。孩子要说出对某一问题的依据，由事物的表面现象进入事物的内部去进行思考，使孩子思维更具有可行性和指向性。

在0～3岁婴幼儿的语言学习中，最常用的是描述性的提问，它可以帮助孩子积累丰富的经验，储存大量的语言信息。成人可根据具体情况，对同一个问题反复提问，如宝宝在拍球时，问“宝宝在做什么”“谁在拍球”“宝宝在拍什么”。从不同的角度进行思考和回答这一问题，孩子的语言能力会提高得更快。家长最初应以简单的问题去引导，随着孩子语言和思维能力的不断发展，应逐步提高问题的难度，切不可忽视孩子的年龄特点。

(六) 亲子共读

婴幼儿图书阅读是指借助于生动活泼、色彩变化的图像，在成人的帮助与指导下，婴幼儿理解低幼读物内容的一种视听结合的过程。孩子的图书阅读与成人所认为的阅读不能等同，婴幼儿主要是感官上的需要，只要有可爱的动物、有趣的物品、色彩鲜艳的画面及与自己熟悉的生活经验相似的内容，都感兴趣，他们的兴奋点只是图书中的形象与色彩。如果不了解孩子的需要，只按成人的标准要求孩子，孩子的阅读难度会加大，阅读兴趣会减弱。成人的情感、言语是婴幼儿喜欢看图书的重要影响因素，故应定时、定人、定内容地去指导孩子阅读图书，培养其阅读的兴趣与行为习惯。

1. 亲子共读

即孩子与家长一起看图书，边看边听父母的描述、解说图书内容的阅读方法。其优点是在一对一、亲密无间的气氛下进行阅读，家长与孩子能有较大的自由度，可以更好地根据孩子的具体情况来因材施教。

2. 看书讲故事

即父母与孩子同看一本大图书，或每人一本内容相同的小图书，边听父母讲述故事边翻看的阅读方法。其作用是帮助婴幼儿学习按顺序观察画面以及学习从头到尾一页一页翻书的技能，并培养孩子留心听讲的能力。

3. 看书听朗读

即婴幼儿边翻看熟悉的图书，边听成人朗读书上的说明语，进一步理解内容的阅读方法。它能使婴幼儿利用熟悉的图书，在画面、文字、口语之间产生一种有机的联系，初步了解符号所代表的事物和意义，培养其对文字的兴趣。

4. 听词语找图

即让婴幼儿按成人语言提示，如“请你把小白兔找出来，戴红花的小白兔在哪里”，从许多图片中找出相应图片的阅读方法。其目的是提高孩子视觉的敏锐性，培养观察、辨认能力。

5. 听故事找图

即成人在讲故事的过程中，让婴幼儿按故事的情节，找出相应画面，以检查其对图书内容是否理解的方法。这对婴幼儿的观察、注意、倾听、理解等能力有很大的促进作用。

6. 拼图

即把婴幼儿熟悉的图片，剪成三至六片(剪裁的片数按年龄及能力而定)，拼出相应图片的方法。它能培养孩子识别事物的部分与整体、图案不同维度的空间转换等能力。

7. 看图书做游戏

可分两种形式：一是与父母一起先按图书的主要情节进行游戏，让婴幼儿熟悉故事内容，再去看图书；二是婴幼儿已理解了图书内容，在有故事情节的环境中重现内容。这能使孩子较快地理解图书内容，表达自己的感受和体验阅读的快乐情感。

8. 扮演书中角色

即在父母的帮助下，把已熟悉的故事以纸偶、木偶或自己扮演等方式表演出来。这对婴幼儿的言语、思维、理解和表达等综合能力的发展有很大的促进作用。

9. **指读书名与文字**

即每次阅读时，让婴幼儿用食指指点着图书封面的文字，跟随成人读图书的名称，经过反复的指读以达到辨认汉字的目的。这能强化婴幼儿对文字的感受性，培养对书面语言的兴趣。

婴幼儿的读物篇幅应是短小的，内容是简单的，与孩子的行为教养有关；采取孩子日常生活中熟悉的、必须学习的、简单的语言为表现形式；把动植物和非生物拟人化，更符合孩子的情感、情绪和认识水平；故事情节有节奏感、幽默感，可以采用虚构的、不拘于传统的故事表现形式。

第三节　3～6 岁儿童语言的发展

儿童在出生后的三年中，由于受到成人的言语教育，以及言语器官、神经组织的成熟，他们的言语在不断发展。到了儿童期，儿童言语的发展进入了一个新的时期，他们从“掌握本族语言的准备期”“前言语期”或“最初正式掌握本族语言期”进入了“言语丰富化期”，这时期的口头言语在各方面都得到了发展。

一、儿童语音的发展

语音是语言的物质外壳，语言的交际作用是通过代表一定意义的声音来实现的，这种代表一定意义的声音就是语音。语音是发展语言的基础，要发展儿童语言，第一步就应该教会儿童正确的发音。只有发准了音，儿童才能正确地表达自己的意愿和要求。学前儿童掌握每一个词的正确发音，对于词的理解、辨认以及运用都是非常重要的。儿童的语音正确与否不仅影响儿童语言发展，还会影响其德、智、体全面发展，对以后学好汉语拼音、正确朗读和书写汉字甚至对双语学习都起着重要的作用，因而必须引起广泛关注。

随着发音器官的成熟以及言语知觉（言语听觉、言语动觉）的精确化，儿童的发音能力迅速发展，特别是 3～4 岁期间发展最为迅速。此阶段的儿童已能分辨外界差别微小的语音，已能支配自己的发音器官，一般来说，他们已初步掌握本民族、本地区语言的全部语音，甚至可以掌握任何民族语言的语音。但是，由于受年龄特点的限制，孩子的发音器官尚不成熟，学前儿童发声母比发韵母要显得困难一些，出现的错误也比较多。很多儿童经常将 zh、ch、sh 与 z、s、c 混淆，这样给语言交际就带来了很多不便。在儿童言语发展的早期，儿童常常是模仿别人说话的语调，对语句的每一个音不能分别感知，直到 3 岁左右，仍有不少儿童不能精确分辨近似音，在发音时会出现互相代替的情况，如把“然后”说成“研后”，“兔子”说成“裤子”，这一现象是由于儿童听觉水平低所造成的。此外，学前儿童语音发展也会受到方言的干扰和影响。对于学前儿童语言发展而言，听清语音是正确发音和理解语义的基础，使儿童发音正确，必须注意发展儿童的言语听觉，使他们能听得准确，能分辨语音的微小差别，特别是区别某些近似的语音。成人要帮助学前儿童掌握辅音的发音部位和发音方法，为儿童准确地感知语音打好基础。

0～6 岁儿童的语音发展在前后两个年龄阶段呈现出两种不同的趋势：在前期呈现出“扩展”的趋势，即从出生到三四岁，儿童从不会发音节清晰的语音，到逐渐能发出越来越多的语音；之后，儿童学习语音的趋势逐渐趋向“收缩”，也就是说三四岁以后，由于本民族语言或方言的习惯，只需要按照一定方式发出某些语音，他们的语音就表现为相对的收缩和稳定。因此，4 岁以后，儿童的言语发音机制已经按本族或本地方语言习惯开始稳定，已局限于掌握本族或本地语音，他们逐渐能掌握自己的发音器官，区别差异微小的语音。总之，此阶段的儿童已经掌握了本民族的全部语音。4 岁以后，儿童逐渐出现了对语音的自觉意识，比如，有时他们会故意歪曲发音、改变声调以吸引成人注意。儿童对语音的意识发展到一定水平之后，他们就能把语音作为意识的对象，并且自觉地对语音进行分析，这为学前儿童进小学后的汉语拼音及汉字的学习打下了良好的基础。

根据西南大学心理学教研室对 3～6 岁儿童语音发展的调查，儿童语音发展表现出以下特点：

(1) 3～6 岁城乡儿童韵母、声母发音正确率均随年龄的增长逐渐提高，如表 4－1 所示。

表 4－1　3～6 岁儿童语音发展的正确率

语音 \ 城乡儿童 \ 正确率 \ 年龄		3 岁	4 岁	5 岁	6 岁
声母	城	66	97	96	97
	乡	59	74	75	74
韵母	城	66	100	99	97
	乡	67	85	87	95

(2) 3 岁儿童发音的正确率明显低于 4 岁儿童。3 岁儿童对音位有微小差别的，如 e 与 o、n 与 l 难以区分；对有些声母音位的发音方法还没有掌握，错误较多，如把 g 音发成 d 音，把 zh、ch、sh 发成 z、c、s 或 j、q、x，把 ing 读成 in 等。具体如表 4－2 所示。

(3) 语音的发展除受言语器官和神经系统成熟发展的制约外，更受环境和教育条件的影响；如农村儿童语音的发展落后于城市儿童；三四岁以后，发音渐趋方言化。

表 4－2　儿童翘舌音、齿音的发音正确率

年龄 \ 正确率 \ 声母	zh	ch	sh	r	z	c	s
3 岁	34	37	34	34	47	47	54
4 岁	93	93	93	100	100	100	100
5 岁	93	93	93	87	93	93	93
6 岁	100	100	100	100	100	100	100

为此，成人必须重视学前儿童的语音教学，给予其正确发音的示范，帮助学前儿童较快地掌握正确发音的要领。特别是四岁前后的儿童，更要注意实施正确的语音教学。学前儿童末期的儿童只要不是生理缺陷，在正确教育的影响下，都能正确发出各种语音。家长、教师要培养学前儿童辨析性的听音能力，教会儿童正确的发音方法，重点培养儿童清楚地吐词、调整声音的强弱、富有表现力的抑扬顿挫、善于支配自己的呼吸等。其中，要特别着重于儿童言语表现力的培养，培养学前儿童的言语表情和言语交往的文明修养，使其初步学会根据表达内容的需要而改变语调，掌握最初步的艺术发音的方法。教师可以通过日常生活中的发音练习、语言游戏（如儿歌、绕口令）中的发音练习等活动，对学前儿童言语的质量不断提出新的要求，使儿童逐步做到大声、清楚、富于表情、不慌不忙地说话，对其出现的语病要及时予以纠正。

二、儿童词汇的发展

言语是由词以一定的方式组成的，因此，词汇的发展可以作为言语发展的重要标志之一。学前儿童只有积累足够数量的词汇，才能在与人交谈时更明确地表达自己的思想。学前儿童词汇的发展可从词汇的数量、词类、词义三方面的变化来分析。

（一）词汇数量不断增加

词汇量是学前儿童言语发展的重要标志之一。儿童期是人的一生中词汇量增加最快的时期，在此期间，词汇量逐年增加。据河北大学的研究，3～4岁儿童的词汇量约为1 200个。一般研究表明，到儿童末期，已掌握3 000～4 000个词，约为儿童初期的三倍多。表4－3是斯密斯（M. E. Smith）的研究结果，仅供参考。

表4－3　儿童的词汇量（斯密斯的材料）

年龄/岁	词数	增加词数
3	896	
3.5	1 222	326
4	1 540	318
4.5	1 870	330
5	2 072	202
5.5	2 289	217
6	2 562	273

由于词汇的掌握很大程度直接取决于儿童的生活条件和教育条件，因此，儿童之间掌握词汇量的个别差异极大，以彪勒（C. Bühler，1893—1974）的材料为例，同是3～4岁儿童，最高词汇数可达2 346个，最低的词汇数只有598个。

（二）词类范围逐步扩大

词类范围可以在一定程度上说明学前儿童词汇的质量。词从语法上可分为实词和虚词两大类。实词是指意义比较具体的词，包括名词、动词、形容词、数词、量词、代词等。虚词意义比较抽象，一般不能单独用来回答问题。虚词包括副词（如“很”）、介词（如“比”）、连词（如“和”“跟”）、助词（如“的”“得”“地”）及感叹词（如“啊”“呀”）等。

我国已有研究显示：儿童在儿童早期已出现多种词类，其中，名词、动词、代词较多，也有一些副词、形容词等。儿童词类范围扩大，既表现在儿童在口头言语中所用词的种类随年龄的增长而增加，也表现在每一词类的应用范围不断扩大。儿童的言语中不仅有名词、动词、形容词、代词等，还包含汉语的各种词类。关于学前儿童词类的研究表明，儿童先掌握实词，后掌握虚词。其中，实词、动词、形容词掌握得较为准确，其他实词（如副词、代词、数词）、虚词（如连词、介词、助词）等掌握得较晚。

随着年龄的增长、生活经验的不断丰富以及思维能力的不断提高，学前儿童掌握的词汇内容也在不断丰富和扩大。学前儿童不仅掌握了许多与日常生活、起居饮食直接有关的词，也掌握了不少与日常生活距离较远的词，如关于人造卫星、海底世界、世界名胜等。在名词中，抽象性、概括性比较高的词逐渐增加。例如，过去只能掌握具体的实物概念，如“积木”“娃娃”“桌子”“椅子”“苹果”“梨”等，后来逐渐能掌握“玩具”“家具”“水果”等类概念。表 4－4 是我国 26 名 3～4 岁儿童所掌握的名词内容的分析。从研究结果可以看到，儿童所掌握的词汇内容丰富，涉及范围很广。

表 4－4　儿童词汇中名词内容的分析

种类	数量	百分比/%
人称	63	9.5
饮食	68	10.3
衣着	39	5.9
居住	39	4.9
动物	42	7.4
植物	13	1.9
无机物自然现象	19	2.9
人体部位	31	4.7
时间方位	59	8.9
社会现象	45	6.8
生活用品交通工具	127	19.3
医药卫生	17	2.6
文化生活	70	10.6
政治术语	24	3.6
抽象概念	2	0.6

（三）词义的理解不断确切和深化

学前儿童在词汇量不断增加、词类范围逐步扩展的同时，他们对词义的理解也在不断深化。有些词在儿童前期就已经出现，但不同年龄儿童对同一个词所代表的意义可能有不同的理解。1～2岁的婴幼儿对词义的理解是非常笼统的，常常用一个词代表多种对象，还出现了对词义的理解过宽或过窄的现象。但是，3～6岁幼儿对词义的理解能力有了显著的提高。例如，儿童对“狗狗”一词的理解，既不会把它扩大到泛指具有皮毛特征的一切事物，也不会缩小到仅指自家的那只小狗，而是能够将“狗狗”一词作为不同大小、不同颜色、不同种类的狗的符号，使词有了更为概括的特性。再如对“汽车”的理解，不仅知道它表示各种汽车，而且能精确地区分出“卡车”“轿车”“吉普车”等不同种类的汽车；不仅了解汽车的一般外形特征，而且对汽车能开动、能乘坐、能运输等性能也有一些了解。

在学前儿童的词汇掌握过程中，有着积极词汇和消极词汇之分。积极词汇又称主动词汇，是指儿童既能理解又能正确使用的词。同时，在其口头言语中，还有许多消极词汇，而且在不断增多。消极词汇，又称被动词汇，是指能够理解却不能正确使用的词。随着语言能力的不断发展，学前儿童口头言语中的积极词汇逐渐增多，他们能掌握词的表面意义和词的转义。随着学前儿童掌握词义的丰富和深刻化，被动词汇转化为积极词汇的频率不断增加，学前儿童对词汇既能正确理解，又能灵活运用。

学前儿童的词汇无论从数量和质量上较之儿童前期都有了发展，但从整个儿童期的词汇发展来看，词汇还是贫乏的；词类的运用还偏重于动词、名词，代词、形容词等并不普遍；词义的概括性还较低；词的理解和运用还常常发生错误。总之，词汇的发展还不够完善。成人要积极指导学前儿童认识周围事物，教学前儿童说出生活中常见的物品以及自然现象等名称，引导学前儿童在掌握对物体的整体认识和名称的基础上，转入对事物各部分的认识，同时掌握各部分的名称。成人要通过让词和词所反映的事物同时出现，借助相关材料为学前儿童提供词汇的直观信息等途径帮助学前儿童正确理解词义，成人要特别重视学前儿童积极词汇的发展，对于学前儿童经常错用或误用的词汇要进行及时反馈与纠正。

三、儿童句法结构的发展

学前儿童在学习语言的过程中，除了要学会正确发音，具有一定的词汇外，还需要掌握语法结构、组词成句的规律。学前儿童在与人们不断交往的过程中，自然地掌握了一些基本语法结构和句型。研究表明，我国学前儿童句子的发展，表现出以下趋势：

（一）从不完整句发展到完整句

学前儿童最初的句子结构是不完整的。儿童的不完整句大多发生在2岁以前，主要是单词句和双词句。大约在2岁以后，儿童逐渐出现比较完整的句子。完整句的数量和比例随着年龄的增长而增加。儿童初期，句子结构往往松散、不严谨，在其口头言语中，往往缺漏主要词类或词序紊乱，以致句子意思不明确，别人如果不了解儿童说话时的情景，就很难理解儿童所要表达的意义。3 岁半以后的儿童已逐渐掌握句子成分之间的复杂而严格的关系，出现了较复杂的修饰语句。6 岁儿童的简单句几乎全是完整句，复合句也较完整。

（二）从简单句发展到复合句

简单句是指句法结构完整的单句。儿童前期，儿童虽也出现了一些复合句，但绝大部分是简单句。学前儿童使用简单句的类型主要有：主谓结构句，如“宝宝吃饭”；谓宾结构句，如“坐车车”等。已有研究表明，儿童在 2 岁时复合句只占所有句子的 3.5%，简单句占 96.5%。在儿童期，简单句仍占多数，但随着年龄的增长，复合句所占的比例逐渐增加，如表 4－5 所示。

表 4－5　儿童简单句和复合句的比例

年龄/岁	简单句/%	复合句/%
3	96.2	3.8
4	88.5	11.5
5	87.6	12.3
6	80.9	19.1

儿童 4 岁以后还出现了各种从属复合句（偏正复合句），应用适当的连接词构成复合句以反映各种关系，如应用“如果……就……”反映假设关系，应用“只有……才能……”反映条件关系，应用“因为……所以……”反映因果关系等。如问孩子：“你今天怎么不想睡觉？”他的回答可能是“我不困”（简单句）或者“因为今天太高兴了，我睡不着”（复合句）。

（三）从陈述句发展到多种形式的句子

在学前儿童的口头言语中，简单的陈述句仍然是基本的句型，约占三分之一。陈述句是儿童掌握得较好的一种句子类型，学前儿童能对自己的经验、想法做出陈述。其他句型如疑问句、否定句等逐步得到发展。如孩子有时会对某种自然现象产生疑问：“为什么太阳是从东边升起的？”在儿童的言语实践中，可以看到他们由于受简单陈述句句型模式的影响，往往对一些复杂的句子因不能理解而发生误解。如五六岁的儿童对被动句不易理解，因而把“我被妈妈抱着散步”误认为“我抱着妈妈散步”。此阶段的学前儿童对双重否定句更加难以正确理解，经常出现误解现象。

（四）从无修饰句发展到修饰句

学前儿童最初用的句子是没有修饰的，如“宝宝吃饭”“狗狗睡觉”。有的学前儿童即使出现了使用修饰语的现象，也是当一个词来使用的，如“老奶奶”“小白兔”等。随着年龄的增长，儿童逐渐学会使用带有修饰语的句子。已有研究表明：3 岁儿童已经开始出现复杂修饰语；3 岁到 3 岁半是复杂修饰语的数量增长最快的时期；到 4 岁时，有修饰的语句开始逐渐占有优势，如学前儿童将“宝宝搭积木”“汽车走了”修饰成“两个宝宝开心搭积木”“长长的汽车开走了”。

（五）句子从短到长，句子结构从松散到逐步严谨

儿童期儿童口头言语中所用句子的长度是随着年龄增长而增加的。据华南师范大学的研究，3 岁儿童主要使用三词句（占 21.5％）；3 岁半儿童句子长度发展到 6～10 个词（占 21.2％）；4 岁儿童使用句子的长度可达 11 个词以上；之后，句子的词数继续逐年增长。

学前儿童最初的单双词句只是一个简单的词链，不是体现语法规则的结构。学前儿童最初的句子不仅简单，而且常常不完整，漏缺句子成分或句子成分排列不当。随着年龄的增长，句子结构日趋完整和严谨。学前儿童对语法的掌握主要是在实际的言语活动中逐渐形成的，他们在使用句子时，并不知道句子构成的理由。因此，成人在和学前儿童交际的过程中，使用符合语法的语句将对儿童正确掌握语法有直接的、积极的影响。

四、儿童语言表达能力的发展

随着社会集体生活不断提出更高的要求，以及学前儿童对词汇和语法结构的不断掌握，学前儿童口头言语表达能力也逐步发展了起来。

（一）独白言语的出现

口头言语又可分为对话言语和独白言语两种言语形式。当人们提出问题、要求或回答问题时，所用的言语形式即对话言语。它不需要将一切思想和事物都用言语表达出来，句子也不需要结构完整无缺，彼此明白即可。例如，当人们在等公共汽车时，只要说“来了”一词，大家都会明白是指“公共汽车来了”。独白言语，则是说给别人听的或向别人传达自己思想、感情，或讲述知识经验等。讲演、做报告、讲述故事等都是独白言语。由于独白言语是一个人比较长时间的独自讲述，没有交谈者的应答来支持，因而要求语句完整，讲述的内容不能简化。

3 岁以前的儿童多半是在成人的陪伴下进行活动，他们交际采用的是对话形式。到了儿童期，随着独立性的发展，儿童常常离开成人进行各种活动，从而获得各种自己的经验、体会、印象等。同时，他们又处于集体中，在与成人或同伴的交际过程中，他们也有必要向成人或同伴表达自己的各种体验或印象。这样，儿童的独白言语也就发展起来了。

在此阶段，儿童的独白言语发展还是很初步的，开始时，由于词汇不够丰富，语句结构不够完整，表达时常常显得不够流畅，叙述时常常以“这个……这个……”或“后来……后来……”等帮助来缓解表达的困难。在正确教育下，一般到六七岁时，儿童就能比较清楚地、有声有色地讲述故事或者系统地描述看过或听过的事情。

（二）连贯性言语增多

4 岁左右的学前儿童还不能连贯地按一定的逻辑顺序讲述一个故事或叙述一件事

情。他们只把故事中一些突出的内容断断续续地讲一通，既不连贯，也没有交代任何背景，好像听的人都知道这个故事似的。有时，儿童找不到适当的词来描述时，还用手势、动作来代替。这种叙述不连贯，伴有各种手势表情，需要别人结合当时情境审察手势表情边听边猜才能懂得意义的言语，称为“情境性言语”。随着年龄增长，学前儿童情境性言语的比例逐渐下降，连贯性言语的比例逐渐上升。到了六七岁，他们开始能把整个思想内容有头有尾、前后一贯地进行表述；能够用完整的句子说明上下文的逻辑关系，即使不看他的手势、表情，也能听懂讲述的内容。

结合学前儿童口语表达的以上特点，幼儿教师要加强教育和训练，发展学前儿童的连贯性言语，使儿童能够不离题地、完整地表述自己的思想，从而为进入小学做好准备。

第五章　学前儿童语言教育的目标与内容

目标是行动的出发点和导向，也是教育评价的标准，因此，了解学前儿童语言教育的目标的概念、构成、制定依据等，可以为开展学前儿童语言教育提供大的目标框架。学前儿童语言教育的目标，是整个学前儿童语言教育的纲领。《幼儿园工作规程》总则第三条提出："幼儿园的任务是：实行保育与教育相结合的原则，对儿童实施体、智、德、美全面发展的教育，促进其身心和谐地发展。"对于学前儿童语言教育领域而言，教育者必须明确：通过学前阶段的教育，要使儿童的语言获得什么样的发展，达到怎样的水平。这一预期的发展成果便是学前儿童语言教育的终极目标。为便于针对学前各年龄阶段儿童的特点施以相应的语言教育，教育者还有必要确立年龄阶段目标。而且，当教师依据年龄阶段目标选定语言教育内容、确定语言教育活动时，教师还需要就本次具体教育活动设计语言教育活动目标，有目的、有计划地组织实施整个活动过程，使每个儿童通过每次语言教育活动都能有所收获、有所发展。与此同时，了解和掌握学前儿童语言教育的内容，是实现语言教育目标的重要保证。本章主要探讨学前儿童语言教育的目标与内容。

第一节　学前儿童语言教育的目标

一、学前儿童语言教育的目标表述

《纲要》对学前儿童语言教育目标的表述为：乐意与人交谈，讲话礼貌；注意倾听对方讲话，能理解日常用语；能清楚地说出自己想说的事；喜欢听故事、看图书；能听懂和会说普通话。

从以上目标可以看出，《纲要》指导下的儿童语言教育强调儿童语言的发展与其思维、情感、生活经验、社会交往等多方面能力的发展密切相关。因此，要为儿童创造一个自由、宽松的语言交往环境，支持、鼓励、吸引儿童与教师、同伴或其他人交谈，体验语言交流的乐趣。

二、制定学前儿童语言教育目标的依据

学前儿童语言教育的目标是根据学前儿童保育和教育的总体要求确定的，它是学

前儿童教育总目标的重要组成部分。任何教育目标的制定都不是凭空产生的，都需要有一定的客观依据。

（一）社会对人才培养的要求

教育的本质是由教育者对受教育者实施有目的、有计划、有系统的影响。在我国现有的条件下思考幼儿园语言教育目标，可以从以下三个角度来考虑社会的要求。

（1）教育目标应当反映中国社会主义社会在现阶段的价值观念和取向。

（2）教育目标要适应我国生产力发展水平对人才培养的要求，即要求教育所培养的人才不仅能掌握现代科学技术，具有良好的品德和心理素质，还要具备良好的交往能力、信息能力和创造能力。

（3）教育目标还需要具有一定的超前性。今天的儿童语言教育是为了未来我国现代化建设培养主力军，因此，教育目标要考虑未来社会的需要，在一定程度上要反映未来社会对人才素质的要求。

（二）儿童身心发展的规律

教育的对象是人，教育的一个基本职能是促进教育对象的身心发展，因此，学前儿童语言教育目标的制定必须时刻关注儿童的身心发展特点、儿童的行为表现及其原因，关注儿童的兴趣与需要、认知发展与情感形成、社会化和个性养成以及儿童发展的普遍性特征和个体差异。了解和掌握有关儿童身心发展的进程、特点和机制，可以明确儿童语言教育目标的制定方向。

（三）语言的学科性质及儿童语言学习的特点

语言作为一门学科或学前儿童教育课程中的一个领域，有其独特的教育功能和逻辑结构，学前儿童学习语言也有其特殊的规律，因此，我们在制定学前儿童语言教育目标时，必须充分考虑语言的学科性质及其对学前儿童的教育功能和价值，尊重学前儿童语言学习的心理顺序和学习特点，制定符合学前儿童语言学习特点的、恰当的教育目标。有关语言的教育功能和性质以及学前儿童语言学习的研究可以帮助我们明确，语言对于学前儿童“有什么功用”、学前儿童语言获得的一般顺序和基本条件等。

三、学前儿童语言教育目标的结构

教育理论与实践告诉我们，教育目标总是具有一定的可供分析的结构。从纵向的角度来看，学前儿童语言教育目标具有与其他学科相同的、一般的层次结构；从横向的角度来看，学前儿童语言教育目标则具有独特的分类结构。

（一）学前儿童语言教育目标的层次结构

1. 学前儿童语言教育总目标

学前儿童语言教育总目标是语言教育所期望的最终结果，是学前阶段语言教育任务和要求的总和，是对学前儿童语言教育目标最为概括的陈述，是其他层次目标的依据和基础。正如学前儿童语言在全面发展中有着不可替代的作用一样，学前儿童语言教育总目标具有较强的特殊性，有着非常重要的地位。

2. 学前儿童语言教育的年龄阶段目标

学前儿童语言教育的年龄阶段目标是终期目标在各年龄段上的具体体现，也就是对托儿所和幼儿园各年龄班儿童语言发展提出的具体要求。年龄阶段目标的主要特点就是将语言教育目标分化为不同的要求，形成对每一个年龄阶段儿童逐步提高的具体目标，引导儿童逐步达到语言教育的总目标。年龄阶段目标来自语言教育的总目标，是语言教育总目标的具体和深入，不同年龄阶段的目标之间应该是连续的、衔接的。

我们对学前儿童语言教育年龄阶段目标表述如下：

(1) 小班语言教育目标

① 乐意倾听老师和同伴讲话；

② 能听懂普通话；

③ 听别人说话时，能保持安静，不打断别人的话；

④ 愿意学说普通话，喜欢与老师、同伴及成人交谈；

⑤ 知道在集体面前要大声发音，在个别交谈中音量要适当；

⑥ 会用简单的语言回答问题，表达自己的请求、愿望、感情与需要等，能讲述图片和自己感兴趣的事；

⑦ 愿意欣赏并初步感受和理解不同体裁的儿童文学作品；

⑧ 能独立地念儿歌，讲述简短的句子；

⑨ 能仿编较简单的儿歌、散文和故事等；

⑩ 知道可以用一段话来讲述一幅图的含义；

⑪ 知道每个字的发音不同，所代表的意思也不同；

⑫ 喜欢听成人讲述图书的内容，并尝试自己阅读图书；

⑬ 学习正确的阅读方法，会按顺序翻阅图书，看出图书画面内容的主要变化。

(2) 中班语言教育目标

① 能有礼貌地、集中注意地倾听他人说话；

② 能区分普通话和方言的发音；

③ 能理解多重指令；

④ 积极学说普通话，发音清楚，积极而有礼貌地参与交谈，不随便插话和打断别人的谈话；

⑤ 说话声音的音量和语速适当；

⑥ 能用完整句连贯地讲述个人经历以及图片内容；

⑦ 能大胆、清楚地表达自己的请求、愿望、情感和需要等；

⑧ 初步了解儿童文学作品的不同体裁及其构成要素；

⑨ 在理解作品经验的基础上，会初步理解和归纳作品的主题和作者的思想感情脉络；

⑩ 会有表情地朗诵诗歌、散文和讲述故事等；

⑪ 能根据作品提供的线索，进行想象和创造，编构作品内容，仿编诗歌和散文等；

⑫ 知道口头语言和文字的对应转换关系；

⑬ 能集中注意倾听成人讲述图片中画面的文字说明，理解书面语言；

⑭ 能独立阅读图书，理解画面内容；

⑮ 对画面的文字感兴趣，主动学认常见的汉字。

（3）大班语言教育目标

① 无论在集体场合或个别交谈均能认真、耐心地倾听他人的谈话；

② 能辨别普通话声调、语调和语气的不同变化；

③ 能理解并执行复杂的多重指令；

④ 坚持说普通话，发音准确、清楚，能主动热情、有礼貌地用正确的交流方式与人交谈；

⑤ 在不同的场合，会用恰当的音量、语速说话；

⑥ 能连贯地讲述事件以及对图片和物品的认识；

⑦ 能主动、大胆地使用适当的词、句、语段来表达，乐于参加讨论和辩论，敢于发表不同的意见；

⑧ 理解儿童文学作品的不同体裁及其构成要素；

⑨ 在教师的帮助下，分析作品中的特殊表现手法，体验作品的思想感情脉络；

⑩ 有表情地表演故事、童话、诗歌和散文，能独立仿编或与同伴共同创编故事、童话、诗歌和散文的完整内容或部分内容；

⑪ 理解画面内容，会对画面的内容用恰当的扩句或缩句来合理表述；

⑫ 会保护和修补图书，会用绘画自制图书；

⑬ 对学习与阅读文字感兴趣，积极学认常见的汉字；

⑭ 初步认识汉字的间架结构和书写风格，会按正确笔顺书写自己的姓名以及常见的、简单的独体字。

3. 学前儿童语言教育活动目标

学前儿童语言教育活动目标是总目标和年龄阶段目标的具体化，是教师通过一定的方法和途径可以直接实现的目标。学前儿童语言教育活动目标一般由教师自己制定，其最主要的特点是可操作性强，可以通过具体的教和学行为，通过师幼及环境的相互作用得以实现。学前儿童语言教育活动目标有两层含义：一层是指各项学前教育活动所指向的学前儿童语言发展目标；另一层含义则特指语言教育活动目标，如谈话活动目标、讲述活动目标、听说游戏活动目标、文学作品学习活动目标、早期阅读活动目标等。因此，在专门的语言教育活动中，其目标要指向为儿童提供尽可能丰富的、有益的经验，为其全面发展做贡献。教育活动目标是否充分反映整个语言教育的目标，教育活动目标与整个语言教育目标相比是否具有对应性，都会在一定程度上影响儿童语言教育的质量。

4. 三个目标之间的关系

具体活动目标与语言教育的总目标、年龄阶段目标应是一致的。应当说，具体活动目标是为年龄阶段目标、语言教育总目标服务的，是总目标和年龄阶段目标的最终分解和具体化，语言教育正是通过每一个具体活动落实到学前儿童身上的。因此，具体活动目标的累积便构成了年龄阶段目标，乃至语言教育总目标。每一次具体活动目标的实现，都向完成年龄阶段目标和语言教育总目标迈进了一步。

（二）学前儿童语言教育目标的分类结构

分类结构是教育目标的组合构成，是指对语言教育目标进行横向的划分，从而确定其不同类别。一般从目标内容的角度出发，对学前儿童语言教育目标的横向结构进行划分，即对语言教育总目标所涉及的具体内容加以分析和整合，从而确定若干个相对独立的类别。任何教育目标都不是单一的，不管从哪一种阶段出发，语言教育目标的最终归宿必然是儿童语言的发展。因此，应该从儿童语言能力的构成、语言教育的作用和语言教育目标本身的角度来进行语言教育目标的分类。我们从学前儿童语言教育总目标中分化出倾听行为、表述行为、欣赏文学作品行为、早期阅读行为四大类别：

1. 倾听行为培养

倾听是儿童感知和理解语言的行为表现，也是儿童不可缺少的一种行为能力。只有懂得倾听、乐于并善于倾听的人，才能真正理解语言的内容、语言的形式和语言运用的方式，掌握与人进行语言交流的技巧。

倾听行为的目标陈述如下：

（1）懂得别人对自己说话时要注意倾听；

（2）喜欢听，并积极、有礼貌地倾听别人对自己讲话；

（3）能集中注意力、有礼貌、安静地倾听，能听懂普通话，能分辨不同的声音和语调，能理解并执行别人的指令。

2. 表述行为培养

表述是以一定的语言内容、语言形式以及语言运用方式表达和交流个人观点的行为，是学前儿童语言学习和语言发展的主要表现之一。只有懂得表述的作用，愿意向别人表达自己的见解，并且具备表述能力的人，才能真正地与人进行语言交际，来达到交流的目的。因而，表述行为培养是学前儿童语言教育目标的重要组成部分。

表述行为的目标陈述如下：

（1）懂得用适当的音量说话，有积极的表述愿望；

（2）喜欢与他人交谈，在适宜的场合积极、主动、有礼貌地与人交谈；

（3）会说普通话，发音清楚，语调准确，能运用恰当的语句和语调表述意见和回答问题；能用完整、连贯的语句讲述图片和事件。

3. 欣赏文学作品行为的培养

文学作品欣赏活动是感知、理解文学作品并尝试操作艺术语言方式的行为。这种通过语言塑造形象、表现生活的艺术作品，带有口语的特点，却又不同于口语，它们是艺术语言的结合体，也是书面语言的反映，对学前儿童书面语言的发展以及其他方面的学习具有特别的意义。

欣赏文学作品行为的目标陈述如下：

（1）懂得文学作品中运用的是规范而成熟的语言，阅读和聆听文学作品能增加知识、明白事理，并能感受到语言艺术的美；

（2）乐意聆听和阅读文学作品，积极参与文学作品学习活动；

（3）理解文学作品的内容，体会文学语言的美，积累文学语言；初步了解文学常识，会区别不同类型的文学作品及其构成要素；能用动作、语言、美术、音乐等不同表现方式，积极反映对文学作品的理解；学会编构故事、表演故事，以及欣赏诗歌、散文等。

4. 早期阅读行为的培养

早期阅读行为是指学前儿童从口头语言向书面语言过渡的前期阅读准备和前期书写准备，包括儿童在学前阶段知道图书和文字的重要，愿意阅读图书和辨认汉字，同时，掌握一定的阅读和书写的准备技能等。由此可见，早期阅读行为的培养主要在于激发学前儿童阅读的兴趣，使其养成良好的阅读习惯，并掌握早期阅读的有关技能。

早期阅读行为的目标陈述如下：

（1）懂得口语与文字和图书的对应与转换关系；

（2）对图书和文字产生兴趣，喜欢认读常见的、简单的独体汉字；

（3）掌握阅读图书的基本方法；能集中注意阅读图书，倾听、理解图书内容；能学会制作图书并配以文字说明；了解汉字的书写风格，主动、积极地认读常用字；能按规范笔顺书写自己的姓名和一些常见的独体汉字。

第二节　学前儿童语言教育的内容

学前儿童语言教育的内容是指学前教育机构传授给儿童的语言形式、语言内容、语言运用的总和，即教给儿童一套特定的语言符号系统，并指导他们学习运用这套符号系统进行交际。学前儿童语言教育的内容可以分为两大部分：一是教给儿童本民族的语言符号系统，在我国主要是指现代汉语的语音、词汇、语法及表达方式等；二是教儿童学习运用语言，其中既包括语言知识的传授，如语言的功能、言语交际规则等，也包括语言运用能力的实践训练。学前儿童语言教育的内容是幼儿园语言课程的主体部分，是幼儿园语言课程发挥其功能的关键因素，是实现语言课程目标的手段和重要保证，是幼儿教师设计和实施语言教育活动的主要依据。它既要贯彻社会对儿童语言发展的要求，又要反映语言教育理论研究的最新成果，更要符合儿童语言个性化发展的特征。

一、确定学前儿童语言教育内容的依据

（一）以学前儿童语言教育目标为依据

学前儿童语言教育目标是培养儿童的语言能力，也就是儿童对语言的理解能力和表达能力，具体分为倾听、表述、欣赏文学作品、早期阅读四大块，其中每个部分都包含认知、情感与态度、能力与技能三个方面。学前儿童语言教育目标是学前儿童语言教育活动的指南。选择语言教育内容，必然要受到目标的指导和制约。只有通过一个个具体的、与特定教育目标相对应的教育内容及其教学，才能达成教育目标。因此，学前儿童语言教育目标是语言教育内容的首要依据。在选择语言教育内容的过程中，要尽可能避免对教育目标的遗漏或重复，要力争使所选的教育内容能最有效地实现教育目标。根据语言教育目标确定教育内容，把教育目标中的各部分、各方面要求转换为儿童学习语言的内容，使儿童通过多种多样的学习获得语言经验。这些内容有些是专门为学习语言而设计的，有些则在其他活动中将语言教育内容渗透其中。

（二）以不同活动领域的特点为依据

学前儿童是通过多种多样的活动进行学习而得到发展的。不同领域的活动各有其不同的特点，其中的语言学习内容也各不相同。儿童获得的语言经验有相同之处，但也各具特性。在科学、数学、音乐、美术等领域活动中，都需要教师用语言来指导儿童进行观察，儿童要听懂教师的指导语言，有序地观察；同时，儿童要会用语言表达观察的情况和结果。但由于观察的对象不同，其表达的方式也就有一定的差别，儿童所获得的语言经验也有所不同。

（三）以学前儿童语言发展特点为依据

儿童的语言是通过在生活中积极主动地运用而发展起来的，单靠教师直接的“教”是难以掌握的。教师应充分利用各种机会，引导儿童积极运用语言进行交往。语言学习具有个别化的特点，教师应重视与儿童的个别交流以及儿童之间的自由交谈。语言能力是一种综合能力，儿童语言的发展与其情感、思维、社会参与水平、交流技能、知识经验等方面的发展是不可分割地联系在一起的，语言教育应当渗透在所有的活动中。在选择学前儿童语言教育内容时，必须立足于儿童已有的语言经验，并有的放矢地适当扩展，使得教育内容真正被儿童掌握。由于学前儿童的认知发展处于前运算阶段，以形象思维为主，因此对于一些比较复杂的语言教育内容，需要通过各种生动、具体的形式加以呈现，使得儿童更容易理解和接受。此外，不同的儿童由于个体发展水平不一致，其语言发展特点有着独特的个体差异性，因此，在选择学前儿童语言教育内容时，要兼顾学前儿童整体的语言发展特点以及个体差异性。

二、学前儿童语言教育内容的结构定位

学前儿童语言教育内容分为专门的语言教育内容和渗透的语言教育内容两类

结构。

（一）专门的语言教育内容

这类结构主要是为儿童提供机会，对他们在日常语言交际中获得的语言素材进行提炼和深化，达到对语言规则的理解及有意识地运用。专门的语言教育内容主要包括学说普通话、谈话、讲述、文学作品学习和早期阅读等方面，这也是我国目前学前儿童语言教育中经常采用的、最基本的内容。

1. 学说普通话

推广普通话，让普通话成为中华大地的通用语，是我国的一项语言政策。普通话是以北京语言为标准语，以北方方言为基础，以现代典范的白话文著作为语法规范。前面章节我们已经提到学前期是儿童语音发展的关键期。

2. 谈话

谈话是人们之间以问答或对话形式进行的言语交往，包括个别交谈和集体交谈两种。儿童运用语言与人交往是从交谈开始的。谈话活动在培养儿童语言交际意识、情感、能力方面有特别重要的意义。

(1) 个别交谈。主动发起与别人的交谈，尽量清楚、完整地表述自己的意思；集中注意倾听别人的说话，针对别人的话提出询问或做出积极的应答；懂得交谈中要听说轮换，耐心而有礼貌地把谈话延续下去。

(2) 集体交谈。在自由活动或游戏活动中，能积极参与两个人以上的交谈，并根据需要发表自己的意见；在集体活动中，能注意倾听并理解教师的提问，并做出相应的回答。

3. 讲述

讲述可以分为事物讲述和图片讲述、拼图讲述和情景讲述、经验讲述等。

4. 早期阅读

翻阅图书的基本技能；注意看着画面听成人讲解，并回答提问；认识周围环境中的一些图文标志；运用绘画或剪贴等手段制作图书，并能自编文字说明；了解汉字的书写风格和基本笔画；能认识简单的独体字；会认并书写自己的名字。

5. 文学作品学习活动

聆听与感受文学作品；朗诵与表演文学作品；仿编与创编文学作品。

（二）渗透的语言教育内容

1. 日常生活

在集体活动和个别交往的场合中，能认真倾听教师关于遵守行为规则的要求，以此指导和约束自己与他人的行为；在掌握行为规则的基础上，学习用语言评价自己和同伴的行为；理解并执行教师的指令；在他人面前大胆讲述自己的见闻。

2. **人际交往**

正确使用礼貌用语;用语言向他人提出请求和表达愿望;用适当的词、句,或语气、语调与同伴展开讨论或辩论;协商与调解同伴之间的纠纷等。

3. **游戏活动**

游戏时与同伴进行随意交谈,结合游戏情节自言自语或进行恰当的人物对话;同伴之间会用语言协商、讨论与合作,共同开展游戏;用连贯性语言评价游戏的规则执行情况与游戏开展情况,对游戏进行适当的小结。

4. **学习活动**

在认识活动中,能积极主动地提出问题和解答问题;能完整、连贯地讲述所观察到的事物或现象;在集体中,能较长时间地倾听教师对各种学习内容的讲解和指导,理解学习的内容;能用几种不同的符号来表述对认知内容和认知过程的感受和认识。

三、学前儿童语言教育的具体内容与要求

(1) 创造一个自由、宽松的语言交往环境,支持、鼓励、吸引幼儿与教师、同伴或其他人交谈,体验语言交流的乐趣,学习使用适当的、礼貌的语言交往。

(2) 养成幼儿注意倾听的习惯,发展语言理解能力。

(3) 鼓励幼儿大胆、清楚地表达自己的想法和感受,尝试说明、描述简单的事物或过程,发展语言表达能力和思维能力。

(4) 引导幼儿接触优秀的儿童文学作品,使之感受语言的丰富和优美,并通过多种活动帮助幼儿加深对作品的体验和理解。

(5) 培养幼儿对生活中常见的简单标记和文字符号的兴趣。

(6) 利用图书、绘画和其他多种方式,引发幼儿对书籍、阅读和书写的兴趣,培养前阅读和前书写技能。

(7) 提供普通话的语言环境,帮助幼儿熟悉、听懂并学说普通话。少数民族地区还应帮助幼儿学习本民族语言。

第六章　学前儿童语言教育的原则、方法与途径

第一节　学前儿童语言教育的原则

一、经验连续性原则

苏联教育家维果茨基提出“最近发展区”概念。维果茨基的研究表明：教育对儿童的发展能起到主导作用和促进作用，但需要确定儿童发展的两种水平：一种是已经达到的发展水平，另一种是儿童可能达到的发展水平。将这一理念贯穿到学前儿童语言教育领域中，则体现为经验连续性原则。经验连续性原则是指在设计与实施语言教育活动时，既要了解儿童已有的语言经验，又要考虑在此基础上为儿童提供新的语言经验，由此获得语言能力的进一步发展。设计与实施任何一个语言教育活动，教师都必须关注学前儿童的语言经验。只有以学前儿童语言经验为基本设计的出发点，才能保证设计与实施的语言活动是符合学前儿童发展需要的，才能使设计与实施的活动对学前儿童的语言发展起到促进作用。

二、情境性原则

《纲要》中明确要求：“要为儿童创造一个自由、宽松的语言交往环境，支持、鼓励、吸引儿童与教师、同伴或其他人交谈，体验语言交流的乐趣。”因此，教师要给儿童提供真实而丰富的语言情境。一方面是在专门的语言教育活动中，让儿童学习在不同的语言情境中如何运用相应的语言交流方式来与人交往。另一方面，日常的语言交往是真实而又丰富的语言交往环境，教师应注意把语言教育活动渗透到一日生活的各个环境中，为儿童创设具有真实语言运用机会的不同交流情境。

三、主客体交互作用原则

主体和客体交互作用在学前儿童语言教育活动过程中具体的体现是：主体（儿童）具有参与语言活动有关的活动对象的主动性和积极性，客体（即多种语言教育内容和适合的教育方式）从客观上能引起儿童的兴趣，激发儿童的情感，能起到促进儿童主动参

与活动的作用。通过主体和客体不断连续地交互作用,促使学前儿童语言能力的不断发展。

四、因材施教原则

所谓因材施教,是指教师从儿童语言发展水平的实际出发,使教学的深度、广度、进度适合儿童的知识水平和接受能力,同时考虑儿童的个性特点和个体差异。儿童的语言学习具有个别化的特点,教师与儿童的个别交流对儿童语言发展具有特殊意义。教师应随时观察记录每一个儿童的语言发展情况,有针对性地改变教育计划,使每个儿童的语言能力获得最佳的发展。

五、整合性原则

《纲要》指出:"语言能力是一种综合能力,儿童语言的发展与其情感、思维、社会参与水平、交流技能、知识经验等方面的发展是不可分割地联系在一起的,语言教育应当渗透在各大领域所有的活动中。"教师在组织语言教育活动时,应该注意将语言教育活动与其他领域活动在内容与形式上进行多维度的整合。在与各大领域教育活动相互渗透的基础上,教师应该注意适度原则,不要将语言教育活动搞成杂乱无章的"大杂烩",而要紧紧抓牢语言教育活动的关键概念,将教育活动落实到语言教育的根本点上。

第二节　学前儿童语言教育的方法

学前儿童语言教育方法是根据儿童语言发展理论和儿童学习语言的规律归纳出来的。学前儿童语言教育的主要方法有四种:模仿法、讲解法、游戏法和表演法。

一、模仿法

在学前儿童语言教育过程中,生活中的规范性语言对儿童语言的发展有着积极的影响,让儿童通过模仿从无意到有意、从自发到自觉学习榜样的语言规范,这是促进儿童语言发展的一种行之有效的方法。规范性语言包括家长、教师、同伴的良好言语示范,也包括儿童喜欢的媒体中人物形象的良好语言。家长和教师在为儿童选择语言榜样时,要注意语言榜样的典型性和情感性,使榜样和范例能对儿童的语言行为起到促进和矫正的作用。

二、讲解法

讲解法是教师运用生动、形象的语言,深入浅出地向儿童讲解某方面知识的方法。讲解法包括教师给儿童讲故事,组织儿童复述故事,帮助儿童理解诗歌、故事内容,解释词语概念等。教师在使用讲解法时,要考虑本班儿童的语言接受能力。教师讲解的语言要生动、清楚、简练，易于儿童理解；必要时，可以做适当的重复。为了便于儿童理解教师所讲的内容，讲解时可结合示范模仿法进行。幼儿园语言教学中的讲解法，包括讲述、提问、评议等多种方法。教师讲解内容要具有科学性、思想性，知识要准确无误，可适当运用直观教具、图片等辅助讲解。

三、游戏法

游戏符合儿童生理、心理发展水平，是处于身体和心理上各种机能尚未成熟阶段的儿童的主要活动，也是儿童学习和发展的途径。因此，在故事、诗歌、儿童讲述等系统的语言教育活动当中，应尽可能地进行游戏化教学，尤其是对于年龄较小的儿童。大量的实践证明：在语言教学中运用游戏法，能提高儿童的学习兴趣，集中儿童的注意力，促进儿童语言学习的各种感官和大脑的积极活动。游戏化的教学，是丰富和发展儿童语言的最佳途径。教师在进行游戏设计时，需要突出语言教学的特色，根据学前儿童语言教育目标与内容选择和编制合适的游戏。

四、表演法

表演法是指在教师的指导下，学前儿童学习表演文学作品，以提高口语表现力的一种方法。教师鼓励儿童在熟悉、理解故事角色对话及心理特征的基础上，指导儿童正确地运用语言、动作、表情等扮演角色，再现故事情节，进行故事表演，鼓励儿童在故事表演中增加情节与对话内容，大胆地发展故事情节。将表演引入学前儿童语言教学中，能使儿童准确地掌握语言文字，持久地保持学习语言的动力，能培养儿童的情感和创造能力，充分发挥儿童的自我激励作用，促进学习过程中的师幼互动性。采用多种方式组织表演，能促进儿童语言的“自我学习”和“创造性学习”，使其自主地建构语言知识、拓展思维。

第三节　学前儿童语言教育的途径

学前儿童语言教育可以通过很多种途径来进行。可以说，凡是有语言参与的活动都可以对儿童进行语言教育。对学前儿童进行语言教育大体有两种途径：一是通过组织专门的语言教育活动对学前儿童进行的语言教育；二是在一日生活各个环节和其他领域教育活动中随机渗透的语言教育。

一、专门性的语言教育活动

（一）定义

专门性的语言教育是指遵循语言教育规律来组织的学习活动，侧重提供儿童以语言为对象的学习机会，是实现语言教育目标的有效途径，是组织和传递语言教育内容的实施环节，是落实语言教育任务的具体手段，是教儿童学习语言知识、语言形式以及语言运用技能的过程。

它是根据既定的语言教育目标，有计划地安排和组织学前儿童系统学习语言的过程，是通过专门的语言教育活动实现的。

（二）专门性的语言教育的特点

1. 语言教育活动是有目的的语言学习过程

语言教育活动不同于一般的语言环境，它是有目的地促进儿童语言发展的语言环境，有明确的指向性。这种“有目的”体现在各层各类的目标中，通过各项目标的实现，使全体儿童的语言都能得到同等的发展。

2. 语言教育活动是有计划的语言学习过程

其他非正式的语言学习是没有计划的、随意的，儿童从中所吸收到的语言信息材料一般也是支离破碎的，对于儿童语言发展的影响必然是不全面的。专门性的语言教育活动是一种有计划的语言学习过程，这种“有计划”集中体现在教育内容的选择上：(1) 根据语言教育目标来选择教育内容；(2) 根据儿童语言发展的特点来选择教育内容；(3) 有计划地选择教育内容，使儿童的语言得到全面发展。

3. 语言教育活动是有组织的语言学习过程

语言教育活动是一种在教师的组织下进行的语言学习过程。在这种有组织的过程中，教师始终注意儿童已有的语言经验，并在此基础上，为儿童提供新的语言经验，使儿童通过学习，将新的语言经验转化为已有的语言经验，由此循序渐进，使儿童的语言不断得到发展。

（三）专门性的语言教育活动的几种形式

专门性的语言教育活动主要包括谈话活动、讲述活动、听说游戏活动、文学作品学习活动和早期阅读活动几种形式。

1. 谈话活动

谈话活动创设的是日常口语交往情景，要求学前儿童调动自己的已有经验，围绕一定的话题倾听他人的意见，表达自己的想法。谈话活动的重点在于培养学前儿童运用口头语言与他人交际的意识、情感和能力。

2. 讲述活动

讲述活动主要为学前儿童创设正式的口语表达情境，使学前儿童有机会在集体面前表达自己对某一图片、实物或情景的认识、看法等，学习表述的方法和技能。这类活动培养学前儿童认真倾听的习惯以及完整、连贯、清楚的表述能力，促进其独白语言的发展。

3. 听说游戏活动

听说游戏活动为学前儿童提供一种游戏情景，使学前儿童在游戏中按一定规则练习口头语言，培养学前儿童在口语交往活动中快速、机智、灵活的倾听和表达能力。

4. **文学作品学习活动**

文学作品学习活动从某一具体文学作品入手，为学前儿童提供一个全面语言学习的机会，使他们在理解感受作品的过程中，欣赏和学习运用文学作品提供的有质量的语言。文学作品学习活动着重培养学前儿童欣赏文学作品的能力，以及利用文学语言表达想象、表达生活经验的能力。

5. **早期阅读活动**

早期阅读活动利用图书、绘画，为学前儿童创设一个书面语言环境，使学前儿童有机会接触书面语言，了解语言的基本文化内涵。早期阅读活动重点培养学前儿童对书面语言的兴趣，引导他们逐渐产生对汉字的敏感性，丰富他们前阅读和前书写的经验。

这几类活动分别为学前儿童创设不同性质的语言交际环境，使学前儿童在这些环境中得到全面发展语言的机会，但不同性质的活动对学前儿童的语言学习各有其特殊价值。

二、渗透的语言教育

渗透的语言教育就是充分利用学前儿童的各种生活和学习经验，在真实的生活情景中为学前儿童提供更加广泛的、多种多样的学习语言的机会，提供学前儿童更好地运用语言获得新的生活经验和其他方面的学习经验。

渗透的语言教育发生的情景主要有以下几种：

（一）日常生活中的语言交往

语言是日常生活中建立良好人际关系的工具，可以起到指导和调节人际关系的作用。从学前儿童语言学习的内容来看，日常生活中的语言交往，可以帮助学前儿童学习在不同场合运用恰当的语言形式进行表述和交流，同时又将社会文化习俗的学习与语言的学习结合在一起。成人可以通过日常交往了解儿童语言发展的现状。在非常自然的情境中，儿童往往很真实地表现自己的言语实际水平以及言语表达的态度和行为习惯。成人还可以在交往中为儿童提供良好的语言示范，向他们介绍有关各种物品的知识，如名称、外形、颜色、用途和使用方法等，从而丰富儿童的词汇。此外，成人在帮助儿童建立生活常规的过程中，提高了儿童理解语言并按语言指令行动的能力。

具体而言，渗透在学前儿童的日常生活过程中的语言教育，可以帮助学前儿童获得以下的语言经验：

(1) 注意倾听、理解和执行生活常规以及成人的指令性语言；

(2) 学会运用礼貌语言与他人交往；

(3) 学习运用语言向他人表述自己的需要和要求，对他人提出的要求作出恰当的应答；

(4) 学习运用恰当的语言解决与同伴之间发生的冲突。

总之，成人要抓住与儿童日常交往的有利时机，为儿童提供良好的言语示范，并在交往过程中观察和了解儿童的语言发展状况，给儿童针对性的指导。

（二）自由游戏中的语言交往

在自由游戏中，语言成为学前儿童与同伴交往、合作、分享的工具，也成为指导和调节自己选择游戏内容、游戏伙伴和游戏材料等行为的工具。自由游戏为学前儿童提供了大量的语言交往机会，使儿童通过实践，练习、巩固、理解和运用语言。自由游戏还为儿童提供了有关各种事物和人际交往的丰富经验，为儿童的语言活动积累了素材。通过自由游戏的一些主题活动，教师可以对儿童的语言学习进行有针对性的指导。

具体而言，渗透在自由游戏中的语言教育可以帮助学前儿童获得以下语言经验：

(1) 学习运用玩具结合动作自言自语，进行自娱或自我练习；

(2) 学习自主选择游戏的内容、伙伴、材料等；

(3) 学习通过协商等语言方式，解决与同伴在游戏内容、材料的选择以及游戏规则的制定过程中出现的矛盾冲突。

（三）通过图书角和语言角发展儿童的交往语言

图书阅读对于儿童语言发展具有重要的作用，一般的托儿所和幼儿园都可以为学前儿童设立可以促进其语言发展的“小小图书馆”。比较常见的做法是在托儿所和幼儿园各班开设图书角，并且不断增加和丰富图书角内图书的数量和种类，儿童可以根据现阶段的兴趣以及各领域学习的需要去看书或借书。图书角的创设可以培养儿童从小对书籍的兴趣，并培养儿童乐意讲述图书的内容，发展儿童的语言表达能力，并培养儿童利用图书资料查询和收集信息的能力。

语言角不同于图书角，图书角是单一的只供儿童阅读的活动角，而语言角是经过精心设计，能促进儿童语言发展的综合性活动角。《纲要》指出：“教育活动内容的组织应充分考虑幼儿的学习特点和认知规律，各个领域的内容要有机联系，相互渗透，注重综合性、趣味性、活动性，寓教育于生活、游戏之中。”因此，在创设语言角时要充分考虑儿童的学习特点，针对儿童的兴趣及学习能力，把儿童喜爱的手工、表演及游戏等内容融入其中。比如，在语言角可以设置以下物品：(1) 书刊：完整的儿童读物；(2) 表演物：木偶、指偶等各种玩偶，动物头饰；(3) 手工用品：小剪刀、胶水、水彩笔，废旧零散的儿童画刊、挂历；(4) 其他：录音机、录音带(故事、儿歌等)、空磁带、磁性教具等。

语言角应从空间、时间、对象三个方面开放。语言角的应用有以下几个特点：(1) 开放语言角的空间，是指不把儿童局限在一个角落，而是可以到处“客串”，开放空间的要求是儿童必须在活动结束时把从语言角中带出的物品放回原位。(2) 开放语言角的时间，是指不把儿童局限于某一时间内，应该根据儿童的兴趣爱好及需要把时间放宽，可以是课间也可以是离园后的一切时间。(3) 开放语言角的对象，是指不把进入语言角活动的对象限定在儿童身上，应根据需要，对教师及家长同时开放语言角。

语言角为儿童提供了一个富有趣味性、游戏性、互动性、实践性的发展空间。教师应该引导儿童有效运用语言角的各种物品，让儿童在娱乐中发展语言表达能力。

1. 通过复述发展儿童语言表达能力

在语言角中摆放儿童熟悉、喜欢的图书及故事录音，如《白雪公主》《海的女儿》《青蛙王子》等，通过反复听与看，儿童在复述故事时应大多使用原文语句，在表达过程中，能用完整的句子连贯讲出故事内容。复述故事不仅能让儿童说完整的话，还能让儿童感受其中优美的词句。例如在《白雪公主》中，儿童通过看图书及听故事录音，不但能用原文中的句子完整地讲述故事，还能用不同的语句和语气表现公主温柔大方的美丽形象及王后心狠手辣的恶毒形象。

2. 通过手工创作发展儿童语言表达能力

手工是儿童较喜欢的一种活动，在语言角中可以放置旧画刊及旧挂历，让儿童运用旧画刊进行故事的重组与创编，然后将其表达出来。在这个过程中，儿童有很大的自主权，自主选材、自主粘贴、自主创编、自主表达，视觉、听觉操作能力及语言表达能力都可以得到培养。

3. 通过录音发展儿童语言表达能力

《纲要》指出，应"鼓励幼儿大胆、清楚地表达自己的想法和感受，尝试说明、描述简单的事物或过程，发展语言表达能力和思维能力"，因此，可以把教学中最常用的录音机放在语言角，发挥它的录音作用，既有趣又有实效。例如，教师可以悄悄录下儿童的声音在课上播放给他们听，儿童会听得很入神，听完后还想再听。捕捉到儿童这一兴趣点，教师可以对儿童进行分类录音，并在录音前提出要求：首先，发音要正确，声音要清晰明朗；其次，要说完整的话，表达清楚连贯；再次，尽量不重复说话内容。

语言角作为儿童语言发展的一个活动区域，在教师的精心设计与引导下，可以有效地促进儿童语言能力的发展。

（四）其他领域活动中的语言交往

幼儿园除了语言教育活动外，还有许多其他领域的教育活动，在其他领域的活动中，语言也是儿童学习的工具，发挥着重要的作用。如数学、科学、音乐、美术、社会、健康等，这些教育活动虽然不是以语言为主要内容，但其中部分活动包含着大量的语言教育因素，儿童在这些教育活动中也在不断地学习新词、新句，尝试用语言与同伴和成人交往。因此，教师可以在这些教育活动中对儿童进行适当的语言教育。

在参与其他领域活动，比如数学或者音乐活动时，语言交往有利于学前儿童正确感知和理解学习的内容，提高儿童对学习内容的认知和表达能力，增强学习的有意性和目的性。具体而言，渗透在其他领域活动中的语言教育可以帮助学前儿童获得以下经验：(1) 集中注意倾听教师布置活动任务；(2) 学习运用语言指导观察和操作并思考事物之间的相互关系，指导表达对观察对象的感受和认识；(3) 理解语言与其他活动内容之间相互关系，学习运用语言促进相关领域知识的掌握和能力的提高，提高学习的效率。

1. **其他领域教育活动与语言教育的关系**

为更好地利用其他领域教育活动对儿童实施语言教育，我们有必要先弄清这些教育活动中所包含的语言教育因素。

(1) 各种教育活动为儿童提供了语言活动的素材

儿童在其他领域的教育活动中(如数学、美工制作、科学探索等)所获得的经验，丰富了儿童谈话和讲述的内容。如果没有多种活动的经验，儿童的语言就可能内容枯竭。正是由于儿童在各种教育活动中接触大量的物体，观察过多种现象，从事过多种操作活动，探索了事物间的关系与联系，他们才有可能在语言活动中理解和运用不同类型的词语和表述方法，充分地阐明自己对事物的认识。

(2) 其他领域教育活动为儿童言语表达和言语交际提供了条件

很多教育活动都是由教师提出言语指令或要求，儿童跟随指令或要求做出行动(如体育活动)。因此，从活动开始到结束，儿童都是在倾听教师的指令，执行指令。在此过程中，儿童集中注意倾听和听指令行动的能力得到充分的锻炼和提高，在一定程度上也体现了学前儿童语言教育目标的要求。此外，各种教育活动在教育组织形式上往往采用集体活动、小组活动和个别活动交替进行的方式。这些不同的教育组织形式及其对应的言语交流形式，为儿童提供了很好的机会，不但练习了儿童的言语技能，而且使他们体验到不同交往情境与交往行为的关系。如：面向集体讲话时声音要响亮，在个别交谈时声音则要适度；在小组活动中既要表达自己的愿望，又要倾听同伴说的话，听、说有序地轮换。这些经验是语言教育最终期望儿童达到的水平之一。可见，其他领域的教育活动在实施的过程中，通过为儿童提供多种语言运用的机会，也使得儿童的语言能力得到相应的发展。

(3) 其他领域教育活动中的各种符号学习可以帮助儿童理解语言的符号特性

儿童的语言学习就是要学习语言符号系统，并在语言符号与其代表的事物之间建立联系。在生活中除了语言符号外，还有许多其他符号，如数字符号、音乐符号等，这些非语言符号和语言符号是可以相互转换的，如某个音乐作品的音符所流露出来的情感可以用语言来说明。

2. **其他领域教育活动中进行语言教育须注意的问题**

(1) 通过计划—操作—回忆的活动程序为儿童提供交流的机会

教育活动是儿童主动活动的过程，教育活动的主体是儿童，教师要在教育活动中帮助或引导儿童自己计划活动进程，在儿童自主活动过程中，教师要为儿童提供充分的语言交流机会，鼓励他们将自己独特的感受表达出来。这样就使儿童在认识事物的过程中，既互相交流了认识经验，又练习了语言表达。

(2) 要避免语言教育“喧宾夺主”而影响其他领域教育目标的实现

其他领域教育活动的存在都有其独特的价值，在促进儿童身心和谐发展方面有着不可替代的作用，不能为强调语言教育而忽视其他领域的教育。在其他领域的教育活动中，有时语言教育并不占据主要地位，不能为促进语言教育而使其他领域的教育活动“本末倒置”，这是幼儿园教育活动中所应注意的问题。

（3）鼓励儿童同伴之间的合作与交流

教师要充分利用各种教育活动中同伴之间互相合作和交往的机会，当儿童在生活中遇到困难和问题时，教师要启发儿童动脑筋，与同伴商量，找到解决问题的方法。这样，既促进了同伴之间的协商与合作，又有助于发展儿童与同伴之间的语言交往能力。

（4）为儿童提供规范的言语示范，鼓励儿童积极表达

教师除了要为儿童提供规范的语言让儿童模仿和学习外，还要努力为儿童创设一种宽松自由、轻松愉快的心理环境和语言环境，使儿童有机会自由表达心声。教师真诚而坦白的表达、师生之间平等的交谈，将有效地激发与增强儿童运用语言表达思想感情的动机和兴趣。

3. 其他领域的语言教育活动案例分析

在组织语言活动时，要注重通过各领域的相互渗透组织语言教学，从而使儿童的语言从单一化、机械化逐步转变为在活动中自然而然地发展和积累语言经验的过程。

以《纲要》为依据，以小班儿童语言领域的目标为指导，教师设计组织了“娃娃过生日”的语言活动。制定语言活动目标：乐于与他人交往，用简短的语言大胆表达自己的愿望，注意倾听他人说话，能理解简单指令并执行。通过娃娃家和商店的情景设置，以给娃娃过生日—送礼物—买礼物—唱生日歌—再送礼物为活动线索组织教学活动，活动中将各领域有机结合、相互渗透进行语言教学。

（1）渗透认知活动发展儿童的语言

活动开始时，出示布娃娃，提出“娃娃过生日”的要求，儿童在教师的引导下进入游戏情境，激发愉快的情感和学习积极性，引起儿童兴趣，为教学的开展创造了良好的条件。通过谈话活动，“娃娃过生日，我们要送礼物怎么办？”引出儿童的多种回答，教师采用“送礼物，到商店买礼物”的想法。这时教师创设商店的情景：将各种商品按鞋帽、食品、文具、日用品分类摆放在柜台上，有1元区、2元区、3元区、4元区，将这些物品分类按不同的价格摆放，再为儿童设置问题：“到商店买东西要什么？”儿童回答：“用钱才能买东西。”“到哪去取钱？”儿童回答：“到银行去取钱。”于是又出现银行的情景，教师让儿童到银行处按需取钱。教师交代必须说出你取的钱数，在取钱过程中儿童争先恐后地说着自己要取的钱数，取到钱后儿童愉快地投入游戏当中。在买礼物的过程中，儿童根据不同的商品区并选择不同的钱币买东西。遇到3元区时发现能力强的儿童就会拿手中的钱币利用加法进行运算买自己需要的礼物，在这一环节中运用了很多认知方面的知识，如物品的简单分类、认识1～4的数字、简单的1～4的加减运算及一一对应的关系。儿童运用语言表达认知的内容，在认知和语言相结合的活动过程中，可以加强认知的深度，并提高语言利用能力，达到两者相互促进、有机结合。

（2）渗透社会活动发展儿童的语言

社会领域的内容包括人与人之间的交往、如何与他人友好相处、关心他人、善于与

人交往，而这一切的活动都需要语言来完成。

设计“商店”这个环境就是让儿童在买卖东西的过程中不断与他人交往，用语言来表达自己的意愿，从而在相互交往的过程中发展语言。在买礼物的过程中，有银行的阿姨、售货员、顾客，儿童要同他们进行交流，而交流的唯一方式就是语言，儿童从开始的分配角色到买礼物的过程中都用语言进行交流。当售货员的儿童要注意听清顾客的要求，按照顾客的要求拿相应的商品并兑付相应的钱币，而当顾客的儿童必须大胆地将自己所需要的商品告诉售货员，大胆地用简短的语言表达自己的愿望。在活动中，教师观察到每个儿童的活动都是积极的、主动的，儿童在买东西的过程中都愿意表达自己的愿望，在这种轻松的游戏中利用儿童之间的相互交往发展了语言能力。在最后送礼物的过程中，儿童要对娃娃说出自己送的是什么礼物，并要求说一句祝福的话，从而培养人与人之间的交往能力。在这一过程中，教师注重面向全体儿童，让每个儿童积极参与活动，在买卖东西的过程中发展语言，同时我们也观察到，无论是班里能力强还是能力弱的儿童都大胆、积极地参与到这种角色游戏当中，每个儿童都得到了锻炼的机会，在语言方面获得了不同的提高。在这一环节中，儿童运用语言进行交往，不断积累语言经验构筑自己的语言模式。

(3) 渗透美术活动发展儿童的语言

在活动过程中，我们发现儿童不仅局限于买礼物，还有动手操作的愿望，个别儿童还提出“我要为娃娃送一幅画”，“我要给娃娃送一块饼干”。于是，教师根据儿童的愿望，为儿童提供活动材料，让儿童进行绘画、手工制作等活动。儿童在活动中相互讨论“你画的是什么”“我用红色笔画太阳”“我做了个圆形的饼干”等，儿童边动手操作边用语言相互交流着自己的想法。有的儿童只是用点线装饰画面，可当问他画中是什么时，他会用丰富的语言告诉你“画的有小草、小鸟、太阳，还有一条小河”。这时，教师应及时给予启发，在活动中进行问题引导，使他们在技能提高的同时能发挥创造性，如“小草是什么颜色的?”“你能不能再画一些小草的朋友?”于是儿童就告诉教师想画什么。这样，在师幼交流过程中发展了儿童的语言，同时积累了绘画经验，提升了儿童学习的兴趣和能力，促进了儿童的语言发展。儿童在美术活动中获得了相应的语言经验，而这一切是一个积极主动的过程，是学习主题与条件和情景相互作用的结果。

(4) 渗透音乐活动培养儿童的情感

儿童买了礼物后，拿着自己买的礼物送给“娃娃”并要求对娃娃说出自己买的是什么礼物。虽然是一个布娃娃，但是孩子们的兴趣非常高，争先恐后地说出自己买的是什么礼物。孩子们为娃娃唱生日歌，唱歌时儿童情感的流露是自然的、发自内心的，通过一首歌曲激发儿童关心他人的情感，增进人与人之间的交流，更重要的是通过这首歌曲激发了儿童说话的愿望。给娃娃唱完生日歌后说一句祝福的话，孩子们说出“祝你生日快乐”“祝你越来越漂亮”“祝你马到成功”等，这些丰富的言语表达是在我们日常的教育教学活动中看不到的。

通过以上事例我们发现，儿童语言的发展不是通过老师给他教授多少词汇和句子，而是在各种非正式的语言交往活动中自然习得的。整个活动我们注重的是儿童活动的过程而不是结果，让每个儿童在活动的过程中得到不同程度的发展。儿童在认知活动、社会活动、美术活动、艺术活动中自然而然地产生与他人交往的愿望，将语言真正运用到交往中，让语言为生活服务，因而要创造和充分利用儿童自然获得语言经验的机会，通过各领域相互渗透发展儿童语言。提炼各类活动中有关的语言经验，可以使教师在设计和组织活动时，把要使儿童获得的语言经验纳入教育内容，使语言教育与其他发展领域的教育自然地结合在同一过程中，既可提高教育效果，减少活动的次数，也可以减轻教师和儿童的负担，还可以使经验得到延续和开展。

第七章　学前教育机构语言教育活动的设计与实施

学前儿童语言教育活动是实现语言教育目标的有效途径，它是有目的、有计划、有组织地对儿童进行语言教育的过程。本章主要探讨学前教育机构各类语言教育活动的设计流程和实施要点。

第一节　学前儿童语言教育活动

学前儿童语言教育活动是指遵循语言教育规律来组织的学习活动，是教儿童学习语言知识、语言形式和语言运用技能的过程。学前儿童语言教育活动侧重提供儿童以语言为对象的学习机会，是实现语言教育目标的有效途径，是落实语言教育任务的具体手段。学前儿童语言教育活动的根本目的是在教师的指导下，使儿童积极主动地与周围语言环境不断地交互，从而获得语言能力的发展和提高。

一、学前儿童语言教育活动的特点

（一）学前儿童语言教育活动是有目的的语言学习过程

语言是一个复杂的符号系统，有目的的语言学习活动可以让儿童集学习语言知识、发展语言能力于一体。学前儿童语言教育活动不同于一般的语言环境，它是有目的地促进儿童语言发展的语言环境，有着明确的指向性。这种有目的性体现在各层各类的语言教育目标中，通过各项教育目标的实现，使全体儿童的语言都能得到最大限度的发展。

（二）学前儿童语言教育活动是有计划的语言学习过程

其他非正式的语言学习是没有计划的、随意的，儿童从中所吸收到的语言信息材料一般也是支离破碎的，这些非正式形式对于儿童语言发展的影响必然是不全面的。专门的学前儿童语言教育活动是一种有计划的语言学习过程，它根据儿童语言教育的目标以及儿童语言发展的实际状况和发展趋势，有计划地安排具体的教育活动，有顺序、有步骤地培养儿童语言能力，从而保证学前儿童语言教育目标的全面实现。

（三）学前儿童语言教育活动是有组织的语言学习过程

学前儿童语言教育活动是一种在教师组织下进行的语言学习过程。在这种有组织的过程中，教师始终注意儿童已有的语言经验，并在此基础上为儿童提供新的语言经验，使儿童通过学习，最终将新的语言经验转化为已有的语言经验。由此循序渐进，使儿童的语言水平不断得到发展。

二、学前儿童语言教育活动的关键经验及其内涵

语言在人的一生中具有重要的意义和价值。因此，在儿童期确定语言领域的关键经验，通过教育教学活动促进儿童的语言发展，使儿童获得具有基础性和可持续发展性的价值和作用的语言基础和能力，将有益于儿童一生的学习和生活。

（一）关键经验选择和确立的依据

1.《纲要》中语言领域的总目标和内容要求

语言发展是儿童教育教学的核心组成部分。《纲要》中语言领域的总目标涉及的语言能力主要包括倾听、理解、表达三个方面，在内容上主要包括交往情境下和文学背景下的语言。它改变了以往语言教育教学中只注重借助于文学作品的学习方式和内容，充分体现了“语言是在交往和运用中发展起来的”这种新的理念和价值观。

2. 儿童的年龄特点、身心发展规律、学习进程和发展阶段

语言的发展是可预测的，具有阶段性。和认知发展一样，儿童语言的发展遵循着从具体到抽象、从简单到复杂、由近及远的规律和原则，这也是语言领域的教育教学所应遵循的原则。在3岁入园时，大多数儿童已经掌握了一定的词汇及基本的语法和句法。4～5岁时，儿童就越来越接近成人的语言模式了。大多数4岁儿童已经表现出较强的语言表达能力，他们可以使用比喻性的语言创造韵律，可以用简短的语句组织一些语言小片段。

3. 学科特点

语言既是人们思维的工具，又是人们交流的手段。语言的符号系统与其他符号系统的主要区别是语言的社会性和生成性。语言的社会性要求每一社会成员必须把它当作一个任意的、习惯性的符号系统来学习，并用它和使用同一语言的社会其他成员进行交际；语言的生成性是指个体运用有限的语言规则来创造无限多的句子，包括从来没有听到过的新句子。因此，在儿童期就应该让孩子们体验到语言所具有的实用性、实际性、描述性、表现性、创造性和美感。

（二）关键经验选择和确立的内容

关键经验的选择和确立，可以借鉴国际上有影响的几种学前教育课程和方案。High/Scope的“儿童认知发展课程”提出了语言领域五个方面的关键经验：① 对别人讲述自己有意义的经验；② 描述物体、事件和关系；③ 用语言表达自己的情感；④ 把儿

童说的话记下来再读给他听；⑤ 从语言的使用过程中得到乐趣。这五条关键经验为确定语言领域的关键经验和选择适宜的教学方式提供了参考。此外，“光谱方案”提出了儿童语言活动的三个关键能力：① 有创意地讲故事；② 描述性语言、报道；③ 运用诗歌的巧妙语言。这三条关键能力开启了语言教育内容与形式的新思路。

基于上述思考，可以选择和确立学前儿童语言教育活动以下三个方面的关键经验和活动形式。

1. 叙述性地表达与交流

积极与同伴和教师进行日常的交流、讨论；能清楚地讲述自己的经历、想法和做法，努力让他人听懂自己的表述。

(1) 能够注意叙述的完整性，叙述时能包含时间、地点、人物和主要事件等基本要素；

(2) 能报告活动的过程和结果，并且能用口头或书面(图画、符号、文字)等多种方式表达自己的想法、做法、情感和感受；

(3) 能根据不同的情境和需要进行对话、讨论等交际活动。

其主要的活动形式包括：日常有意义的事件报告；区域活动的报告与交流；生活环节中事件的报告与交流；教育活动过程和结果中必要的报告。

2. 故事与童话

接触多种体裁的故事与童话；体验故事与童话的文学性与美感，掌握用词、语句、段落结构及主题的多种表达技巧；体会文学作品的思想性和可创作性。

(1) 喜欢听并能听懂故事和童话；

(2) 能够复述故事和童话的主要情节；

(3) 能理解和概括故事与童话的主题；

(4) 能用多种形式欣赏和表现故事和童话的内容；

(5) 能用多种形式体验故事与童话的创作过程。

其主要的活动形式包括：听故事与童话；看与理解故事与童话；讲与复述故事与童话；欣赏故事与童话；凭图讲述；续编、仿编与创编；表演。

3. 诗化语言(儿歌与散文)

让儿童接触叙事、写景，以语音、词汇、人物、事件、景色为主要内容的多种题材和形式的儿歌和散文，体会诗化语言的韵律感、节奏感和美感以及结构的规律和表达的精练。

(1) 充分调动原有经验，理解诗化语言的内容，想象诗化语言的意境；

(2) 发现和感受语言的优美、幽默、有趣、韵律感、精练等语言表达的方式；

(3) 充分调动儿童的原有经验将语言表达加以诗化和文学化；

(4) 运用多种形式让儿童欣赏和表现。

（三）各年龄班语言领域的关键经验

年龄班	叙述性地表达与交流	故事与童话	诗化语言
小班	讲述与自己密切相关的，自己熟悉、关注和喜欢的人、事物和活动。 乐于、敢于并能用清楚的发音、简单的词句表达自己的想法和感受；能倾听和听懂同伴的语言。	接触短小、生动，具有简单情节、词句反复重叠的优秀故事和童话。 乐于欣赏和学习生动形象的文学词汇和语句；乐于表演和再现作品的语言、动作。	接触短小、富有韵律感和节奏感的儿歌和散文。 乐于倾听、欣赏和通读；能理解、体会和想象作品所表达的意思。
中班	讲述周围环境和生活中自己熟悉、关注和喜欢且具有突出特点的人、事物和活动。 语言连贯，表达清楚；能倾听和听懂同伴的讲述，并能与同伴进行讨论。	乐于接触、欣赏和学习具有清晰情节和结构，富有想象力、感染力和思想性的优秀故事与童话。 能理解和想象故事的情节与意境，体会人物的情感和心情；初步感受文学作品的魅力；乐于表演和再现作品的内容。	接触叙述和写景等不同题材和形式的诗歌和散文。 乐于倾听、欣赏和通读；能理解、体会和想象作品所表达的事物特点和情感；感受和发现诗歌的韵律感、节奏感和美感；尝试着续编和仿编，将语言表达加以诗化。
大班	能根据一定的主题和人物要求，收集有关事件和过程的相关信息，清楚、连贯、有条理地讲述。 能围绕一定的主题进行谈话和讨论，敢于提出质疑和发表自己的见解。	接触多种题材和形式的优秀故事与童话。 乐于欣赏、讲述作品的内容；感受和体会情节的曲折起伏、人物心理和情感的变化，以及作者所具有的丰富想象力，以及作品所具有的浪漫色彩。 乐于复述、讲述和表演故事和童话。	接触题材和形式多样的儿童诗歌和散文。 乐于倾听、欣赏；能理解、体会和想象作品所表达的意境，情感和幽默感；在感受和发现诗歌的句式结构、韵律感、节奏感和美感的基础上，乐于并能够进行诗歌和散文的续编、仿编和创编活动，将自己的经验和情感加以诗化表达。

三、学前儿童语言教育活动的组织原则

（一）让学前儿童积极活动的原则

1. 激发学前儿童活动的动机

在学前儿童的语言教育环境中，学前儿童的语言活动是在教师的组织下进行的一种有目的的学习活动，它的发生是由一定的动机引起的。因此，如果教师在组织活动的过程中能够成功地激发学前儿童的语言学习动机，那么就可以使学前儿童语言活动产生良好的效果。

2. 明确活动的对象

无论是教师的活动还是学前儿童的活动，都要指向一定的对象。活动对象的不同导致了活动之间的差别。因此，教师在组织语言教育活动时，一定要明确活动的对象，

只有这样，才能将不同类别的语言活动相互区别开来。

3. 重视学前儿童在活动中的操作

学前儿童的活动是通过一系列的动作实现的，而实现动作的方式就是操作。操作包括动手操作、动脑操作和动口操作等。在语言教育活动时，学前儿童操作的方式主要是指语言操作。因此，教师在组织语言教育活动时，要充分创造语言操作的条件，让学前儿童在操作中习得和巩固语言。

（二）促进学前儿童语言发展的原则

1. 了解语言教育领域的目标

要使学前儿童通过有组织的教育活动获得语言发展，就要了解语言教育这一领域的目标，这样才能使学前儿童的发展有着明确的指向，也才能使学前儿童的发展有一个可以测量的尺度。

2. 语言教育活动的落脚点是学前儿童的语言发展

语言教育活动的形式是多样的，内容也是丰富的。因此，教师在指导思想上应明确：促进学前儿童语言的发展是语言教育的落脚点，千万不可为了求得活动的表面热闹而忘记了语言教育活动的根本目的。

3. 按照学前儿童语言发展的规律设计活动

贯彻促进学前儿童语言发展的原则，要求教师在设计教育活动时要遵循学前儿童语言发展的规律，不可任意超前，但也不可盲目滞后。

（三）示范与练习相结合的原则

1. 教师的示范不要限制学前儿童的思维

教师在实际运用示范这一方法时，应鼓励儿童在模仿的基础上大胆创新，不要让教师的示范限制了儿童的思维。

2. 注意运用隐性示范

对学前儿童语言教育来说，单纯运用显性示范显得太单调，也不符合学前儿童心理发展的特点，因此，在学前儿童语言教育活动中，要求教师以参与者的身份与学前儿童平等地进行活动，并在活动中运用隐性示范。

3. 提供充分练习的机会

练习是学前儿童学习语言的重要方法。通过练习，学前儿童可以加深理解语言教育中的有关内容，掌握有关的语言知识，熟练运用语言技能。因此，教师在给予学前儿童以某种语言示范之后，就要提供充分的时间和空间，让学前儿童进行练习。

（四）自由与规范相统一的原则

1. 为学前儿童提供自由说话的机会

在组织语言教育活动的过程中，教师应该创设让学前儿童自由说话的机会。不论是哪一类活动，都要提供一定的时间和空间，让学前儿童运用已有的语言经验自由地交谈。即使在学前儿童获得了新的语言经验之后，也要允许他们在一定规范的范围内自由练习所习得的新语言经验。

2. 引导学前儿童养成运用规范语言的习惯

语言教育的目的是使学前儿童掌握规范的语言，在提供学前儿童自由运用语言的机会的同时，也不可脱离规范的要求。因此，教师在组织语言教育活动时，就要在语言形式、语言内容和语言运用方面，对学前儿童提出规范的要求。

四、学前儿童语言教育活动设计与实施的步骤

（一）确定活动目标

1. 语言教育活动目标的来源和依据

儿童发展、社会和知识是制定语言教育活动目标的依据，也是语言教育活动目标的来源。

（1）对儿童的研究

为了建立合理的期望，我们必须研究儿童，了解他们身心发展的规律，尤其是关注他们的发展需要。日常所说的儿童的需要主要指的是儿童的兴趣，而在语言教育活动课程设计中的发展需要则指的是儿童“理想的发展”和“现实的发展”之间的距离，也就是我们认为儿童应该达到的发展水平和儿童现有水平之间的差距。这个空间就是语言教育活动的用武之地，即有效发挥引导、促进儿童学习和发展的地方。

理想的发展：通过学习儿童发展心理学可以获得儿童“应该”和“可能达到”的理想发展。语言能力是一种综合能力，儿童语言的发展与其情感、思维、社会参与水平、交流技能、知识经验等方面的发展是不可分割地联系在一起的。比如，《纲要》中对语言领域目标定位如下：① 喜欢与人谈话、交流；② 注意倾听并能理解对方的话；③ 能清楚地说出自己想说的事；④ 喜欢听故事、看图书。这些要求便是理想中儿童的语言发展趋向。

现实水平：教师可以通过实际观察来研究儿童，通过学前儿童的行为表现判断他们的语言发展水平和特点。教师通过把现实水平和理想的发展作比较，就能发现儿童的语言发展潜力，确定对儿童建立哪些期望，并且把这些期望转为可能的语言教育目标。

（2）对社会的研究

对儿童语言发展的研究只是确立语言教育活动目标的一个依据，儿童往哪个方面发展则受到社会期望的影响。社会对儿童发展的期望，直接反映在政府的教育方针、政策法规和各种文件中。《幼儿园指导纲要》中的语言领域的教育目标已经反映了社会对于儿童语言发展的多种期望和要求。

（3）对知识的研究

儿童的年龄特点和儿童教育的性质，决定了幼儿园课程注重的是知识的一般发展价值。在儿童阶段，我们更多考虑的是知识的发展功能，例如，学习用适当的方式（如语

言、图画等)表达自己的探索和发现,在与同伴共同探究的过程中体验合作的重要性、学习合作,等等。

2. 语言教育活动目标的表述

(1) 语言教育活动目标从教师角度的表述主要有以下词汇:鼓励、引导、帮助、使、萌发、启迪等。如果教育目标的表述是从教师的角度出发,容易导致教师过多地关注自己的教,考虑教什么、怎么教,而忽略儿童的学。

(2) 语言教育活动目标从儿童角度的表述主要有以下词汇:感受、喜欢、理解、能等。这种语言教育目标的表述可以使教师不仅关心自己做什么,更会注意儿童到底达到什么样的语言教育效果。

关于语言教育活动目标的表述,应做到以儿童的角度进行表述,教师要重点关注儿童在活动中的心理特征和行为变化。

3. 语言教育活动目标的内容

语言教育活动目标的内容应包含认知、情感态度和能力三个方面。

(1) 语言教育活动目标的认知方面应涉及知识概念的学习,包括所获得知识的数量和种类以及操作这些知识的技能和能力。例如,学前儿童要掌握多少词汇,掌握多少句式,懂得在什么样的语境下运用这些词汇和句法。

(2) 语言教育活动目标的情感态度方面应涉及学前儿童语言领域情感态度的培养,包括兴趣、态度和价值观等方面的变化。例如,要使学前儿童持有耐心并有礼貌地倾听别人说话的态度,产生在集体面前讲述自己经历的事和图片内容的兴趣,懂得并遵守语言交往中的一般规则。

(3) 语言教育活动目标的能力方面应涉及语言学习能力的训练,包括组词成句的能力和在具体语境中运用语言的能力。例如,能根据不同的听者、不同的语境恰当地运用有关词汇、语法和语调,能用连贯的语句说清楚自己所要表达的意思,也能听懂别人所表达的意思。

(二) 选择活动内容

活动内容是语言教育内容的具体化。当教师确定活动目标时,必须结合考虑活动的内容。语言教育活动内容是实现教育目标的手段,是将目标转化为儿童发展的中间环节,也是活动设计和实施的主要依据。因此,活动内容的选择是一个完善的语言教育活动设计的核心。学前教育不同于小学教育,它没有统一的教材,教育内容完全由教师自己选择,教师确定教育内容的自由度较大,但也承担着重大的责任。教师要想使选择的活动内容能够真正体现活动目标,能够促进儿童语言的发展,应该做到以下几个方面:

1. 根据目标选择活动内容

教师在选择活动内容时直接的参照点是活动目标。根据目标选择活动内容,并不是说目标和内容必须一一对应。实际上,一项目标往往要通过多种内容来达到,一种内容也可以同时体现几项目标的要求。

2. 根据学前儿童心理发展的特点选择内容

教师在选择活动内容时应考虑到学前儿童心理发展的特点。例如：模仿是学前儿童心理发展的一个特点，成人的语言、动作、情绪、态度、习惯等无一不成为学前儿童模仿的对象。因此，教师在设计和组织教育活动时，要通过直接或间接的语言示范，给学前儿童提供大量的、规范的语言让其模仿，使儿童在不知不觉的模仿中习得有关的语言，获得语境与语用之间关系的感悟力。

3. 在学前儿童的新旧语言经验间建立联系

要使语言教育活动提供的语言经验能够为学前儿童所获得并且成为学前儿童自身语言经验体系中的一部分，教师在选择活动内容时就要考虑新旧语言经验之间具有的内在联系。

（三）设计活动过程

活动过程包括活动导入、引导学前儿童参与、引导学前儿童逐步思考、教师引导学前儿童总结等环节。在设计学前儿童语言教育活动过程时，需要考虑以下几个方面：

1. 精心设计活动环节

对语言教育活动的各个环节必须进行精心设计，如通过何种导入方式将学前儿童的兴趣调动起来，分哪几个环节、步骤开展活动，采用何种方式结束活动等。活动的流程要自然连贯，步骤要清晰明了，并为具体实施留有余地。

2. 运用不同的活动方式

活动方式要适应不同类型语言教育活动的特点。学前儿童语言教育的活动方式主要是根据教材的性质、学前儿童的特点以及发展现状来决定的。在设计活动方式时，要根据具体的教育情境设计不同的教育活动方式，灵活运用讲解法、谈话法、角色扮演法、观察学习法等方法。

3. 鼓励学前儿童积极参与

教师组织的所有活动应尽量有学前儿童的动手参与，学前儿童参与时可能不如成人做得好，教师应给予理解。在儿童主动参与的过程中，教师的提问起着十分关键的导向作用，教师应结合学前儿童的语言思维特征，在活动过程中避免频繁使用成人化语言。

（四）教育活动方案的拟订

为了实现学前儿童语言教育的目标，使语言教育活动更具目的性和计划性，教师在确定活动目标、选择活动内容和策划活动流程的基础上，需要认真拟订一份合理的语言教育活动方案。从形式上看，这只是将活动目标、活动内容、活动准备、活动流程形成书面语言载体的形式，实质上它包含着一定的教育指导思想和理论观点，使教育实践活动沿着预定的轨道、朝着预期的目标前进。教育活动方案拟订的基本步骤如下：

1. 活动名称

活动名称的设计没有特殊的要求，在取名称时尽量符合儿童化的特点即可，写清楚语言教育活动的具体类型、适合于何种年龄班、具体内容是什么。

2. 活动目标

目标的内容应该包括认知、能力、情感三个方面。活动目标的具体要求有以下几个方面：目标要完整，便于落实；目标的要求难度适中；目标表述明确，重点突出，具有可操作性；目标的表述方式要统一；目标的数量适中，以 3 条最为合适。

3. 活动准备

活动准备是指教师对语言活动内容和活动方式进行初步思考后所做的工作。活动准备主要包括物质准备和知识经验准备两个层次。

4. 活动过程

活动过程一般按照活动环节的先后顺序写出几个步骤即可。

(1) 导入：写清楚活动的导入方式。

(2) 如何引导学前儿童积极主动地参与、表达以及教师提问的方式。

(3) 结束：如何总结。

5. 活动延伸

活动延伸是指在教育活动后，教师继续设计一些与此相关的辅助活动，从而将教育内容渗透到一日生活中，使学前儿童受教育的时间能够持续，教育目的能够更好地实现。活动延伸的形式可以是家园共育、领域渗透、环境创设、区角活动、游戏等。

第二节　学前儿童谈话活动

谈话是帮助学前儿童学习在一定范围内运用语言与他人进行交流的活动。在各种类型的幼儿园语言教育活动中，谈话因拥有宽松自由的交谈气氛，允许学前儿童根据个人感受、针对谈论主题说自己想说的话，说自己独特的经验，因此交谈时语言信息量较大，思路相对开阔，想象力丰富，能极有效地促进学前儿童创造性语言的发展。

一、谈话活动的基本特征

(一) 谈话活动应拥有一个儿童感兴趣的话题

谈话活动应围绕一个具体、有趣、贴近学前儿童生活经验的话题而进行。学前儿童围绕自己感兴趣的中心话题，可以自由地表达个人见解。例如，进餐时请儿童从色、香、味、营养等各个角度去谈；游戏活动时，请儿童从玩法、规划、活动情况等方面展开交谈…… 同时，利用环境进行各类谈话，如在自然环境中进行实物拟人化谈话，例如图书的秘密、积木的故事等。借助于日常生活的各个环节和环境创设中有趣的内容，尽量多地让儿童谈话。无论学前儿童用什么样的表达方式谈话，都可以在这个范围内根据个人的感受发表见解，针对谈论主题说出自己想说的话，表达自己独特的经验。

（二）谈话活动应注重多方的信息交流

谈话活动注重学前儿童的交往语言，侧重于师幼间、同伴间的信息交流。教师与儿童、儿童与教师、儿童与儿童构成了三种基本的谈话模式。当学前儿童与教师、同伴围绕话题进行谈论时，不同个体的思维与经验相互碰撞，因此，在谈话过程中，每个儿童获取的信息量都比较大。

（三）谈话活动应拥有宽松自由的交谈气氛

谈话活动的主要目的在于鼓励学前儿童大胆地与他人交流，促使其善于表达自己的观点。谈话活动没有统一的标准和要求，也不强调一致的讲述思路。学前儿童完全可以根据自己的意愿和内心感受大胆地表达，将自己的观点直截了当地与别人分享。谈话活动的语言比较自由，不强求运用规范的言语与他人进行交谈。

（四）谈话活动中教师的指导作用

当儿童进入围绕话题的自由交谈时，教师的职责和任务主要表现在以下几个方面：① 教师必须在场；② 教师参与谈话；③ 教师要观察记录儿童谈话情况，了解他们运用原有谈话经验进行交谈的状态，明了儿童谈话的水平差异，为下一阶段活动的指导作进一步准备。教师要鼓励儿童围绕话题自由交谈，如放手让儿童围绕话题自由交谈；鼓励每位儿童积极参与谈话，真正形成双向或多向的交流；在自由交谈的活动过程中，适当增加儿童“动作”的机会；注意自由交谈中的个别差异。

二、谈话活动的目标

（一）小班

（1）学会安静地听同伴讲话，不随便插嘴。

（2）喜欢与同伴交谈，愿意在集体面前讲话。

（3）能听懂并愿意说普通话。

（4）在教师的引导下，学习围绕主题谈话，能用短句表达自己的意思。

（5）初步学习常见的交往语言和礼貌用语。

（二）中班

（1）能集中注意力，耐心地倾听别人谈话，不打断别人的话。

（2）乐意与同伴交流，能大方地在集体面前说话。

（3）能说普通话，较连贯地表达自己的意思。

（4）学会围绕一定的话题谈话，不跑题。

（5）学会用轮流的方式谈话，不抢着讲，不乱插嘴。

(6) 继续学习交往语言，提高语言交往能力。

（三）大班

(1) 能主动、积极、专注地倾听别人的谈话，迅速掌握别人谈话的主要内容，并从中获取有用的信息。

(2) 能主动地用普通话与同伴交流，态度自然大方。

(3) 能围绕话题谈话，会用轮流的方式交谈，并能用恰当的语言表达自己的情感，与同伴分享感受。

(4) 逐步学习用修补的方法延续谈话，进一步提高语言交往能力。

三、谈话活动的类型

（一）拼凑谈话法

新鲜的话题偶尔断档后，孩子就觉得无话可谈，然而借助于孩子较为丰富的词汇进行无主题的词汇拼凑谈话法却是孩子们极为感兴趣的。“汽车、饼干、游泳”之间的故事串联，“活泼、狡猾、勇敢”等看似毫无关联的词汇都能让孩子们谈得津津乐道，在一拼一凑中孩子们谈出了自己的思想和意愿，更谈出了自己与众不同的聪明才智和创造潜能。

（二）新异谈话法

传统教育比较注重儿童求同思维的培养，儿童在单纯的模仿中“换汤不换药”地按照教师的示范改变谈话活动中的某些环节进行简单的“再现式”谈话。其实，在谈话活动中，有一种比学习句式、知识更重要的东西，那就是想象力，它是知识进化的源泉，是成功的摇篮。儿童期是想象力最活跃、最丰富的阶段，儿童的想象力越丰富，对谈话主题的理解就越有创见，谈话就显得新异、与众不同。因此，教师应该引导学前儿童在想象的基础上进行大胆创新的构思。如在谈话活动“美丽的春姑娘”中，学前儿童在对春天的特点有了一定了解之后就开始了富有想象色彩的谈话。有的儿童说：“春天来了，春姑娘有一双美丽的翅膀，它们带着我飞向蓝天。”有的说：“春姑娘就像齐天大圣一样会七十二变，春姑娘到来时，小草就变绿了，花朵变大、变美了，春姑娘邀请小动物和小朋友们在草地上快乐地玩耍呢！”

（三）多角度谈话法

谈话需要通过思维进行，而儿童期的思维模式正处于逐渐形成和发展的阶段，教师应该通过各种途径和方法来加强儿童创新思维的训练，引导儿童从单一思维向多向思维拓展，从定式思维向开放性、独创性思维迈进，充分培养儿童的创造能力，引导学前儿童掌握全方位、多角度考虑问题的学习方法。在幼儿园的谈话活动中，教师应为学前儿童创设一定的问题情境，激发学前儿童的创造性。例如，在谈话活动“保护我们的环境”中，有的儿童首先严格要求自己，说自己不能随便采摘花朵、树叶；有的说要告诉别人不要随地吐痰、乱扔垃圾；有的说请工厂的工人叔叔不要把脏东西扔在地球妈妈身上；有的说要请环卫工人讲一讲他们工作的辛苦，让我们一起来保护环境、保护地球……在多向思维中，儿童谈出了与众不同的想法，同时表现了自己独特的言语创造性。

（四）假设谈话法

由于生活经验的积累和游戏活动的发展，幼儿期儿童的想象力得到很快的发展，学前儿童的思维局限性较小，自由想象成分较多，教师可以依据这一思维特点为学前儿童提供各种不同的假想情境，让儿童去思考为什么会这样、该怎么办等问题。例如，教师为儿童提供“王奶奶生病了”这一情境，鼓励儿童猜测王奶奶为什么生病了，生病了又该怎么办。有的孩子说王奶奶年纪大，肯定是走路不小心摔倒了；有的说王奶奶可能是晚上被子没有盖好，感冒生病的；有的说王奶奶生病了得赶紧送到医院去；有的说我们小朋友应该去看望王奶奶，陪她聊聊天，她心里肯定就舒服多了……如此类型的谈话方式，不但使儿童的思维变得积极、主动，而且提高了儿童解决实际问题的能力。

诸如此类灵活多样的创造性谈话法还有很多，如换位思考谈话法、游戏探索谈话法、情境设问谈话法等，教师在运用不同类型的新异谈话方法时要把儿童的言语表达思路从狭窄、封闭的体系中解放出来，鼓励儿童进行独立思考，敢于提出新的假设和构想并进行标新立异的谈话。

四、谈话活动的设计与组织

（一）活动目标的确立

教师在谈话活动设计时不能忽略语言教育目标而随意选择谈话内容，要真正做到目标体现内容、内容反映目标。谈话活动的目标要准确、具体、全面且重点突出。谈话活动的目标主要包含三个方面的内容：言语倾听、理解、表达等。

（二）活动内容的选择与安排

安排谈话活动的内容时要注意以下几点：

（1）选择的内容要有目的性和计划性。

（2）取材的内容与范围要广泛。

（3）谈话活动的内容与范围应与儿童的言语经验和知识经验相吻合。

（三）谈话活动的组织方式

1. 示范法

（1）教师可以用言语示范新的言语交往技能，也可以用非言语的形式示范言语交往规则和倾听态度

在谈话活动“我爱的季节”中，教师可以这样描述：“我爱夏天，因为夏天可以穿漂亮的裙子，可以去海边游玩，可以吃甜甜的冰棍。”

（2）教师可以用非言语方法进行示范

例如，教师在听个别儿童谈话时，眼睛要注视着对方，并不时地点头表示同意对方的意见，这些非言语动作同样也能起到示范作用。

(3) 使用示范法的注意要点

一般说来，示范法应在儿童充分交谈后再使用，这主要是为了避免让儿童的思维局限于教师的示范模式上。

2. 提问法

通过提问，教师既可以让谈论的话题逐层深入下去，也可以使偏题的谈话或讨论回归主题。

(1) 提问法在日常谈话中的运用

日常谈话随机性较强，气氛自由宽松，因此，教师可以运用提问法以引出话题。谈话活动的有些问题是封闭式的，有些问题则是开放式的。封闭问题儿童只要答“是”或“不是”即可，开放性问题则要求儿童通过回忆并组织简短的语句进行回答。开放性回答更能促进儿童发散思维能力的发展。

(2) 提问法在谈话活动中的运用

① 创设谈话情境阶段：通过提问以引出谈话的话题；② 围绕话题深入交谈阶段：通过提问使话题逐步延伸，使儿童深入地谈论自己的认识和观点。

(3) 使用提问法的注意要点

① 注意提问法的不同使用方式和作用

从话题的开展角度来看，提问法有三种作用：一是唤起儿童的回忆，通过提问帮助儿童回忆并谈出所经历过的事情及印象；二是帮助儿童对某件事做出评价或判断，以使谈话的话题层层深入，例如“我们为什么要经常喝水”等，这些问题有助于儿童对话题做深入的思考和交谈；三是以提问方式帮助儿童始终围绕着话题进行交谈，避免跑题。

② 问题要富于启发性且有一定的难度

在谈话活动中，教师设置的问题要富有层次性，设置的问题对儿童的语言发展要具有启发性，教师要根据儿童个体的语言发展水平差异，设置不同难度的问题，促进每个儿童最大限度的语言发展。

3. 讨论法

讨论法主要运用在围绕话题自由交谈阶段。在运用时要注意以下几点：

(1) 讨论时可以采用分组形式；

(2) 讨论时应注意个别差异。

4. 其他方法

谈话活动的方法还有游戏法、表演法、操作法等。

谈话活动案例分析

谈话活动：我的本领（大班）

（山东省淄博市教学研究室　孙秀红）

一、活动目标

（1）理解“本领”的意思，明白每个人都有不同的“本领”。

（2）能用清楚的语言围绕“我的本领”积极、有序地进行交谈学习。

（3）懂得本领不分大小，不可缺少，掌握本领需要付出努力。

二、活动准备

（1）名人漫画一组：月亮姐姐、姚明、刘谦、刘翔、杨利伟。

（2）PPT“幸运大搜索”：将孩子的照片制作成滚动画面，教师听音乐随意点击停止，画面就会停在某个孩子的照片上。

（3）幼儿展示本领需要的相关材料：实物、照片、作品等。

（4）幼儿对谈话活动中涉及的几位名人有一定程度的了解。

三、活动过程

1. 出示名人漫画，引起谈话兴趣

今天老师带来了一些图片，看看这些人都是谁，他们都有什么本领？

小结：他们都有不一样的本领，姚明是篮球健将，刘谦是魔术高手，刘翔是奥运冠军，杨利伟是中国第一位太空人，月亮姐姐是小朋友喜欢的主持人。你们有什么本领？

2. 引导幼儿围绕我的本领积极有序地进行交谈

（1）幼儿轮流说自己的本领

此环节教师给幼儿提供充分的谈话机会，鼓励每个幼儿都说说自己会什么。

（2）集中谈论“我最大的本领”

教师引导幼儿讨论“最大的本领”。“最大”是什么意思？比如：最拿手、最棒、最厉害、别人没有而我有的、别人有而我更棒的。

（3）用快乐大搜索的方法，集体交流“我最大的本领”

教师运用语言引导、同伴评价、现场展示作品、呈现照片等不同的方式，完善幼儿的谈话，使话题得以保持和丰富。

（4）想办法记住别人的本领，欣赏别人

我们都说出了自己的本领，现在，我们来比一比“谁能记住朋友的本领”。

教师引导幼儿关注自己的同伴，提高幼儿有意倾听、有意注意的能力。

（5）讨论本领是怎么获得的

自己多学习、多努力，还可以通过别人帮忙（向同伴学习、互相帮助等）。

3. 扩展对不同行业本领的认识

出示交警、环卫工人、医务工作者、运动员、消防员、建筑工人的照片，请幼儿说说他们有没有本领,他们的本领是什么。

小结:每个人都有和别人不一样的本领,哪种本领都很重要,都是我们生活中不可缺少的。学本领不是一件容易的事情,但只要我们小朋友慢慢练习、多多练习,就可以掌握很多本领。

四、活动延伸

在角色游戏中,扮演不同本领的人,进一步巩固、迁移所学内容。

第三节　学前儿童讲述活动

讲述活动是有目的、有计划的语言教育活动,旨在创设一个相对正式的语言运用场合,要求幼儿依据一定的凭借物,使用较规范的语言来表达个人对某事、某人、某物的认识。讲述活动是幼儿园语言教育的一种重要的组织形式,在幼儿园语言教育中占据重要地位。

一、讲述活动的类型

(一) 看图讲述

看图讲述是指教师启发儿童在观察图片、理解图意的基础上,根据图片提供的线索,运用恰当的词句和完整、连贯、有条理的语言表达图意的一种教学活动。看图讲述就是通过观察图片,儿童需要将一张或几张图片的主要内容准确、完整地表达出来。

1. 看图讲述图片的特点

小班:主题明确,线索单一,角色不宜太多;画面较大,画面中角色的动作、神态、表情明显;背景简单,色彩鲜艳,主要突出角色特征;图片的篇幅少,一般为 3～4 幅。

中班:主题明确,线索较复杂,前后图之间有一定的联系;角色较小班增多,形象突出,有一定的动作和表情,能从图片中了解角色的心理活动。中班儿童可选用多幅图。

大班:主题鲜明、生动,图与图之间有一定的衔接,画面内容能为儿童提供想象的空间,角色的心理活动能从画面中反映出来;能根据图片中的内容,激发儿童联想画面以外的线索,使儿童通过观察分析讲出画面上各个事物之间的相互关系;可用多幅图或进行排图讲述。

2. 教师如何指导学前儿童看图

(1) 看什么

看图主要包括让学前儿童"观察主要内容"和"引导儿童观察细节"两个方面。目标与题材要求不同使得看图的要求随之不同,并不是每一幅图都只看"主要内容"或"细节",而是必须根据素材的中心主题去判断。

(2) 看图顺序

在看图时，教师要引导学前儿童学会正确的看图顺序：从主要情节过渡到次要情节；自上而下；从左到右；由近及远；关注活动地点以及环境和人物的关系等。

（3）教师提问的策略

看图讲述的过程是看—想—讲，这一过程中各阶段都离不开教师的提问。

① 提问的类型

A. 描述性问题（针对画面的人、景、动态）：什么时候？在什么地方？有什么？是什么样的？在做什么？什么表情？

B. 判断性问题：是什么关系？什么一样？什么不一样？怎么样？

C. 推理性问题：在说什么？会想些什么？

D. 分析性问题：为什么？怎么知道的？

② 如何提问

提问切记不能"多"和"泛"。提问的作用就是帮助儿童理清思路，引发儿童的兴趣，提问的"多"和"泛"会打断儿童的思考，割裂儿童对故事的整体理解，降低儿童读图和倾听的兴趣。

教师在设计提问时应注意两个方面的问题：第一，提问的问题之间要有层次性；第二，每一个问题要有价值，问题间是有关系的。因此，教师的提问可以从以下几点进行思考：① 帮助儿童理解图片或故事思路；② 启发儿童分析比较；③ 引导儿童抓住图片或故事关键；④ 引导儿童深入理解图片或故事。

3. 看图讲述的类型

（1）单张图片讲述

这是最简单的一种形式。这种图片一般人物较少，强调人物的动作，背景简单，人物形象突出。单张图片讲述一般在小班开展，以回答方式进行。儿童在讲述时主要说出"图片上有什么""在什么地方""在干什么"等，主要培养小班儿童说完整句的能力。

（2）多张图片讲述

这种讲述主要在中班和大班进行。儿童按顺序将多张图片的内容、图片与图片之间的联系用完整、连贯的语句表达出来。它不仅要求儿童讲述图片上所描绘的对象及特征，还要将图片的细节、非显著特征描述出来。

（3）排图讲述

这种讲述首先要求儿童将无序的图片按照自己的想法排出顺序，讲清理由，然后再讲述图片的主要内容。由于它要求儿童具备一定的抽象思维能力，因此一般在中班和大班进行。排图讲述的图片数量为2～6张。

（4）拼图讲述

拼图讲述主要通过儿童摆摆、贴贴来理解物体与地点、动作与情节之间的关系，引导儿童将自己拼贴出的图画用完整、连贯的语言介绍给同伴。

拼图讲述活动可以从以下几个步骤开展：① 通过拼贴，展现讲述对象。教师引导儿童用不同形状的物体表现出有趣的画面，如用杨树叶和杉树叶表现出"可爱的金鱼"

等，老师尽可能多地启发儿童要创造性地表现出与别人不一样的画面来。② 通过不同的画面组合理解讲述对象。这一活动可选用集体讲述和与他人结伴讲述的形式进行，老师在儿童面前可出示单幅图画和多幅组合图画，通过提问的方法引导儿童进行观察思考。③ 扩展或延伸原内容的讲述。在教师示范过新的拼图添画和讲述经验之后，进一步要求儿童自己拼图添画，然后进行讲述。通过这样一个环节可以扩展儿童的想象，从而创编出更多的故事情节。

(5) 绘图讲述

从广义上讲，绘图讲述是将绘画、泥工、折纸等手工活动与讲述结合起来的活动。与拼图讲述不同的是，绘图讲述是儿童自己制作讲述的材料，然后将这些材料组合成一个有情节的内容并讲述出来。绘图讲述一般通过两次活动完成：第一次活动绘制材料，第二次活动讲述，三个年龄班都可开展。

绘图讲述，其中的"图"是指学前儿童自己创作画出的图，"讲述"的内容也就不是围绕一个主题，而是"各讲各的"。其过程分为三个步骤：儿童根据主题构思情节；儿童创作绘画；儿童将自己作品的内容讲述出来。讲述不仅仅发展了儿童的口语表达能力，更重要的是发展了儿童的思维能力。儿童表达出来的语言是儿童对自己的画进行整理、分析、概括，从而形成完整的故事情节的结果。

(6) 看图填补讲述

看图填补讲述是让儿童仔细观察与某一故事情节相关的首图和尾图，并根据首图、尾图的关联线索，猜想事件发展的经过，编写完整的故事。看图填补讲述是一种具有创造性的讲述活动，这种形式对儿童的想象与思维水平的要求较高。中班儿童可以进行较简单的看图填补讲述，大班儿童可以在画面内容、编讲要求上增加难度。在看图填补讲述活动中，儿童首先要仔细观察首图、尾图，从中看出事件的前因后果，掌握事件发展的依据。在这一过程中，儿童需要反复比较、对照，认真思考分析，因此这种活动又能有效地发展儿童的观察能力。

(二) 生活经验讲述

生活经验讲述关注学前儿童已有的生活经验。这种讲述是教儿童将生活中所经历的最有趣、印象最深的部分以完整、连贯的语句表达出来。在讲述中，要求儿童将零散、片断的感受组织成一段有条理的表述。这种讲述不仅要求儿童有较强的表述能力，还要求儿童能正确地感受和理解社会生活，了解人们之间的关系。生活经验讲述活动可以在三个年龄班开展。

(三) 情境表演讲述

情境讲述是在某种情境表演(如童话剧、木偶、玩具表演)后，在教师的帮助下，儿童将表演中的情节、对话和内容连贯地表达出来的讲述活动。情境表演讲述的目标是让儿童充分感知情境后，用语言表述对情境的理解，如作品情节、人物内心的情绪情感、人物对话等。为了使儿童很好地进行讲述，应让儿童在表演中集中注意力，以便有较好的记忆，并且要在表演完后马上把内容讲述出来。情境表演讲述一般在小班后期或中班早期开展。在情境表演讲述活动中，情境创设的途径是多种多样的，可以是真人表演的情境，可以是用木偶表演的情境，可以是真人与木偶共同表演的情境，也可以是通过录像或电脑展示的情境等。

首先，在真人表演的情境、木偶表演的情境，以及真人与木偶共同表演的情境中，当讲述的主题确定后，教师应该把角色向儿童交代清楚，并理清角色之间的关系，让儿童在观看表演的过程中能够把握人物关系之间的转换。情境创设力求让大部分儿童在短时间内能够看懂、看明白，因此它的情节不能过于曲折、复杂，角色也不追求大量、丰富。

其次，情境创设主要是布置物质环境，除了应有的道具外，还应该通过一定的物品和装饰烘托主题的气氛与内容，让儿童仿佛身临其境。道具的制作、材料的选择、装饰的摆放位置等都应由教师与儿童共同协商决定。

最后，情境创设是儿童讲述的支持，不是最终的目的。教师应该引导儿童仔细观看，理解情境中呈现的现象、内容及其前后联系，让儿童带着一定的讲述目的来欣赏。因此，创设好情境后，教师可以把儿童观察、理解的重点和中心告诉他们，并提出一定的问题让儿童有重点、有目的地观看。

（四）实物讲述

实物讲述是以实物作为凭借物来帮助儿童讲述的一种活动。实物包含真实的物品、玩具、教具、动植物等。实物讲述往往是伴随着观察进行的，在观察中或观察后，要求儿童将实物的基本特征、用途、使用方法等多方面的内容清楚地描述出来。实物讲述要注意与科学活动区分开来，与科学活动相比，实物讲述更侧重于描述、倾听等语言方面的目标，可在三个年龄班开展。

二、学前儿童讲述活动的注意要点

（一）创设儿童敢说、想说的语言环境

《纲要》在儿童的语言发展方面指出，要“创造一个自由、宽松的语言交往环境，养成幼儿注意倾听的习惯，发展语言理解力，鼓励儿童大胆、清楚地表达自己的想法和感受”。儿童的语言能力是在运用的过程中发展起来的。因此，在讲述活动中，教师要创设一个能使学前儿童想说、敢说、喜欢说、有机会说，并能得到积极应答的环境。

（二）要有推动儿童表达的支持性策略

支持性的策略包括前面讲到的提问策略，还有设计、指导、评价等方面的策略，所有的策略都应以儿童年龄特点为出发点来考虑。

1. 在丰富多彩的活动中扩展儿童的讲述经验

讲述活动形式多样，教师要创设丰富多彩的活动，让学前儿童在具体情境中体验、发现讲述的快乐；鼓励学前儿童在游戏过程中建构讲述的经验，让儿童在游戏中去体验、纠正、提高，在活动过程中还可以介入多种载体，如多媒体、音乐等，可以实施多种组

织形式，如师幼互动、同伴互动等。这些都可以提高活动的趣味性和新颖性，从而扩展、丰富学前儿童的讲述经验。

2. 在教师的指导评价中提升学前儿童的讲述经验

（1）教师的指导评价要有针对性

教师要指导儿童使用正确的语言内容和形式，有中心、有顺序、有重点地进行讲述。其中，有中心指的是讲述不跑题；有顺序则要求儿童按逻辑规律组织表达自己的口语语言；有重点指的是教师要求儿童在讲述活动中要抓住事件或物体的主要特征，传递最重要的信息。

（2）教师的示范是提升儿童语言表达能力的重要途径

教师的示范作用主要表现在教师的指导和评价要以故事性语言润色，以此提升累积儿童的语言经验。讲述注重培养儿童的想象、表达能力，因此自主观察表达很重要。自主表达的基础是儿童的语言经验，没有经验，想提升表达水平是很困难的。因此，每一次儿童回答或自主讲述后都应有教师的指导和评价。这些指导或评价以优美的语言，将儿童的答案和画面内容结合进行语言的提升，在帮助儿童理解画面的同时潜移默化地让儿童感受优美的词句，提高语言能力，这也是教师的一种示范作用。

三、幼儿园讲述活动的设计与组织指导

（一）确立活动目标

讲述活动是以儿童表述行为为主的教学活动，其目标按年龄阶段主要包括以下几点：

小班

（1）能有兴趣地运用各种感官，按照要求去感知讲述内容。

（2）理解内容简单、特征鲜明的实物、图片或主要事件。

（3）愿意在集体面前讲述。

（4）能正确地说出讲述内容的主要特征或主要事件。

（5）能安静地听老师或同伴讲述，并用眼睛注视讲述者。

中班

（1）养成先仔细观察，后表达讲述的习惯。

（2）逐步学会理解图片和情景中展示的事件顺序。

（3）能主动地在集体面前讲述，声音响亮，句式完整。

（4）学习按照一定的顺序讲述实物、图片和情景的内容。

（5）能积极倾听别人的讲述内容，发现异同，并从中学习好的讲述方法。

大班

（1）通过观察、理解图片与情景中蕴涵的主要人物关系和思想感情倾向。

（2）能有重点地讲述实物、图片和情景，突出讲述的中心内容。

(3) 在集体面前讲话态度自然大方，能根据场合的需要调节讲述的音量和语速。

(4) 讲述时语言表达流畅，没有明显的停顿现象，用词用句较为准确。

(二) 活动内容的选择

在选择讲述活动的内容时，教师应注意以下几个方面：

1. 内容选择全面、多向

讲述活动应努力拓展内容选择的范围，从生活以及儿童喜闻乐见的事情中吸取有用的部分，这些都可作为讲述的内容。教师还可以自己绘制图片或与儿童一起绘制图片，将这些作品作为讲述的内容。

2. 内容的选择要符合讲述活动的特点

讲述活动的语言是独白言语，要求有较正式的语境。对于儿童来讲，独白言语刚刚开始形成，发展水平还很低，尤其是在幼儿初期。因此，教师所选择的讲述内容篇幅不能过长，情节不能过于复杂，教师不能将复杂的图书作为儿童讲述的内容。此外，所选的内容还要适于独白言语讲述。

3. 内容的选择要符合儿童的身心发展特点

内容的选择要符合儿童的身心发展特点，尤其要考虑到儿童知识经验和言语经验的局限性。在选择讲述活动的内容时应注意以下几个方面：

(1) 看图讲述的图片篇幅要大，色彩鲜明协调；人物形象鲜明、突出，背景情节不宜过于复杂；图片的数量最多不超过 5 张；图片的内容要积极、健康，有助于对儿童进行品德和知识教育。

(2) 生活经验讲述所选的内容应是儿童生活范围内熟悉、感兴趣的，每次讲述只涉及一个特定的问题，主题具体，贴近儿童生活。

(3) 情境表演讲述要注意人物不要太多，情节不要太复杂，表演的时间不要过长。

(三) 讲述活动设计与实施的结构及步骤

讲述活动的类型虽然多种多样，但由于它们拥有共同的特点，因此在设计和组织时必然存在一个相对固定的结构，遵循着一个稳定的规律。讲述活动的结构包括以下几个步骤：

1. 感知理解讲述对象

感知理解讲述对象，主要是通过观察的途径进行，教师在这一步骤中应重点指导儿童观察、感知理解讲述对象，依据讲述类型的特点说明讲述对象，以便为儿童的讲述活动奠定认识的基础。每一次活动的目标要求是不一样的，有时要求儿童学习有中心、有重点地讲，有时要求有顺序地讲。教师应根据活动的具体要求指导儿童观察，例如，叙事性讲述应重点感知、理解事件发生的过程顺序以及人物在其中的作用，而描述性讲述应重点观察事物或人物的状态、动作、特征以及像什么等。学前儿童讲述活动的重点在于初步尝试使用具体、生动、形象的词语说话，同时抓住事物的主要特征进行描述。只有从正确的角度把握住讲述对象,才能为讲述做好准备。

2. 运用已有经验自由讲述

在学前儿童对讲述对象有一定的理解后,教师要调动儿童的积极性,让每个儿童都有足够的机会运用已有的言语和知识经验进行讲述。这是儿童自由发挥的阶段,在这个环节活动中,教师要注意两个问题:一是在儿童自由讲述前,教师需要交代清楚讲述的要求,特别要提醒儿童结合讲述对象进行讨论;二是在巡回指导时,不必着急告诉儿童什么,而是要注意倾听,教师要关注不同儿童的个体差异性,既要肯定儿童讲得精彩的地方,又要重点关注能力中等和能力较弱的儿童的讲述。这样的倾听有助于教师了解儿童对讲述对象的感知情况,进而为下一个步骤的顺利开展奠定良好的基础。

3. 学习新的讲述经验

这是每种讲述活动的重点内容,这些新的讲述经验包括以下几个方面:

(1) 讲述的思路

教师在示范新的讲述经验时,很重要的一点就是帮助儿童厘清讲述的思路,从而增强讲述的顺序性和条理性。

(2) 讲述的全面性

在讲述中,教师要帮助儿童认识到讲述的基本要素:人物(动作、对话和内心感受),地点,事件,结果。这些要素都应该引导学前儿童准确地表达出来,力求讲述的全面性。

(3) 讲述的基本方法

这些基本方法包括观察、感知理解讲述对象的哪些部分是重点内容,要多讲;哪些部分是次要内容,可以少讲并且按一定顺序讲述,这种顺序包括从上到下、从左到右、从大到小、从近到远、从表面到本质的描述。所有这些讲述方法都有助于儿童清楚、有条理地进行讲述,从而不断提高儿童的口语表达能力。

4. 集中倾听

在儿童学习了新的讲述经验后,需要再次分组讲述,每组推荐一名儿童在集体面前讲述,其他儿童认真倾听。这个阶段是儿童再学习的阶段,它不仅要求儿童能认真倾听他人的讲述,还能让儿童去评价同伴的讲述活动,从而与自己的讲述内容进行比较,发现别人与自己的不同之处,并且学会有选择地借鉴、学习。在此阶段,教师要做好以下的指导:一是在儿童分组讲述时认真倾听他们的讲述,关注儿童的个体差异性并因材施教,对讲得好的儿童给予肯定,并帮助讲得不好的儿童分析其不足之处,鼓励那些胆小的儿童大胆讲述;二是在少数儿童讲述完后给予具体、详细的评价,这样可以帮助儿童对自己的讲述做出正确的判断,并学习他人的长处。

5. 巩固并迁移新的讲述经验

在讲述活动中,仅仅会讲述图片提供的内容是不够的,还需要为儿童提供实际操练新经验的机会,以利于他们更好地获得这些知识。因此,讲述活动的最后一个步骤是巩固和迁移新的讲述经验。这个阶段既可以放在基本活动中,也可以放在延伸活动中进行，其主要目的是提供练习机会，帮助儿童巩固新的讲述经验，并练习他人精彩的讲述部分。教师的指导主要在于两点：一是理解每位儿童的讲述水平和进步情况；二是帮助儿童迁移新的讲述经验。

巩固和迁移新的讲述经验有以下具体做法：① 由 A 及 B。当学前儿童学习了一种新的讲述经验后，教师立即提供同类不同内容的机会，让儿童用讲 A 的思路去讲述新的学习经验 B。例如，儿童学习讲述荷花的特点之后，教师让儿童用同样的思路讲述梅花的特点，从而帮助儿童掌握所学的讲述经验。② 由 A 及 A。在教师示范新的讲述经验并帮助儿童厘清思路后，让儿童尝试用新的讲述方式来讲同一件事、同一情景。例如，儿童对“欢乐的动物园”这个主题进行讲述时，可以先对动物园里的动物进行外貌特征的描述，然后采用新的讲述方式，如在角色扮演游戏活动中再对动物的行为特征进行讲述。值得注意的是，教师应要求儿童创造性地运用新的讲述经验，尽可能地避免绝对模仿和复述别人的话。③ 由 A 及 A1，即教师在原讲述内容的基础上，提供一个扩展或延伸原内容的讲述机会。例如，学习讲述“我爱吃的水果”思路后，教师组织儿童开展区域活动，可以是制作水果沙拉或者水果画创作，然后对这些新的延伸活动进行创新性的讲述。

讲述活动案例分析

看图讲述活动：有趣的尾巴（小班）

（重庆长寿区示范幼儿园　向晓梅）

一、活动目标

（1）认识各种动物的尾巴，学会运用连贯、流畅的语言进行描述。

（2）结合已有的经验续编故事，发展想象力和创造力。

（3）萌发对小动物的好奇与热爱之情。

二、活动准备

（1）故事背景图，录音磁带，动物头饰，动物的贴绒教具。

（2）在生活中幼儿已经认识部分动物的尾巴。

三、活动过程

1. 理解故事的大概内容

（1）教师出示大背景图，引导幼儿观察画面所在的地点（大森林）和画面中的角色（松鼠妈妈和小松鼠）。

（2）松鼠妈妈和小松鼠看见了小鱼，小鱼是怎样在水里游来游去的呢？

（3）教师借助贴绒教具，完整讲述故事，通过 4 个问题帮助幼儿深入理解故事的内容。

① 故事里出现了哪些动物？

② 马大哥的尾巴为什么甩个不停？

③ 蜜蜂的尾巴为什么像把尖刀？

④ 小松鼠的尾巴有什么样的作用？

(4) 教师引导幼儿再次欣赏配乐故事，并提出问题：你觉得小鱼、大马、蜜蜂、猴哥、松鼠的尾巴都有什么用途？为什么？（鼓励幼儿自由讨论并产生自我保护的意识）

2. 表演故事

幼儿扮演小动物表演，教师鼓励幼儿重点表现出角色的动作及神态。

3. 续编故事

(1) 教师启发幼儿思考：还有哪些动物是有尾巴的呢？它们的尾巴又有哪些功能？（如壁虎的尾巴可以逃生、孔雀的尾巴能吸引异性等）

(2) 鼓励幼儿把自己想象、创编的情节续编到故事中去。

(3) 引导幼儿自由组合，把续编的故事随着音乐讲给大家听。

四、活动延伸

在科学角中探索动物尾巴的奥秘。

附：《尾巴的功能》故事提要

松鼠妈妈带着小松鼠去猴大伯家做客。路过小河，小松鼠看见小鱼在水里玩耍，便问："妈妈，小鱼在水里怎么会游来游去呀？"妈妈说："这是它尾巴起的作用呀。"走过草地，看见大马在草地上吃草，尾巴还摆来摆去的，小松鼠问："妈妈，马大哥的尾巴为什么甩个不停呢？"妈妈说："这是它在用尾巴赶走身上的苍蝇呀！"走过花丛，看见蜜蜂在匆匆忙忙地采蜜，小松鼠问："妈妈，蜜蜂兄弟的尾巴怎么像把尖刀？"妈妈说："是呀，如果谁欺负它，它就用这把尖刀来保护自己。"来到树林，听到"欢迎、欢迎"的声音，小松鼠抬头一看，猴哥、猴姐用尾巴吊在树上，正向他们打招呼呢！小松鼠想了想，问妈妈："小鱼、大马、蜜蜂、猴哥的尾巴这么有用，那我们的尾巴有什么用呢？"妈妈说："我们靠尾巴保持身体的平衡，睡觉时用尾巴当枕头或被子。"小松鼠摸着自己毛茸茸的大尾巴高兴地笑了，原来，不同动物的尾巴都有各自的功能呢！

生活经验讲述：有趣的线条（中班）

（甘肃酒泉市机关幼儿园　孙玉琴）

一、活动目标

(1) 对简单线条进行多方位、多角度的观察，根据线条图进行简单的情节讲述。

(2) 进行大胆丰富的想象，发展完整表达的语言能力。

(3) 萌发积极、主动参与活动的兴趣。

二、活动准备

(1) 实物绳若干，(2) 幼儿有过跳绳、玩绳子的经验

三、活动过程

1. 感知理解讲述对象

教师介绍绳子的玩法，示范性在地上扔出一根绳子，让幼儿根据绳子扔出的图形一

起想象这个图形像什么。

2. 运用已有的经验进行讲述

(1) 幼儿自由操作绳子，根据绳子不同的形状进行初步想象，教师指导幼儿从不同的方位、不同的角度去发现绳子的变化。

(2) 教师操作绳子，将幼儿的已有发现进行归纳、总结。

教师提问：我的绳子变成了什么？你是从哪儿看出来的？

教师小结：我们每个小朋友虽然看到的是同一根绳子，但是却可以把它想象成许多和别人不一样的东西，而且在不同地方看到的东西和别人也不一样。

3. 引进新的讲述经验

(1) 教师和幼儿共同玩绳，引导幼儿将两根绳子组成的形象编成一个小故事。

(2) 请两名小朋友各持一根绳子，各组成一个造型，教师启发幼儿进行想象，编出简单情节的故事。

4. 巩固迁移新的讲述经验

幼儿分组合作玩绳子，并将不同绳子的形象进行创编，教师重点指导，鼓励幼儿用完整、优美的语言进行讲述。

四、活动延伸

在体育活动中，教师引导幼儿积极思考绳子还有什么玩法？

情景讲述：小猫捞球（中班）

（云南大理州巍山县文献幼儿园　王艳琴）

一、活动目标

(1) 理解表演中角色的动作与情节之间的关系。

(2) 尝试连贯地讲述小猫和小狗打羽毛球的过程。

(3) 养成安静倾听、认真观看表演的习惯。

二、活动准备

(1) 排练好情景表演“小球回来啦”。

(2) 为每位幼儿准备一个狗或猫的头饰（或胸饰），放在座位下。

(3) 羽毛球一个，球拍两副；猫、狗、球的小图片若干。

三、活动过程

1. 引导幼儿观看表演，感知理解讲述对象

(1) 引导幼儿认识场景：草地、小河，认识角色：小猫、小狗，引出主题。

(2) 在观看表演前提出要求：看表演时要安静，看一看、想一想，小猫和小狗在小河边干什么？打羽毛球时发生了什么事情？

(3) 幼儿与教师共同观看一遍完整的表演。

(4) 帮助幼儿感知故事的主要信息，教师可以这样来提问：谁和谁？在小河边干什么？打着打着，突然发生了什么事？

(5) 反复欣赏“小狗不小心将球打入小河里……”这段内容，引导幼儿用连续动词的句式讲述出“小猫如何帮小狗捞球的”，如：“小猫到小河边，抓住小河边的一棵小树，再把身体探下去……”(根据幼儿回答教师用图片总结)

2. 边看视频边自由结伴讲述

(1) 引导幼儿欣赏视频故事，一边讲述。

(2) 教师来到幼儿身边，重点引导幼儿讲述小猫帮小狗捞球的过程，丰富幼儿的词汇。

(3) 请两位幼儿到前面进行讲述。教师运用小图片，将幼儿的讲述思路表现出来。

3. 运用比较理解讲述的思路

(1) 教师指图，引导幼儿发现两位幼儿的讲述思路中相同与不相同的地方：谁和谁，到哪里去打羽毛球？谁不小心将球打到河里去啦？谁又帮谁把球捞了起来？用什么办法捞球的？

(2) 教师指图，让幼儿完整地讲述“小球回来啦”。

4. 运用自己表演，迁移讲述思路

幼儿每人从座位下拿出头饰(或胸饰)认清自己扮演的角色，然后戴在头上，边表演边讲述“小球回来啦”，教师手指图示，引导幼儿按新的讲述思路进行讲述。

四、活动延伸

在区域游戏中，通过角色扮演的方式再现故事情景。

第四节　学前儿童文学教育活动

儿童文学作品是指专门为儿童创作的，与0～6岁儿童心理发展水平、接受能力和阅读能力相适应的各类文学作品的总称。儿童文学特别要求通俗易懂、生动活泼，体裁有儿歌、儿童诗、童话、寓言、儿童故事、儿童小说、儿童散文、儿童曲艺、儿童戏剧、儿童影视和儿童科学文艺等。儿童文学作品具有形象性、趣味性、故事性、教育性等特点。

学前儿童文学教育活动是以儿童文学作品为基本教育内容而设计组织的语言教育活动类型。这类活动是从一个具体的文学作品教学入手，围绕该作品展开一系列相关的活动，帮助儿童理解文学作品所展开的丰富而有趣的生活，体会语言艺术的美，为儿童提供全面的语言学习机会。文学教育是学前教育机构语言教育的重要方面，以学前儿童文学作品为基本教育内容而进行的文学教育活动，也是学前机构语言教育活动一种不可缺少的类型。

一、学前儿童文学作品的价值

(一) 有助于培养儿童的美感

儿童文学的美学特征决定了儿童文学对于培养儿童美感、提高儿童审美能力具有重要作用。儿童文学是充分考虑到儿童的理解能力和审美需要的文学，它具有儿童乐于体验、能够接受的审美情趣，呈现出其他文学作品所不具有的清晰、明确、温和、美丽，从而可以让儿童得到纯正的美学观念的熏陶，进而陶冶情操，丰富情感，培养健康的审美观念。

（二）有助于完善儿童的人格

儿童时期是身心迅速发展的关键期，也是人格塑造的重要阶段。儿童文学理所当然担当着完善、塑造儿童人格的使命。儿童文学对于完善人格的作用，大致是通过宣泄和补偿情感两种方式来实现的。所谓宣泄，也即“清除”，即将人内心的某些不良情感（如自卑、自私、嫉妒、吝啬、懦弱等）清洗掉，以保持心灵的明澈和个性的高尚。所谓补偿，是指文学作品在陶冶情感方面具有的替代性满足。优秀的儿童文学作品总是善于以细腻的笔调来展示人与人、人与世界之间的诗意之美，从而给儿童以强烈的情感体验。

（三）有助于儿童语言的发展

2001 年 9 月教育部颁发的《幼儿园教育指导纲要（试行）》明确指出：“引导幼儿接触优秀的儿童文学作品，使之感受到语言的丰富和优美，并通过多种活动帮助幼儿加深对作品的体验和理解。”由此可见，儿童文学为儿童提供了体会丰富多彩的语言现象和语言运用的机会，也为儿童提供了最佳的接受语言、理解语言的心理感受环境。儿童文学的语言不仅准确规范、简洁明快，而且富有表现力又充满童趣，为儿童打开了一个丰厚的语言宝库，儿童从中学到大量的词汇、语法规则、修辞手法以及多种多样的表达方式，从而逐步提高他们驾驭语言的能力，也为培养他们的母语意识打下基础。儿童通过欣赏和阅读儿童文学作品，可以极大地丰富他们的词汇库，可以将熟悉的作品语言运用于口语之中，也为他们日后由口语转向书面语的学习打下基础。如：儿歌可以帮助儿童学习正确的发音，掌握新词语，把握概念和认识事物，增进语言表达的连贯性和发展逻辑思维；儿童诗有助于丰富儿童的词汇，提高他们鉴赏语言和恰当表达情感的能力；童话和故事可以让儿童在进行复述练习的同时，逐步感受和进入一种成熟的语言状态，等等。

二、学前儿童文学作品活动的特征

（一）围绕文学作品展开学习活动

儿童文学是儿童学习语言最好的材料，也是儿童语言能力锻炼的最佳园地。文学作品是语言艺术的结晶，每一个具体的儿歌或故事都含有丰富而独特的语言信息。学习和理解文学作品是儿童在活动中的首要任务。文学作品呈现的是书面的语言信息，儿童需要有一个中介方式将书面语言信息转化为口头语言信息，需要通过聆听、诵读、阅读图画以及观看动画等方式接受理解文学作品所传递出的信息。因此，任何一个文学活动都必须从文学教育入手，围绕一个具体的作品开展活动，让儿童完全理解文学作品涵载的丰富有趣的信息。

（二）包含感受、理解与表现的审美目标

儿童文学具有儿童乐于体验的审美情趣，它在培养儿童美感、提高其审美能力方面有着重要的作用。文学作品作为艺术品，首要的是审美价值，其次才是其他的认识价值和娱乐价值等。文学作品学习活动的主要目标应是培养儿童审美能力和文学理解能力、想象力，而不仅仅是达成知识和道德的教育目标。文学作品学习活动是一个包含感受美、理解美、表现美，以及表达自己对文学作品的理解和想象的系列多层次审美教育活动。

（三）整合相关的学习内容

由于学前儿童的生活经验、知识经验有限，因此在开展幼儿园的文学活动时，需要从文学作品教学出发，再整合相关的其他学科内容，使得儿童有更多的机会认识某一个文学作品中表现的社会与自然生活，促进他们对作品的感知理解。整合课程状态下的文学教育活动除了需要在语言教育领域活动中渗透外，还需要对不同类型的语言活动进行整合。例如，以“给你一封信”为材料的文学欣赏活动，在帮助儿童理解作品的基础上，可以请儿童说一说：你想给谁一封信？想写什么？最后，教师可以把每个孩子设计的信装订起来.并和儿童一起阅读和讨论这本大家共同制作的图书“我写的信”。这样，文学活动就与早期阅读活动自然地整合在了一起。

（四）提供多种与文学作品相互作用的途径

儿童的发展是儿童自身的操作活动与外界环境相互作用而建构起来的。儿童的语言发展，也是通过个体与外界环境中各种语言和非语言信息交互作用逐步实现的。幼儿园的文学活动，应当着重引导儿童积极地与文学作品相互作用，通过多种操作途径让儿童得到发展。用活动的形式来组织儿童文学作品教学过程，需要调动学前儿童的视觉、听觉、触觉等多种感官参与到活动中，从而达到对文学作品更全面、深刻的理解与感受。

三、学前儿童文学作品活动的目标

儿童文学作品活动是通过欣赏文学作品来学习语言的教育活动。在文学活动中，要求儿童积极参加文学活动、欣赏文学作品，知道文学作品有童话、诗歌和散文等体裁，帮助儿童感受文学作品的语言美，培养他们对艺术语言的敏感性；要求儿童理解文学作品内容，掌握相关的社会认知，学会用语言或非语言的表现方式表达自己对某个文学作品的理解；结合文学作品提供的语言信息，进行创造性想象，并学会用自己的语言表达经验和想象，尝试使用艺术性结构语言。儿童文学作为活动的目标具体表现在以下三个方面：

1. 文学作品的认知目标

（1）丰富作品相关的社会知识；

（2）知道文学作品有童话、诗歌、散文等体裁，了解语言的丰富性和多样性；

(3) 理解文学作品内容，学会标准发音，扩展词汇，了解各种语言句式的表达。

2. 文学作品的情感态度目标

(1) 对书面语言有浓厚的兴趣，喜欢文学作品，积极参加文学活动，乐意欣赏文学作品；

(2) 体验文学作品中人物的真善美，感受文学作品的情感脉络和语言美，发展儿童的艺术想象力和审美能力。

3. 文学作品的技能目标

(1) 学会倾听，提高语言理解能力；

(2) 会说、说好普通话；

(3) 感知文学作品语言和结构的艺术表现特点，能创造性地运用语言，尝试使用艺术性结构语言。

四、学前儿童文学作品内容的选择

学前儿童文学作品是学前儿童语言教育目标的载体，又是学前儿童语言活动的依据。作品选得好，教育目标的实施就有了保证。选择作品内容既要考虑作品的教育功能，又要考虑学前儿童的欣赏趣味和欣赏能力。可用于学前儿童文学教育的作品题材主要有：生活故事、童话、寓言、儿歌、儿童诗、抒情散文以及童话剧等。

学前儿童文学作品所选的内容应具有以下特点：

（一）作品中的形象鲜明生动

心理是脑的机能，是客观现实的反映。由于儿童脑的生理机能尚不成熟，反应机能没有定型，生活见识少，对事物的认识偏于表面和直观，而且学前儿童年龄小，更需要借助事物的形体、色彩、声音去认识外部世界，因此学前儿童文学作品所塑造的形象要活灵活现，不论是人物还是小动物，都要抓住其外部特征，写出其神态和动作。生动形象的描写可以增加作品的艺术感染力和表现力，使作品深受儿童的喜爱，同时可以提高儿童学习的兴趣。

（二）作品结构简单，情节单纯而有趣

由于儿童对事物相互关系的理解往往比较简单，且停留于表面，因此儿童文学作品需要简单化的结构以及单纯、有趣的情节。如深受学前儿童喜欢的绘本《鳄鱼怕怕，牙医怕怕》，讲的是鳄鱼和牙医之间的一场心理较量，用简单、反复的语句刻画了鳄鱼和牙医每时每刻戏剧性的心理变化。故事的开头是：一只鳄鱼患了蛀牙，去看牙医，鳄鱼在心里对自己不停地说："我真的不想看到他，但是我非看不可。"而诊所里的牙医也在想："我真的不想看到他，但是我非看不可。"此刻文本中两个画面虽然对话一模一样，但是心理活动却完全不一样，创设了幽默的阅读氛围，激发了学前儿童阅读的兴趣。

（三）作品的语言浅显易懂、具体生动

儿童文学的叙事性语言是一种充分儿童化的文学口语形式，它以简明为前提、以生

动为根本，其用词通俗明白、语句结构简单，还含有富于情态表现力的对话性语气，因此往往能使作品产生一种将作者和儿童读者置于一个场景中进行直接对话和交流的特殊效果，从而拉近了作者和儿童读者的距离。儿童比较容易理解一些反映事物具体特征的词汇。因此，教师在为儿童选择文学作品时，一定要对作品的用词进行分析。教师可以在不影响作品原意的前提下稍加改动，另外句子也要尽量口语化，多用简单句、主动句、短句。

（四）作品的题材以学前儿童熟悉的生活为主

优秀的文学作品，都是以儿童的眼光去观察生活，以儿童的心理去思考生活，以儿童的语言去表现生活。儿童文学作品要选取儿童所熟悉的生活画面，有声有色地描绘儿童天真烂漫、充满稚气的心理活动和言行举止，把丰富的生活内容和深刻的真理通过最浅显易懂、有趣的形式表现出来，让学前儿童在体验作品乐趣的同时潜移默化地受到感染和教育。

五、学前儿童文学教育活动设计的结构

（一）学习作品内容

这是文学教育活动首要的环节。教师要根据作品的难易程度、本班儿童的实际水平以及活动环境与材料利用的便利与否，采取不同的形式来组织教学。在学习文学作品内容时，教师首先需要运用一定手段，设置一定的情景，引起儿童想急于了解故事的浓厚兴趣，因此，教师的导入方式非常重要。教师常见的导入手段有谈话导入、情境导入、表演导入、音乐导入、操作导入、游戏导入、故事导入、展示教具导入、直接提问导入等。其次，教师需要生动、有感情地讲述文学作品内容。教师要表现出对文学作品极大的兴趣，辅以适当的直观教具，用生动、有感情的语言完整讲述，语言要熟悉而准确，重复讲述的语言要一致，便于儿童完整记忆。教师重复讲述文学作品的方式不应雷同，以免让孩子觉得枯燥而不感兴趣。

（二）理解作品经验

在学习作品内容的基础上，教师还有必要进一步引导儿童去理解和体验作品，尤其是让儿童通过亲身感受去体验作品中所展示的人物的情感历程和心理世界。不管采取何种方式，都必须紧紧围绕着作品内容引导儿童理解与思考。在理解作品的过程中，教师的提问方式非常重要，如故事或诗歌叫什么名字，作品里都有谁，谁对谁说了什么，等等。听完故事或诗歌后，让儿童谈谈听到了什么，教师或家长可以及时了解到儿童能记得和懂得什么、忘记了什么、新增加了什么，这些都是进行进一步提问或欣赏的依据。不同的提问方式包括了引导儿童的感知、理解、想象、情感等心理功能与作品展开全方位的相互作用，可以帮助学前儿童更全面、更深刻地理解文学作品。

（三）迁移作品经验

在帮助儿童深入理解作品的基础上，教师还可以进一步引导儿童迁移作品的经验。

因为文学作品向儿童展示的是建立在儿童生活经验基础上的间接经验。这种间接经验让儿童感到既熟悉又新奇有趣。但是，仅仅让儿童的学习停留在理解这些间接经验上还是不够的，还不能充分地将这些间接经验与儿童的直接经验联系起来。为了让学前儿童更好地迁移作品经验，教师可以设计一些与作品内容相关的辅助活动，通过家园共育、领域渗透、环境创设、区角活动、游戏等方式，使学前儿童充分感受到渗透在一日生活中的文学作品，使文学作品的教育目的能够更好地实现。

（四）创造性想象和语言表述

教师可以进一步创设条件，让儿童扩展自己的想象，并创造性地运用语言去表达自己的认识与想象。创造性想象和语言表述仍然立足于已学的文学作品内容的基础上进行，在这一层次的活动中，教师可以让儿童学习续编故事，也可以让儿童仿编诗歌，还可以让儿童围绕文学作品内容想象讲述。创造性想象和语言表述主要可以从以下三个方面着手培养：

1. 指导儿童艺术地再现文学作品

再现文学作品的方式有多种：复述、朗诵、表演、用音乐或美术手段再现其思想内涵和情感氛围等。

2. 指导儿童学习仿编文学作品

仿编活动是深受儿童喜爱的语言活动形式。它可以使儿童的思维、语言、情感、观察、感受美、表现美等多方面的能力和创造性获得发展。儿童先感知和理解作品中一句话或一段话的结构特点，然后凭借想象构思出新的内容，再借用原作品的结构，通过换一个词或几个词，甚至换几个句子的方式完成仿编活动。通过文学作品仿编活动，教师可以引导儿童理解语言结构形式与语言内容的关系，即不同的思想内容可以通过同一种语言结构表达出来；同时，教师还可以鼓励儿童大胆想象，创造性地进行词语的搭配组合，表达丰富多彩的思想内容。儿童可以从自己仿编的作品里体验到成功所带来的快乐，提高自信心，在练习用词造句、联句成段等组织语言的能力提高之余，也大大增加了语言学习的兴趣。

3. 指导儿童创编文学作品

在大量感知文学作品以及仿编文学作品的基础上，教师可以鼓励儿童进行文学创编活动。最初的文学创编活动往往需要图画及教师语言的帮助。教师可以请儿童根据故事开头所提供的线索，展开丰富的想象继续编构故事，从而编出一定的故事情节。在指导儿童创编文学作品时，教师既可以让儿童编出一句或一个段落，也可以视儿童的能力鼓励他们编出完整的文学作品。

文学欣赏活动案例

文学欣赏活动：下雪了（小班）

（杭州幼儿师范学院附属幼儿园　徐璐珊）

一、活动目标

（1）了解雪花的基本特征。

（2）认真倾听故事，能够学说故事中角色的对话。

（3）萌发对雪的喜爱之情和对大自然的热爱之情。

二、活动准备

（1）故事背景图及动物、人物角色图片，问号标志五个。

（2）自制PPT课件。

（3）故事中动物人物挂饰。

（4）幼儿对下雪天有过初步感受。

三、活动过程

1. 通过提问，激发幼儿听故事的兴趣

小朋友们好，谁能告诉老师现在是什么季节呀？（冬天）那讲到冬天你们会想到什么呀？冬天的感觉是什么样的呢？今天呀，冬爷爷给我们带来了一个好听的故事，让我们一起来听听吧！

2. 帮助幼儿理解故事内容

（1）教师口述讲述故事，在讲述故事的过程中根据故事内容出示背景图和五个问号（第一遍故事不讲小朋友出来的部分）。

提问：故事的题目是什么？故事中出现了哪些小动物（幼儿回答后用动物的图片代替问号）？小狗说天上下的是什么？小猫说天上下的是什么？老母鸡又是怎么说的呢？那你觉得天上下的是什么？小朋友，我们再来听一遍故事，请你仔细听听小动物们到底是怎么说的。

（2）边看PPT课件边听教师讲故事。到有角色说话的地方就暂停，请3～4个幼儿复述刚刚小动物说的话（小花狗从屋里跑出来说了什么等）。那让我们来听听小男孩和小姑娘是怎么说的。请3～4个幼儿复述小姑娘和小男孩说的话。

（3）教师再一次根据背景图和角色图片讲述故事内容。请幼儿边听边和教师一起讲述故事中的对话。请幼儿说说你听到的故事中的雪花是怎么样的。教师对雪花的基本特征进行小结。

3. 情景表演

发放挂饰，教师讲述故事中的旁白部分，请幼儿上台表演故事中角色的对白（角色有小花狗、小花猫、老母鸡、小男孩、小姑娘，请3～4组幼儿上台表演）。

4. 引导幼儿体会对雪花、对大自然的喜爱之情小朋友，你们喜欢下雪吗？下雪天可以干什么呢？你想和谁一起去做这些事呢？那下次下雪的时候就请小朋友和自己的好朋友，或者爸爸妈妈、爷爷奶奶一起去做自己想做的事吧！

四、活动延伸

在美术活动中，引导幼儿大胆创作“雪”的相关作品。

附：《雪花》故事提要

一片、两片、三片……一片片白花花的东西从天上飘下来。这白花花的东西飘呀，飘呀，不一会儿工夫，大树上、屋顶上、大地上，都盖上了一层白色。小黄狗从屋里跑出来，点点头说：“汪汪汪，下糖啦，下糖啦，大家快来看呀！”小花猫从屋子里跑出来，摇了摇尾巴说：“喵喵喵，下盐啦，下盐啦，大家快来看呀！”小黄狗说：“汪汪汪，不是盐，是糖！”小花猫说：“喵喵喵，不是糖，是盐！”

说着说着，小花猫和小黄狗就“喵喵喵”“汪汪汪”地争吵起来了。小花猫说是盐，小黄狗说是糖。老母鸡听见了，就一步一步地走过来，拍拍翅膀说：“咕咕咕，你说是盐，他说是糖。是盐？是糖？让我尝一尝。”老母鸡说着，就用嘴一啄一啄……从地上啄了些白花花的东西尝了尝，睁圆了眼睛，伸了伸脖子说：“咕咕咕，不是盐，不是糖，不咸也不甜，吃在嘴里冰冰凉！”这时候，一个小男孩和一个小女孩从屋里走出来，他们都穿着棉衣，戴着绒帽子，穿着棉鞋。他们手拉手地跑到院子里，乐呵呵地对小黄狗、小花猫和老母鸡说：“雪下得这么厚了，我们大家来堆雪人呀！”

文学欣赏活动：巴喳——巴喳（中班）

（上海乌鲁木齐南路幼儿园　龚　敏）

一、活动目标

(1) 欣赏儿歌，理解儿歌所表达的意境。

(2) 大胆想象，体验想象所带来的快乐。

(2) 感受诗歌的语言美、节奏美。

二、活动准备

(1) 在白板上呈现森林场景。

(2) 小动物胸卡：小兔、小鸟、田鼠、小松鼠、蛇、青蛙、小鹿等。

(3) 一段合适的音乐。

(4) 幼儿对不同动物的典型特征有初步的了解。

三、活动过程

1. 感受意境，产生联想

(1) 教师播放音乐，引导幼儿感受音乐和意境。

(2) 幼儿根据想象，在音乐声中自由扮演森林里的各种动物。

(3) 音乐戛然而止，“巴喳——巴喳——”的声音突然响起。教师观察幼儿的表情，鼓励幼儿推测发生了什么事情。

2. 分层欣赏，理解表现

(1) 引出诗歌，配上音乐，教师完整朗诵诗歌《巴喳——巴喳》。

(2) 鼓励幼儿展开联想，引导幼儿根据诗歌中间四句提供的线索推测相应的动物。

(3) 组织幼儿表演游戏，帮助幼儿理解诗歌中的动词所代表的意思。

3. 延续推测，表达情感

教师引导幼儿仔细观察白板上的森林场景，鼓励幼儿大胆猜测不同的眼睛所代表的是什么动物，进而为诗歌仿编埋下伏笔。

四、活动延伸

家园合作，鼓励幼儿与家长进行角色扮演活动。

附：诗歌《巴喳——巴喳》

穿上大皮靴，走在林子里。巴喳——巴喳——
"吱吱"听见了，一下窜上了松树，
"蹦蹦" 听见了，一下钻进了密林。
"叽叽"嘟一下飞进绿林中，
"沙沙"哧一下溜进了黑洞。
全都悄没声儿地蹲在看不见的地方，
目不转睛地看着"巴喳——巴喳"越走越远。

第五节　学前儿童听说游戏活动

学前儿童听说游戏是用游戏的方式组织儿童进行的语言教育活动，含有较多的规则游戏的成分，其活动目标是培养儿童的倾听和表述能力，活动内容主要集中在听和说的理解和表达方面。

一、游戏与听说游戏

游戏这个名词，有多种定义和分类方法，在英文里原有 play(游戏)和 game(规则游戏)两个不同的概念。广义的游戏(play)，包含了角色游戏、结构游戏、表演游戏和规则游戏等，狭义的游戏则将规则游戏(game)排除在外。根据美国游戏研究专家诺伊曼(Neuman，1975)的观点，游戏与活动的基本区别主要有以下几点：

(1) 控制。活动由外部控制，游戏由内部控制。

(2) 真实。活动具有真实的特点，而游戏在很大程度上是假想的现实，游戏中的人、事、语言均有假扮转换的可能，如将木棍当成枪，或扮演动物、父亲、母亲的角色等。

(3) 动机。活动是由外部动机产生的，是教师组织安排儿童参加的，而游戏则有明显的内部动机，由儿童自发地开展和参与。

对照诺伊曼的游戏特征论述，我们发现，听说游戏是一种半活动、半游戏的教育活动形式。但是毫无疑问，听说游戏的教育活动提供了由外部控制转向内部控制、由真实转向假想的情景条件，也提供了儿童在活动中由外部动机激发转换为内部动机的机会。听说游戏是用游戏的方式组织儿童进行的语言教育活动，含有较多的规则游戏的成分，能够较好地吸引儿童参与到语言学习的活动中去，并在积极、愉快的活动中完成语言学习的任务。听说游戏的教育目标以培养儿童倾听和表述能力为主，活动内容主要集中在儿童听和说的理解和表达方面。

二、听说游戏与语言游戏

听说游戏不是语言游戏，而是语言教学的游戏。所谓语言游戏，有一种相对固定的概念，是指儿童在语言发展过程中自发地玩弄和操练语音、语词的一种现象。例如：6～7个月的婴儿，吃饱睡足后，独自躺在床上，感到舒服愉快，嘴里发出一连串的音节"a — ba — bo — a — bagu — bei — bigu"。这些口头语言游戏带有明显的自发言语的特点，具有玩弄操练口语的性质，并且是无意义的、非具体指向性的语言活动。这种语言现象很大程度上带有自娱的意味。

相形之下，听说游戏由教师设计组织，有明确的语言学习指向目标，以及明确的语义内容，因而与上述的语言游戏有很大差别，只能将它称为语言教学游戏。在区分了听说游戏与其他游戏的差别之后，我们可以认为，听说游戏是为培养儿童倾听和表述能力而专门设计的、用游戏的形式组织的语言教育活动。

三、听说游戏的主要特点

（一）在游戏中包含着语言教育目标

每一个听说游戏都包含对儿童语言学习的具体要求。教师通过对听说游戏活动的设计和组织，将近阶段根据儿童语言发展水平和语言学习需要所提出的语言教育教学任务，落实到每一位儿童接受理解和尝试掌握的教育过程中去。在听说游戏中包含的语言教育目标有一定的特殊之处。

1. 听说游戏包含的语言教育目标具有具体的特点

一般而言，听说游戏对儿童提出的语言学习要求非常具体，给人单一和细微的感觉。例如：小班儿童 zh、ch、sh 和 z、c、s 的发音经常混淆，教师用听说游戏的方式来帮助儿童学习正确发音，这种活动便将发准 zh、ch、sh 三种卷舌音作为具体的目标任务。但它仍然能够对儿童的语言学习产生多方位的影响。因为在儿童参与听说游戏，学说 zh、ch、sh 的过程中，他们需要听懂教师的要求，需要想象自己扮演的动物角色，需要理解别人的语言和动作，以跟得上游戏的进程，需要按照游戏的规则说话行动。可以说，在儿童参与听说游戏的过程中，他们的语言理解和表达能力获得了多方面锻炼的机会。因此，在听说游戏中包含的单一而具体的语言教育目标，实质上对儿童语言能力有多方面的培养提高的作用。

2. 听说游戏包含的语言教育目标具有练习的特点

听说游戏往往不对儿童提出某个新的语言学习任务，更多的是根据近阶段儿童语言学习的重点需求设计游戏活动，让儿童在游戏中复习和巩固已学的语言内容，掌握一定的语言知识，真正获得这一方面的语言运用能力。以小班儿童有关 zh、ch、sh 发音的听说游戏为例，这种游戏的进行与儿童该阶段语言发展水平以及语言学习需要有关，也与对儿童普通话学习要求有关。显而易见，如果在 2 岁的托儿班进行 zh、ch、sh 的听说游戏，由于婴儿尚未对 z、c、s 和 zh、ch、sh 音的区别产生敏感性，他们无法参与这样的游戏；而在大班开展此游戏，因大班儿童已经基本掌握了 zh、ch、sh 的卷舌发音规则，所以也不需要。只有小班儿童正处于对这几种音敏感的时期，又处于学习发卷舌音的阶段，开展有关的听说游戏便给他们提供了练习的机会，让他们在生动活泼的游戏活动中复习和巩固已学内容，真正掌握如何正确发出 zh、ch、sh 卷舌音的方法。

3. 听说游戏包含的语言教育目标具有含蓄的特点

其他的语言教育活动，一般都开宗明义，将学习任务直接呈现在儿童面前，而听说游戏则将教育目标贯彻在游戏活动之中，让儿童边玩边说，不知不觉地完成学习任务，达到本次教育活动的要求，这是听说游戏独有的优势。因此，听说游戏是一种其他语言教育活动所不能替代的活动形式。

（二）将语言学习的重点内容转化为游戏规则

凡是听说游戏，都带有一定的游戏规则。听说游戏中的规则并不是凭空制定的，而是教师在设计听说游戏时，根据具体的语言教育目标，选择适当的语言学习内容，并将本次活动的语言学习重点转化为一定的游戏规则。当儿童参与听说游戏时，他们必须遵守一定的游戏规则，按照规则进行游戏，就在这样的活动中练习了儿童的听说能力。

例如：大班听说游戏“金锁银锁”，以对答的形式帮助儿童学习用简短而有节奏的词语形容和描绘一种事物。教师制定的游戏规则是，全体儿童手拉手围成一圈做锁，先念儿歌：“金锁锁，银锁锁，两把钥匙一把锁，咔嚓咔嚓把它锁，小朋友快点来开锁。”两名儿童当开锁人，一名在圈内，一名在圈外。儿歌念完时，开锁人停在某处便可指这里的两人问：“这是什么锁？”两人回答：“这是××锁。”接下来，开锁人必须立即根据××锁的特点讲出一句形容的话，并且配上相应的节奏。比如拉手人说“这是苹果锁”，开锁人要说“苹果，苹果，香喷喷”或“苹果，苹果，香又甜”，讲对了锁便打开，交换角色后继续进行游戏。由此可见，教师要求儿童掌握的语言学习重点，蕴藏在游戏的规则之下，通过整个听说游戏活动过程去达到听说学习的目的。

听说游戏活动的游戏规则制定可以从性质上分为以下两种类型：

1. 竞赛性质的游戏规则

游戏中儿童如果听准了、说对了，达到了学习要求便成功到达胜利的彼岸。上面举例所说的“金锁银锁”就属于竞赛性质的游戏规则。当儿童用正确的语言内容和形式说出形容某一事物的话来，锁便打开，自己就可以与别人交换角色，否则便要继续扮演同种角色，重新经历相仿的学习过程。这种竞赛性质的游戏规则在听说游戏中产生激励机制的效应，可以促使儿童更积极主动地投身于游戏活动。

2. 不具有竞赛的性质，但同样能产生激励效应的游戏规则

如小班听说游戏“小白兔吃青草”，教师扮演兔妈妈，带小白兔们到外面去吃青草，儿童边跳边念儿歌：“小白兔，跳跳跳，一跳跳到草地上，吃吃吃，吃青草，吃吃吃，吃个饱。”反复念后，一只大灰狼跑出来大吼一声“大灰狼来了”，扮演小白兔的儿童须纷纷跑到兔妈妈身边蹲下，表示回到家受到了妈妈的保护，否则就会被大灰狼吃掉。这样的听说游戏，可以对儿童产生很大的吸引力。虽然游戏规则看似不直接与儿童说什么有关，但儿童知道念儿歌之后会有大灰狼跳出来，然后追逐逃跑，念儿歌与后面的追逐活动密切连接在一起。因此，游戏规则便激励儿童全身心投入活动，儿童会饶有兴趣地反复玩这个游戏，最后达到语言学习的效果。

（三）在活动过程中逐步扩大游戏的成分

幼儿园听说游戏的活动兼有活动和游戏的双重性质，从活动组织形式上看，具有从活动入手、逐步扩大游戏成分的特征。听说游戏活动带有明确的学习任务。活动开始时，教师需要帮助儿童理解活动的内容，交代游戏的规则，并且示范游戏的玩法。然后，教师带领儿童开展游戏，在儿童熟悉游戏规则、逐步掌握游戏玩法后，再放手让儿童独立进行游戏。应当说，听说游戏活动开始以活动的方式进入，以游戏的方式结束，教师的主导作用在开始时体现得十分鲜明，而后随着儿童熟悉水平的提高而逐渐减小，直至儿童完全自主地进行游戏。听说游戏活动的组织兼有活动和游戏的双重性质，并且在活动过程中出现了逐步扩大游戏成分的现象。实际上，听说游戏存在着以下由活动逐渐向游戏过渡的三种转换。

1. 由外部控制向内部控制转换

听说游戏刚开始时，由教师主导创设游戏情景、交代游戏规则，儿童只被动观察听讲、思考；当他们产生兴趣时，不由自主地跟随教师参与游戏；在掌握规则之后，儿童尝试自己游戏，最终完全主动积极地投入到游戏中去。这一过程实际上是由外部控制转换为内部控制的过程。

2. 由真实情景向假想情景转换

无论教师如何提供游戏的场景，在听说游戏刚开始时，儿童所处的仍然是真实情景。教师向儿童交代活动内容，解释活动规则，甚至示范游戏玩法，此时儿童均以旁观者的身份进行观察思考，所有的一切对他们仍然是真实的环境。随着儿童自己参与游戏，他们开始扮演某一角色，并想象可能有的情节、动作、物品、语言，于是儿童所处的环境便发生了变化，成为假想的情景，听说游戏活动因此发生由真实情景向假想情景的转换。

3. 由外部动机向内部动机转换

与外部控制向内部控制转换密切相关，在听说游戏活动中，同样有外部动机向内部动机转换的过程。儿童刚开始参加听说游戏时，和其他教育活动一样，外部动机决定了他们参与的积极性。然而由于听说游戏活动的特点，儿童在游戏中自主的成分越来越高，他们的主动性、积极性逐渐得以充分发挥。随着对听说游戏规则的掌握和游戏内容方式的熟练，儿童在活动中保持着越来越明显的内部动机。当然，必须说明，儿童能否将外部动机转换为内部动机，很大程度取决于这个听说游戏是否真正具有游戏的特点，是否真正对儿童产生强大的吸引力，儿童自己能否真正地玩起来。否则，在活动中，儿童便无法实现由外部动机向内部动机的转换。反过来说，如果在听说游戏中不能将外部动机转化为儿童的内部动机，那么这种听说游戏便只能称为听说活动，甚至是一种蹩脚的听说活动，因为它不真正具有游戏的价值，也不能发挥听说游戏作为一种特殊的语言教育活动所应发挥的作用。

四、听说游戏的教育目标

在不同的年龄段，听说游戏活动有着不同的目标，主要表现如下：

小班

(1) 乐于参加游戏活动，在游戏中大胆地说话；

(2) 发准某些难发的音，初步掌握方位词及人称代词，学习正确运用动词；

(3) 在游戏中尝试按照规则运用简单句说话；

(4) 养成在集体活动中倾听别人讲话的习惯，能听懂并理解较简单的语言游戏规则。

中班

(1) 在游戏中巩固练习发音，正确运用代词、方位词、副词、动词、连词和介词等；

(2) 能说简单而完整的合成句；

(3) 能听懂并理解多重游戏规则；

(4) 学习迅速地理解并执行游戏中的语言规则。

大班

(1) 在游戏中学习运用反义词、量词和连词等，并能说出完整的合成句；

(2) 养成积极倾听的习惯，迅速地掌握和理解游戏中较复杂的多重指令；

(3) 不断提高儿童倾听的精确程度，准确掌握和传递有细微差别的信息；

(4) 在游戏中按照规则迅速调动个人已有语言经验迅速地进行表达。

听说游戏的语言教育目标具体表现为以下三个方面：

(一) 帮助儿童按一定规则进行口语表达练习

由于听说游戏的特殊性质，这类活动可以帮助儿童按一定规则进行口语表达练习。这里所说的一定规则，主要是指按照语言的规范制定的游戏规则。在儿童参与听说游戏过程中，他们需要自觉地参与规范语言的学习，在执行游戏规则的活动中掌握规范的口语表达能力。听说游戏按照一定规则进行的口语练习，主要包括以下三个方面的子目标。

1. 复习巩固发音

在听说游戏中涵载儿童语音学习的目标，着重在为儿童提供练习发音的机会，以利于儿童复习和巩固他们近期的发音学习。教师可以根据儿童语音学习的以下四种特别需要来组织活动。

(1) 难发音的练习。对于某些近期所学的语音难点，采用听说游戏的方式去运载这些语音要素，可能产生较好的学习效果。幼儿园阶段普通话发音的难点主要有 zh、ch、sh 和 r 等辅音。教师可以根据儿童的实际情况，选取这些声母与一定韵母相结合的音节来帮助儿童学习。

(2) 方言干扰音的练习。一定区域方言都有可能对儿童的普通话学习产生干扰因素，从而影响他们正常的发音。例如：南京方言 l 和 n 不分，an 和 ang 不分，说普通话时往往有可能将南(nan)说成 lan。在听说游戏中，儿童可以有集中和比较学习的机会，练习发准这些受到方言干扰的语音，从而产生对这些语音准确发音的敏感性。

(3) 声调的练习。普通话声调对儿童发音有很重要的意义，因而念准普通话声调也是儿童语音学习的一个部分。用听说游戏运载各种相似音和声调要素，让儿童在辨别中学说，在学说中提高分辨能力，从而掌握准确的声调。

(4) 发声用气的练习。3 岁儿童进入幼儿园时，还有相当一部分人不能很好地掌握说话用气的方法，因此说话时有气喘吁吁的感觉，尤其在表述长句子时，还有上气不接下气的情况。听说游戏的发音练习可把练习用气作为活动的目标内容，培养儿童正确的用气方法，以便讲话时发声更加自然，更趋向于正常。

2. 扩展练习词汇

大量积累词汇、增加口语表达的内容，是学前阶段儿童语言学习的一个重要方面。应该说，儿童的词汇是在日常生活经验的积累过程中逐步迅速地增长起来的，几乎没有一个研究能确切地证明究竟一个孩子每天能习得多少词汇。用听说游戏的活动方式帮助儿童学习词汇，可以有效提高儿童对词汇学习的敏感度。这类集中学习词汇的听说游戏，着重引导儿童积累以下两方面的词汇学习经验。

(1) 同类词组词的经验。听说游戏往往让儿童做同一类词汇的扩词练习，实际上也是向儿童提供某一类词的使用范例，鼓励儿童在听说游戏过程中按照一定的规则去组织扩展。例如，“怎样走”的听说游戏要求儿童用一定的副词描述走的动作，儿童可以说“快快地走”“慢慢地走”“大步地走”“小跑步地走”“一蹦一跳地走”。在学习过程中，儿童可依据规则创造性地运用词汇进行描述练习。

(2) 不同类词搭配的经验。词汇的搭配通常与语言习惯和经验有关，是一种社会约定俗成的表现，但也有一定的规则。例如，量词有明显的搭配规则，到大班阶段，儿童对量词开始产生一定的敏感性，在这个时期给他们提供听说游戏的机会，可以帮助他们很好地掌握一般量词的使用方法。此外还有介词(方位词)的学习等，都可以通过听说游戏的活动产生良好的教育效果。

3. 尝试运用句型

学前阶段儿童在语言学习过程中大量地积累句型，这是他们句法习得和发展的重要阶段。一般而言，学前阶段的儿童将从简单句过渡到合成句水平，学前阶段后期开始进入理解嵌入句的水平。无论是简单句还是合成句等，均有多种类型的句式，要理解掌握并且熟悉运用需要经过一定场合的练习。儿童在日常生活中可能获得运用句法的机会，而听说游戏有意识地帮助儿童练习，让他们通过专门的、集中的学习迅速地把握某一种句法的特点和规律，并使儿童在尝试运用的过程中提高熟练使用的水平。例如，在大班听说游戏“盖楼房”中，儿童通过用“……越来越……”和“……越……越……”的句式学习句型。而且，在游戏中学习句型，有一定的激励机制的存在，儿童可能产生更高的积极性。

（二）在听说游戏中提高儿童积极倾听的水平

听说游戏为儿童提供的是一种不同于其他语言学习的场合，儿童在参与学习时具有更多的主动性和自主性，因而有利于他们积极倾听水平的提高。需要注意的是，在儿童语言学习的活动中，听和说是永远相伴而存在的。以游戏的方式组织的听说游戏活动，对儿童积极倾听能力的提高具有特殊的作用。教师在思考听说游戏的目标时，应对儿童提出以下几点要求：

1. 听懂教师的讲解，理解游戏的规则

教师在听说游戏开始时，总是要向儿童提出一定的要求，接下来“布置”活动的任务，并对任务做出解释，讲解示范游戏的规则。这一过程对儿童的倾听提出了具体要求。能否听懂教师布置的任务、理解游戏的规则，直接影响儿童参与游戏的状态。因此，这一过程对儿童的倾听能力具有一定的挑战性。可以说，这方面能力的培养，将有利于儿童在所有交往场合的倾听水平，甚至对儿童进入小学阶段之后的学习都十分有益。

2. 听懂游戏的指令，把握游戏进程

在游戏过程中，儿童随时需要把握游戏中传出的指令信息，做出相应的反应。例如：在“金锁银锁”中，念完儿歌，即一个指令，要求问“这是什么锁”，开锁人听后立刻予以回答“这是××锁”。所有的指令信息一环套一环，儿童在游戏中必须敏锐地感知，否则将无法进行游戏。恰恰是这样一些要求，促使儿童自觉地、主动地去倾听并捕捉指令信息。

3. 准确把握和传递有细微区别的信息，提高倾听的精确程度

有的听说游戏专门设置倾听的“圈套”，要求儿童辨别某几个相似音的差异，并做出相应的反应，诸如 z、c、s 和 zh、ch、sh 的辨别活动即属于这一类；有的听说游戏要求儿童准确传递信息，错了便会闹出笑话来，如“我这样对你说”的传话游戏。这些活动把倾听要求的重点放在准确把握和传递信息上，可以较好地提高儿童倾听的精确程度，最终对其完整的倾听能力培养产生良好的作用。

（三）培养儿童在语言交往中的机智性和灵活性

作为特殊的语言交往场合，听说游戏对儿童运用语言与人交际有一种特别的挑战，可以使儿童机智、灵活地使用语言的能力得到较好的锻炼。因此，在听说游戏活动中培养儿童语言的机智性和灵活性，是教师在设计和组织这类活动时应考虑的一项目标。

在听说游戏中培养儿童语言交往中的机智性和灵活性，从根本上说，是提高儿童在语言交往过程中快速反应的能力，可从着重以下几点考虑。

1. 迅速领悟游戏语言规则的能力

由于听说游戏将儿童语言学习的重点内容转换为游戏规则贯穿活动始终，因此儿童掌握游戏规则的过程，在某种意义上便意味着掌握语言规则的过程。在听说游戏中，儿童需要迅速领悟游戏规则，否则便会落伍，就无法实现参与游戏的愿望，这种激励使儿童逐步适应迅速领悟交往要求的场合。

2. 迅速调动个人已有语言经验编码的能力

听说游戏是一种活动的进程，儿童在参与时需要根据一定的规则迅速调动个人已有语言经验进行编码。这种场合不允许儿童慢慢想、细细思考，如果速度太慢，游戏便要受到影响，因此，儿童在活动中迅速调动个人已有语言经验编码的能力会得到训练。

3. 迅速以符合规则要求方式的表达能力

在领悟编码的同时，儿童也获得快速反馈信息的机会。听说游戏的规则要求儿童按照一定的规范方式说话，并且没有太多的时间让儿童仔细斟酌讲话，所以，一切都是在短暂的、直感的状态下说出来的，这里便有一个语言快速应答能力的培养。

总之，听说游戏作为一种特殊形式的语言教育活动，为儿童的语言发展提供了某些特别的机会。教师应当抓住这种机会去促进儿童的语言学习，为其语言能力的整体提高创造良好的教育环境。

五、听说游戏活动设计的基本结构与组织要点

儿童听说游戏活动的设计与组织，有其独特的规律。从听说游戏具有游戏和活动的双重性质出发，按照下列结构去设计与实施听说游戏活动，可以产生更好的教育效果。

（一）设计游戏情景，引发儿童兴趣

在听说游戏刚刚开始时，教师需要采取一些手段去设置游戏的情景。这一步骤的主要目的在于向儿童展示听说游戏的氛围，引发儿童参与游戏的兴趣。

创始游戏的情景，一般可采用以下三种方法进行：

1. 用物品创设游戏情景

教师使用一些与听说游戏有关的物品或者玩具、日用品等，布置游戏的环境，制造

游戏氛围，达到引导儿童进入听说游戏的目的。

2. 用动作创设游戏情景

有的时候，教师并不一定使用实物，而是仅仅依靠动作表演，如教师表演小动物们的动作，让儿童想象出游戏中各种动物的名称，进而营造游戏情景的氛围，激发儿童参与游戏的兴趣。

3. 用语言创设游戏情景

教师用语言直接描述或指出游戏中角色以及所处的环境。比如：中班听说游戏“超市里有什么”，教师直接对小朋友说：“我们今天到‘超市’去逛一逛，大家一起找一找超市里有什么，好吗？”教师用语言引导儿童进入角色，营造游戏氛围，同样可以达到创设游戏情景的效果。

（二）交代游戏规则，明确游戏玩法

在创设游戏情境之后，教师接着要向儿童交代游戏规则。教师可以通过语言解释和动作示范相结合的方式，告诉儿童游戏的基本规则、步骤和要求。如小班听说游戏“动物汽车”，老师做动物汽车司机，儿童自己选择小动物头饰扮演小动物。游戏开始时，教师交代游戏的规则：今天由老师来当司机，老师说：“嗨！嗨！动物汽车就要开。”小朋友们问老师：“谁来坐？”老师点到的那位小朋友必须说：“我来坐，我是小羊咩咩叫，坐上汽车快快跑，滴滴……”手拿小羊头饰的儿童必须要做小羊的动作，发出小羊的声音，走到司机身后，用双手拉着司机的衣服，在活动室开一圈后，游戏继续进行。

教师在交代听说游戏规则时要注意：第一，语言要简洁明了。在交代游戏规则时，切忌啰唆、冗长的解释，以免儿童抓不住要领，不能及时理解游戏规则，从而影响游戏进程。第二，讲清楚听说游戏的规则要点和游戏开展的顺序。听说游戏的规则要点一般都是游戏中儿童要按照规范说出的话，教师应当让儿童基本明白说什么和怎样说，以便他们在参与游戏时付诸实践。同时，教师还要帮助儿童清楚地理解游戏开展顺序，先做什么，后做什么，什么角色做什么，这样他们才能够顺利地开展活动。第三，注意用较慢的语速进行讲解和示范。教师在交代游戏规则时使用的语言应当是相对减慢速度的语言，尤其是针对游戏规则回答问题或说一句话时，这种语言带有示范的性质，可以帮助儿童理解参照。

（三）教师指导儿童游戏

教师带领儿童开展游戏，是一种以教师为主导指导儿童游戏的过程。在这段时间里，教师在游戏中充当重要的角色，可以主宰游戏的进程。此时，儿童可以部分地参与游戏过程，即一部分儿童参加游戏，实行轮换，可使另一部分儿童有观察熟悉的机会；也可以是全体儿童参与游戏的一部分，待儿童熟悉游戏的规则和玩法后再全部参加游戏。

教师指导儿童游戏，有利于儿童在活动过程中熟悉游戏规则，进一步明确和掌握游戏的玩法，掌握在游戏中运用语言交往的基本思路，从而为儿童独立开展游戏做好充分的准备，以教师为主角指导、带领儿童开展游戏。

（四）儿童自主游戏

通过上述三个步骤的活动，儿童已经比较熟悉和掌握游戏的规则和玩法，具备独自开展语言游戏的基础。在儿童自主游戏的阶段，教师可以放手让儿童自己开展游戏活动，此时，教师应仔细观察儿童的游戏，注意对个别不熟悉规则和玩法的儿童进行及时的指导，帮助这些儿童更快地加入游戏中去。教师还要注意及时解决游戏中可能出现的矛盾和纠纷，以免因角色分配不当或其他问题影响游戏顺利进行。教师对儿童游戏行为的评价和态度能激发儿童游戏的积极性，促使儿童更加主动、积极地活动，从而圆满地完成语言游戏的教育任务。

听说游戏案例分析

听说游戏(一)：小动物进城(中班)

（湖北荆州市沙棉幼儿园　陈　蓉）

一、活动目标

(1) 学习用简单的语言描述动物的主要特征，并会根据动物的主要特征编谜语。

(2) 能听懂并理解简单的游戏规则，积极动脑参与编迷、猜谜活动。

(3) 体验听说游戏的乐趣。

二、活动准备

(1) 动物图片一幅，警察帽两顶，各种动物小图片放在儿童椅子下。

(2) 学会唱“如果感到幸福你就拍拍手”。

三、活动过程

1. 设置游戏情景

(出示图片)今天老师给你们带来了一幅城堡图，提问：

(1) 你知道这是一座什么城堡吗？城堡门前都有谁？他们是干什么的？

(2) 你们想进城和小动物们一起玩游戏吗？怎样才能进城呢？“这里有一个小小的规则。”

2. 介绍游戏规则

(1) 教师介绍进城方法：想要进城必须将自己扮成小动物，守城人喜欢猜谜语，他看到别人要进城就会念一首儿歌：“城门开开，城门关关，想要进来，让我猜猜。”等他念完后，进城的人必须将自己扮演的小动物编成谜语请他猜，如果你编得好，守城人就能猜出来，那么你就能被请进城；如果编得不好守城人猜不出，你就不能进城。明白了吗？提问：

① 门卫看到别人进城会念什么？(学儿歌)

② 小动物怎样才能进城？

(2) 你们会编谜语吗？编谜时注意不能把答案说出来。(出示一动物图)教师引导儿童集体编谜。“这是谁呀？如果你是小猫，那么你怎样编谜才能让别人猜出来呢？请你想一想，可以根据小猫有什么本领、小猫的叫声、它喜欢吃什么来编。”

(3) 在你的椅子下也有动物图，请你拿出来看一看你的是什么动物，然后编一编，还可以编给后面的听课老师猜(儿童自由编谜)。

3. 引导儿童游戏

(1) (搭好城门)教师先扮门卫。“接下来我们要来玩小动物进城的游戏了，这是城门，我来做门卫。”引导儿童开始游戏。

(2) 请儿童当守城人再次游戏。

4. 组织儿童自主游戏

(1) 你们想不想一起来玩这个游戏？边示范边讲解：儿童手拉手围成一个圆圈，教师依次让儿童扮守城人，用双手搭成一个城门，儿童集体边念儿歌边依次钻过城门，当念到最后一个字时，守城人双手套住一儿童，此儿童编说谜语，守城人猜对后就让他进城(回座位，将动物图贴在头上)。

(2) 搭出三个城门游戏。

(3) 游戏开始，当全体儿童都进城后，教师：“小动物们，你们来到动物城高兴吗？我们一起随着音乐边唱边表演吧！”

如果感到高兴你就拍拍手(拍两下)。

如果感到高兴就学小猫叫(叫两声)。

如果感到高兴就学小兔跳(跳两下)。

四、活动延伸

将此听说游戏活动拓展到晨间体育活动中去。

听说游戏(二)：哪里错了(大班)

(河北保定市高碑店幼儿园　赵素丽)

一、活动目标

(1) 积极参与游戏，能察觉错句，提高对语言的判断能力，感受游戏的幽默。

(2) 初步学习改错句的基本方法，能够逐步将改错句的基本方法运用到游戏中去。

(3) 养成良好的倾听习惯。

二、活动准备

(1) 活动前学会玩“不许说黑和白”和“录音机”的游戏。

(2) 背景图片，磁性板，可操作的小鸟、小鸡、公鸡和母鸡等。

三、活动过程

1. 了解一些常识性的知识

师：小朋友，今天我给大家带来一幅图片(出示图片)，你们看，图上都有些什么？你知道这是什么季节吗？(春天背景图)你们知不知道春天都开些什么花？夏天呢？图上还有什么？小鸡的妈妈是谁？公鸡生蛋还是母鸡生蛋？金鱼生活在什么地方？

小结:刚才,我们通过观察图片已经知道,春天开桃花,夏天开荷花,秋天开菊花,冬天开梅花;鸡妈妈是母鸡,金鱼生活在水里,小鸟会在天上飞。

2. “出错”引起儿童的兴趣

师:咦? 只有一个小朋友的眼睛听着外面(“听”说重一点,要自然说出)。

师:(让儿童听着感到好笑时,紧接着提出下列问题)怎么啦? 我什么地方说错了吗? 那应该怎么说?

3. 与儿童共同讨论学习改错的方法

师:小朋友们真棒,都能改正老师说错的话,老师奖给你们几幅画,我们一起来看一看,听一听。

(1) (出示图片一)“春天来了,荷花开了”有问题吗? 那怎么说?

刚才××小朋友改的是前面的地方,还有没有其他改法?(可以改后面的)

看,谁来了?(出示图片二)“大公鸡在草丛里下了一只鸡蛋”。(不语,故作疑问状,引导儿童用两种方法改正)

刚才××改得非常正确,(出示图片三)“小兔在天上飞来飞去”,谁会用两种方法改正?

(2) 与儿童讨论改错的正确方法。

小结:刚才我们改正错句的时候都运用了两种方法,谁发现了是哪两种方法?(儿童如果说不出,老师可总结)一是可以改句子的前半部分,二是可以改正句子的后半部分。

4. 改错游戏,拓宽儿童思路

师:刚才我们改了很多错句,现在我又要出一些错句了,看小朋友会不会改正。

“×××没来早上”这句话有问题吗? 原来,时间“早上”应该放在最前面。“我吃完饭了刚才”有没有问题? 怎么改?

师:你们认真听下面这句话哪里不对,小耳朵听好了:“小明在听故事书,滴答滴答下大雨了。”对,大雨应该是哗哗的,滴答滴答是小雨。还有一句话:“她难过地哈哈大笑”,“又说对了,难过就不会哈哈大笑,开心才会哈哈大笑。小朋友们真棒!”

师:我们教室好玩的东西可多了,有雪花积木,还有智力魔珠,还有翻版乐,还有拼图,还有编花篮。这句话有没有问题? 这是我们小朋友经常说的一句话。对,“还有”只能用一次,有什么有什么有什么,最后一个才用“还有”。

5. 儿童配对相互出错、改错,要求错句只说一遍

师:哪位小朋友可以来出错句让其他小朋友改错句?

6. 练习改错,操作材料人手一份(图文结合)

师:刚才很多小朋友都尝试出错句改错句了,现在,老师这里还有个小故事,但是里面有很多错误,希望小朋友帮我找出来并改正好吗?

“我来到院子里早上,看见我们家的金鱼下了一只蛋,正巧妈妈回来了,给我带了很多礼物,有玩具熊,还有棒棒糖,还有巧克力,还有瓜子,我难过得哈哈大笑”。

(儿童在图示下自己改正,然后在集体面前改正)

7. 活动结束

小结:以后,我们在和别人说话时,发现别人说错了就要帮助别人改正,改正的时候应该面对面地小声说。

四、活动延伸

在科学活动中,进一步探讨不同物体的典型特征。

第六节　学前儿童早期阅读活动

在近现代有关阅读的研究中,有人认为,“阅读是一种从书面语言和其他书面符号中获得意义的社会行为、实践活动和心理过程。”也有人认为,“阅读是人们通过对语言符号(文字)的辨认、感知和理解,从中获取知识、信息,进而充实自己、完善自己的知识结构的语文行为和心智活动。”可以说,阅读是文明人类必不可少的活动,在进入学习社会的今天更是如此,这是人们获取知识、经验、思想的重要途径。尤其对于儿童而言,早期阅读是终身学习的基础,研究表明,儿童早期阅读潜能的开发对于个人阅读能力的发展具有重要的作用。然而,当前人们对早期阅读的认识和教育实践普遍存在着误区,因此,正确认识和理解早期阅读的内涵,深入研究儿童阅读理念和阅读指导策略,对于帮助儿童走出阅读的种种误区、形成阅读理念,提升儿童阅读质量,以及促进儿童基本阅读能力的形成具有重要的意义。我们有必要深入探讨早期阅读活动的基本问题,对学前儿童的早期阅读给予必要的指导。

一、早期阅读的内涵及特点

(一) 早期阅读的内涵

早期阅读是指幼儿园、家庭通过为婴幼儿提供与视觉刺激有关的材料(图书、图片、录像带、光碟、电视、多媒体、幻灯片、符号、标志等),让婴幼儿接受有关材料的信息,在观察、思维、想象等基础上对材料内容进行初步理解和语言表达的一种认知过程。早期阅读是儿童从口头语言向书面语言过渡的前期阅读准备和前期书写准备。婴幼儿凭借变化丰富的色彩、生动形象的图像,成人的口语讲述以及相应的语言文字来理解以图为主的婴幼儿童读物的所有学习活动,都是早期阅读。

由此可见,儿童早期阅读概念比传统意义上的阅读宽泛得多,它不应只被简单地理解为识字,而应当包括一切与书面语言学习有关的内容,识字是学习书面语言的一种内容和方式,但不是唯一的内容与方式。对儿童来说,只要是与阅读活动有关的任何行为,都可以算作阅读,阅读不仅仅是视觉的,也是听觉的、口语的,甚至是触觉的。

（二）早期阅读的特点

1. 特殊的读者

早期阅读的特殊读者便是学前儿童，他们最为鲜明的特点就是没有经过正规的识字教育——学前儿童完全不识字或只能识别极少量简单的文字，这决定了他们的阅读活动不能针对单纯的词语、句子、段落、文章进行。另外，由于学前儿童年龄小，关于自然和社会的知识经验不多，因此，儿童在阅读中的认知水平尤其是推理水平较低，主要表现在三个方面：(1) 自觉性差，常常不能使自己的思维活动服务于当前的目的任务；(2) 逻辑性差，不能按照事物本身的客观逻辑进行判断推理；(3) 抽象概括性差，常把判断与结论跟直接感知的事物相联系，根据事物之间的偶然联系进行推论，把握不住事物关系的本质，不能从前后连贯的信息中进行总结、概括。根据鲁姆哈特的图式理论，阅读过程是读者和读物之间相互作用的过程，读者必须利用多方面的知识通过预测、推理等积极思维才能获取意义，理解内容。这些积聚在一起的知识单元及其被运用的信息就是图式。图式的核心作用是做出一个有关某事物、某事件或某情境的解释。儿童自身的特点决定了其认知图式的简单性和单一性。他们的知识单元是简单的、零星的、孤立的，而且他们不能灵活地、合理地、触类旁通地运用这些知识单元。这必然限制了儿童的阅读理解水平。

2. 特殊的读物

儿童的读物主要是以图画为主、文字为辅、图文并茂的图书，图画不再是文字的点缀和简单说明，而是文学故事的表达媒介。图画的直观性和形象化吻合了儿童表象思维活跃的特征，能够唤醒并激发儿童的视觉注意和阅读兴趣。儿童的年龄及阅读特点决定了他们更倾向于从色彩丰富、形象鲜明的图书中获取知识，发展智力，提高社会性水平。早期读物画面结构与构图的动感特质契合儿童的阅读心理，易于儿童对故事进行理解和再创造；造型生动、色彩优美的画面能够引发儿童产生丰富的审美体验，充满隐喻的细节激发了儿童的阅读兴趣，为儿童提供了多层次阅读的可能；画面表现故事情节时的连续性，有助于儿童整体阅读、有序阅读等意识的形成。在阅读过程中，儿童首先所知觉到的往往不是文字材料，他们关注的焦点是一幅幅生动逼真的画面。学前儿童不会像成熟的读者那样直接对文字进行加工，而只能借助于图画完成对阅读内容的理解。首先，对画面的感知激活了儿童头脑中已有的图式，使具体事物转换为内部语言，完成事物与语义的联结，进而语义再转换为语音，这表现为看书时儿童或者自言自语或者在心中默读，而对于图画下面的文字一般要在成人的指导下，儿童才会有所注意。由此可见，读物的特殊性就在于它要求读者不是以字形感知而是以画面感知为主。

3. 特殊的阅读能力

儿童的认知水平决定了他们不可能具备成熟阅读者所掌握的对于语义、句法、文章结构等的分析能力，因此，要读懂一本图书，儿童必须具备特殊的阅读能力。

(1) 艺术观察力

在阅读图书时，观察力对于儿童是相当重要的，但此时的观察不同于真实生活情境中对某一实物的观察。儿童阅读图书时所知觉到的是一种平面的、由色彩线条构成的固定图像，他们通过对这些美术形象的感知来把握画面的人物、景象，并发现人物间的关系及其动作、表情和背景的变化，在此基础上对图画的意义进行分析、预测和推理。观察力强的儿童更易准确抓住画面的重点从而为理解图书内容做好心理准备。

(2) 想象力

即使是极富有感染力的画面所提供的信息也是有限的，儿童要想获得丰富、生动、有趣的故事情节，还必须运用想象对材料进行加工，把画面的人、事、物想象成生活中真实的事物。想象依靠的主要是儿童的个人经验及其根据已有线索进行推理的能力。一般说来，想象力越丰富的儿童越喜爱阅读，越容易从阅读中获得乐趣与知识。

(3) 内部整合语言及表述的能力

儿童阅读图书时，首先通过观察把握画面内容，将之转译成语言，然后进行想象以丰富故事内容。与此同时，他们还要具备内部整合语言及表述的能力，即随着上述加工过程的进行在头脑中自然地编撰故事并默默讲述的能力。内部整合语言的过程是一个与观察、转译、想象密切结合的艺术思维过程。具有这种能力的儿童，其阅读的过程也就是给自己讲故事的过程。

二、早期阅读活动的价值

开展早期阅读活动的真正目的是学习阅读，而不是从阅读中学习。它的意义在于萌发儿童对书面语言的兴趣和敏感性，获得观察、体验有关书面语言的读写经验，从而进一步尝试探索周围环境中的书面语言，逐步建立起自主阅读的意识和技能，进而形成基本的阅读能力，并通过这些基本阅读能力去进一步形成获取信息的方法与技能，为今后学习各学科知识做准备。科学研究表明：人的大脑右半球在用表象进行思维和处理复杂知觉模型方面具有极大的优势，3 岁前是大脑右半球整体模式识别和自然记忆能力最强的年龄。这为婴幼儿早期阅读提供了生理基础。从汉字的特点来看，每个汉字就像一幅图画，其表意性和方块形的特点最适合幼儿整体模式识别和自然记忆能力强的特点。综上所述，早期阅读不仅是可能的，也是必要的，具有深远的意义。

《纲要》在“语言”领域明确提出了“喜欢听故事、看图书”的目标，并首次在“内容与要求”中指出，要培养儿童对生活中常见的简单标记和文字符号的兴趣，利用图书、绘画和其他多种方式，引发儿童对书籍、阅读和书写的兴趣，培养前阅读和前书写技能，以倡导早期阅读教育的重要性。

(一) 早期阅读能激发儿童的学习动机和阅读兴趣

儿童对周围的世界充满了好奇心和探究欲望。在早期阅读活动中，儿童有机会大量接触图书，在阅读图书的过程中，儿童被图文并茂、生动形象的故事所吸引。在阅读活动中，通过色彩鲜艳的图画、生动有趣的故事情节、神奇奥妙的科学知识和社会知识，儿童可以获得愉快的阅读体验，并能与老师、同伴一起分享这种快乐，从而提高阅读的积极性。通过老师的帮助，儿童还可以进一步学会爱护图书，逐步形成良好的阅读习惯。

（二）早期阅读有利于儿童语言能力的发展

学龄前阶段是语言发展的关键期，早期阅读则对儿童的语言发展有着直接的影响。早期阅读为儿童口头语言的发展提供了大量的词汇，儿童在由阅读而产生的一系列语言活动中，可以获得敏锐的听力，把握正确的发音，并逐渐领会基本的语法规则和表达技巧，形成良好的听说习惯。此外，儿童在大量接触儿童读物的过程中，对文字的敏感性增强，其探索、感知文字符号的积极性提高，从而有助于他们了解和掌握有关书面语言的知识，成为积极的语言运用者。早期阅读对儿童学习书面语言的重要作用主要体现在以下几方面：① 帮助儿童尽早“接近”书面语言。许多儿童能熟练地读和写的能力，都可归功于早年的阅读，正是在这种随心所欲地看自己想看的书、尝试“写”自己想写的东西的过程中，他们逐步建立起了读和写的兴趣及信心。② 使儿童提前了解书面语言知识，为他们日后正式学习读写打下了基础。经过学前阶段早期阅读训练的儿童，由于获得了阅读能力，他们后来的读写水平都比较高。③ 培养儿童自我调整的能力。儿童在早期阅读中可以建立一种自我纠正、自我调整的阅读技能，这对于他们未来的阅读成功与否有极大的影响。有关研究表明，经过早期阅读培养的儿童往往具有较强的语言能力，早期的图书阅读能够带领儿童超越他们原有的语言形态，使其语言能力渐渐与思维同步。

（三）早期阅读有利于儿童认知的发展

儿童期是观察力初步形成的重要时期。儿童观察力的发展，表现在观察的目的性、持久性、组织性、细致性以及概括性的不断发展。儿童早期阅读的读物以图画为主，画面所提供的鲜明、直观、生动、具体的形象的刺激能引发儿童聚精会神地观察及注意。同时，早期阅读中的任务是具体、明确的，儿童要理解书本的内容、故事情节的前后关系、主要人物身上发生的变化等，就需要不断地组织和控制自己的注意力，认真地对画面进行观察。因此，早期阅读有利于维持并发展儿童的有意注意和观察能力。

在儿童早期阅读活动中，想象力是阅读过程中最重要的因素之一。想象是指人脑对原有表象进行加工改造而建立新形象的心理过程，是大脑皮层将过去的暂时联系重新筛选、组合、搭配和接通，形成新联系的过程。儿童阅读的过程就是调动已有的表象，并对表象重新加工、创造新形象的过程。图画故事书是由几幅或十几幅跳跃式的静态画面，配合简短、浅显的语言来组成一个完整的故事，一个个鲜活的人物形象和生动的画面本身构成了极大的想象空间，为儿童的想象提供了具象的凭据。同时，图画书中呈现的一些人物语言、心理、行为、情节连接的空白点和页与页转换产生的情节中断，无不依赖儿童的想象。儿童只有充分调动个人的想象力，才能读好、读懂、读完一本图画书。借助早期阅读活动，构建想象空间，可有效培养儿童的想象力。

此外，早期阅读对儿童概括力、理解力、判断力的发展等也有着积极的促进作用。研究表明，儿童早期阅读经历与其以后在学校教育过程中的读写能力及其学业成就存在着很大的关系。

（四）早期阅读可以促进儿童个性、社会性的发展

在早期阅读活动中，儿童在成人的陪伴下一边欣赏图画书，一边倾听有趣的讲解，是一种积极的情感交流和满足，儿童能够感受到被关注、重视、接纳和了解，这对于儿童情感的稳定发展具有重要的意义。学前期是儿童个性初步形成的时期，在这个时期，儿童心理活动的独立性和目的性逐步增长，开始逐步发展最初的一些比较稳定的个性倾向，包括兴趣倾向、道德倾向、性格倾向等。早期阅读通过内容健康、积极向上、知识丰富的儿童读物，对儿童个性发展与形成产生积极的影响。同时，儿童在阅读的过程中接触到一些日常生活中接触不到的人际、社会关系情境，逐步形成参加社会生活所必须具备的道德品质、价值、观念、行为规范，及积极的生活态度、交往技能等。

三、早期阅读材料的选择

教师运用精加工策略，根据儿童的年龄特点、兴趣爱好和认知发展特点，为儿童提供合适的早期阅读材料，可以有效促进儿童阅读能力的发展。教师要根据儿童的年龄特点和阅读兴趣提供支持性阅读材料。

根据皮亚杰的观点，2～7岁儿童的思维主要处于前运算阶段。2～7岁儿童能对事物进行简单的推理判断，但其思维的突出特点依然是自我中心思维。在这一阶段，儿童的审美感觉也从对客观现象片面的、零碎的反应逐步发展到根据已有的经验、知识对认知对象进行整体感知，即产生了审美知觉。最初出现的审美知觉是审美联想。学前儿童审美联想的类型主要有接近联想、相似联想两类，接近联想是指由于事物之间在时间、空间上相邻所引起的联想；相似联想是指由于事物之间在时间、空间上相似所引起的联想。调查显示，小班儿童比较喜欢生活类阅读材料，如有关食品、玩具、衣服的阅读材料，对新颖的、与他们的日常生活经验密切相关的直观材料较感兴趣，而且有较强的从众心理；中班儿童比较偏好认知类、社会类阅读材料，如有关动植物、季节变化、自然现象的阅读材料，对动画类、卡通类、易于操作的，以及易于理解的材料特别喜爱；大班儿童比较喜爱社会类、生成性阅读材料，如生活中常见的标志、广告、重大新闻等，喜爱有文字的阅读材料，如广告、图书、图片等。

随着儿童阅读能力的提高，他们对阅读材料的选择逐渐趋于个性化。教师可以投放大量新奇、多变的阅读材料，以便儿童根据自己的兴趣爱好自主选择。比如，有的中大班儿童喜欢阅读报纸和书刊，教师可以为儿童提供各种各样的儿童书报；有的儿童会结合日常生活的变化，产生探索兴趣和阅读愿望，并会尝试自制图书、图片等阅读材料。与儿童的社会现实生活与日常生活联系紧密，能够真实反映儿童的认知、个性发展特点的图书，往往能引起儿童强烈的共鸣，继而激发儿童的丰富联想，有利于扩展儿童的生活和学习空间。

目前，在幼儿园的实践教学中，各种主题的图画书是较为常见的早期阅读材料。图画书是用图像与文字来共同叙述一个完整的故事，是图文合奏。抽象一点来说，它是通

过图像与文字这两种媒介在两个不同的层面上交织、互动来叙说故事的一门艺术。我们将从图画书的画面和语言两个角度分别加以分析，并为幼儿教师的实践教学方式提出合理的建议。

在图画书中，图画不再是文字的点缀和简单说明，而是成为图画书中故事的表达语言，图画充当了文学故事的表达媒介。画面的形式美能在人们心理上造成联觉通感，以意象思维的方式在审美心理时空再造一个理想化的意义世界。图画的直观性和形象化吻合了儿童表象思维活跃的特征，能够唤醒并激发儿童的视觉注意和阅读兴趣，图画书画面以其不可替代的视觉审美作用构建图画书的多元意义。

（一）图画书的画面特点及其教育价值

1. 动感的结构与构图

图画书画面结构的特征之一是使画面具有节奏感。画面的特写镜头可能会加快某个动作的速度或放慢一个事件的铺陈，此种结构创设的悬念可以用来控制画面的叙述节奏，赋予画面以动态的韵律美。画面的节奏感真实地创造了动感的气氛，由此创设的悬念激发了儿童强烈的阅读兴趣，儿童在对富含张力结构的画面猜想过程中发展了其预测能力。对于图画书的构图而言，画面留白将主题所要表达的不尽之意溢于画外，延伸和扩展了文字和画面的叙事空间。画面留白不仅可以突出画面的主体，帮助儿童更好地理解画面内容，还可以使图画书具有未定性，儿童可以通过对画面留白进行补充性的解释，进而发展其想象思维能力。

2. 丰富的造型与色彩

塑造角色、物体和环境的面貌是图画书造型的功能所在。图画书中夸张、变形的画面造型可以使画面中的形象更加鲜明，可以启发儿童更好地认识客观事物的基本特征，从而使儿童初步感受画面的对称、均衡、变化、统一等构成原理，并形成一定的审美评价能力。色彩是传递情感温度、呈现作品性格、营造画面气氛的重要元素。在主色调的基础上，活泼的面积、错落的色彩间或跳跃，可以让儿童感受到色彩的丰富性。色彩优美、意境悠远的画面能够给予儿童丰富的审美感受。儿童在多元色彩的欣赏中，移情、幻想等无意识审美感知会逐渐流露，其审美“自我”得到解放，并产生审美的高峰体验。

3. 隐喻的画面细节

图画书作者通过增添、隐藏某些画面内容创设了图画书的一些画面细节。图画的细节描写不仅能够辅助文字进行文本意义的表达，而且可以增强图画书主题的表现力。画面细节的增添、设置和隐藏不仅凸显了图画书的叙事特色，丰富了图画的叙事容量，也可以引发读者发现的乐趣，激发读者反复阅读的欲望。同时，细节隐喻激发了儿童进行探索阅读的兴趣。儿童在对画面细节的探索中，可以发展其细致的观察力和逻辑推理能力，而且，儿童根据细节描写可以更全面地感受角色的情感变化，感知图画书故事的主题趋向。

4. **画面的连续性与讲述性**

图画书中每幅图画,不仅要满足与单幅画相同的审美标准,而且要作为连续几幅画中担任某一位置的一幅,去完成故事的任务。图画书的画不能只强调绘画性,更要注重故事性。画面要有强烈的叙述性和贯穿始终的整体感,这是图画书画面独特的艺术特征。图画书画面的连续性与讲述性所创设的递进、叙事结构形式为儿童的图画书阅读提供了多层次欣赏的可能,而画面的连续性和讲述性可以帮助儿童形成整体欣赏的阅读习惯,发展其有序思维能力,并促进其部分、整体相统一的感知能力的发展。

(二)对幼儿教师指导方式的建议

1. **关注画面的节奏感与留白**

(1)选取富有节奏感的画面作为整个故事的线索

图画书的特写镜头产生了贯穿整个故事的动势,同时,叙述节奏产生的故事悬念可以拨动儿童读者时起时落的阅读情绪并激发其阅读兴趣。教师在教学准备时,需要仔细探析画面中可能存在的画面节奏感,以便于在教学过程中更好地引导儿童熟练掌握节奏感暗含的故事发展脉络和趋向。如在小班阅读活动《嘿,站住!》的教学设计中,教师可以利用大猩猩在喊"嘿,站住!"时看似"凶狠"的表情和动作这个特写镜头,来引导儿童猜测大猩猩的这个表情、动作可能意味着什么?大猩猩为什么会对老鼠妈妈穷追不舍?每一次看到大猩猩"凶狠"的表情和动作,儿童的心情就随着老鼠妈妈的紧急逃避而变得紧张起来:难道大猩猩要把老鼠妈妈吃掉?儿童在这个悬念下逐渐感受故事的发展脉络,这种起伏不定的画面节奏感满足了儿童喜欢夸张、刺激的审美阅读心理,也发展了儿童早期阅读的画面观察和预测能力。

(2)利用留白引导儿童进行故事想象和创编

画面的留白是图画书中一种常见的表现手段和构图方式,图画书通过留白将主题所要表达的不尽之意溢于画外,延伸和扩展了文字和画面的叙事空间。教师可以根据画面留白所创设的画面未定性,引导儿童通过对画面留白进行补充性的想象活动,赋予图画书以动态本质。在图画故事书阅读过程中,儿童的经验或体验不断得到改组,个体意义不断生成。如中班阅读活动《要是你给老鼠吃饼干》,图画书的倒数第二页中有大量的留白,小男孩肩膀上坐着小老鼠,旁边只有短短的一行字:既然他要喝牛奶。儿童阅读此幅画面时,教师应该引导儿童发挥自己的想象,既然小老鼠要喝牛奶,那么它会干什么呢?教师应鼓励儿童摆脱原有故事结构的束缚,根据自己的想象对故事进行创编,得出更加丰富的多元故事形态,由此发展儿童的想象和创造思维。

2. **以造型和色彩作为阅读教学的有效切入点**

(1)通过造型挖掘角色的性格及情感变化

儿童在观察图画书画面时,首先会选择较为突出的形象。特别是在动作方面,儿童易于关注事物外在的明显特征和动态,这是儿童阶段具体形象思维这一特点所决定的。教师可以根据画面中比较突出的角色造型作为阅读活动开展的切入点,组织儿童对焦点画面中的突出造型进行自由讨论，并对角色性格、故事大意进行大胆猜测，以激发儿童浓厚的阅读兴趣。教师还可以引导儿童根据对角色造型、表情、动态的理解，去想象角色的对话，感受角色的情感变化，并鼓励儿童尝试描述故事主角的某些心理活动。如大班阅读活动《钱鼠来了》，教师可以引导儿童关注老鼠阿灰和阿强的不同形态，例如老鼠的胖瘦与老婆婆提供馒头的情节可以有效地联系起来；老鼠阿灰和阿强表情、动作的变化——由刚开始的打架发展到最后的玩耍，两只老鼠动作的改变已经暗示了它们之间友谊的生成和发展。当儿童能离开画面的实际形象进行联想时，其抽象思维能力便得到了较好的发展。

（2）整体与局部色彩的全面把握

图画书的画面色彩具有很强的表现力，能有效地传达故事角色的情绪状态，营造出风趣、纯真、优美的画面气氛。由于儿童对于色调非常敏感，教师应该利用图画书画面丰富的色彩，给予儿童审美体验的机会，让儿童充分感受色彩创造的审美意境。在局部造型色彩上，教师应设置具体的问题，通过个别提问和小组交流，引导儿童感受暖色调暗示的放松与愉快、冷色调隐喻的紧张与悲伤。在画面的整体感知上，教师可以引导儿童观察整幅画面的色彩，让儿童根据画面的整体色彩自由表述故事发生的时节、地点等整体环境，引导儿童感受故事的整体风格和所要表达的情感。如小班阅读活动《变色鸟》，当一只五彩缤纷的变色鸟出现在儿童面前时，教师引导儿童感受画面塑造的整体优美意境。教师首先可以引导儿童观察画面的局部色彩，观察变色鸟的身体部位分别发生了哪些变化，呈现出哪几种不同的颜色，从而引导儿童一步步地进入到故事情境中去。儿童通过多感官欣赏画面的色彩美，可以有效地发展其审美感知、审美想象能力，并丰富自己的审美情感。

3. 剖析画面细节创设的隐喻意义

（1）引导儿童发现画面中的细节

在众多优秀的图画书作品中，图画作为意义丰富的表征方式，暗含着许多不需要语言来赘述的叙事细节。图画的细节构思和设计“视觉谜语”可以让儿童感受特殊的审美阅读体验，而图画的视觉艺术特质隐含了众多叙事线索，幼儿教师可以通过图画书的细节描写，与儿童一起感受细节隐喻带来的众多叙事线索。如：画面中角色的某个眼神或动作可能暗示着角色情感的变化，画面造型、色彩的微小变化可能暗示将会有情节上的转折，画面卷角页或上下分页的设计都可能隐含着作者创设的第二故事空间。儿童在寻找画面细节的过程中，发展了细致的画面观察能力，并养成乐于发现、探究的良好阅读习惯。

（2）由细节描写去拓展故事的叙事容量

图画书画面中隐藏的细节是作者颇具匠心的、具有趣味性的设计。画面细节的巧妙设计通过可视性艺术特征与暗隐性的文本意义共同创设了图画书画面审美的艺术特质。教师要引导儿童根据细节描写去展开画面第二世界的叙事内容，并拓展整个文本故事的叙事容量。如中班阅读活动《獾的美餐》，在一些画面上的书页卷角处，隐藏了很多小设计。教师可以带领儿童先阅读画面中的主要故事内容，然后提出几个具有整体引领性的问题，如：这只獾洞里面的食物被谁吃了呢？这封信又是谁写的？你在封面上和每一页的画面中，有没有发现其他的内容？然后，教师再鼓励儿童自己去发现故事中的小细节，并进行讨论，最后来回答老师提出的问题。《獾的美餐》部分插页中暗含的细节描写其实在讲述关于小鼹鼠、小老鼠、小兔子被追赶并且意外地吃了一顿美餐的另一个完整的故事。这些细节描写激发了儿童读者反复阅读图画书的欲望，儿童通过图画细节创设的多重叙述线索，在图画书阅读的主动参与空间里进行多元文本意义的发现、探索与重构。

4. 引导儿童整体把握画面的连续性与讲述性

(1) 设计画面的排序活动

连续性与讲述性是图画书的特性。作为一个整体，图画书对画面的连续性和方向性都有着很高的要求。图画书中每幅图画，不仅要满足与单幅画相同的审美标准，而且要作为连续几幅画中担任某一位置的一幅去完成故事的任务。图画书中出现的重复、递进的画面结构形式，有利于儿童快速地掌握整个故事的发展结构。画面的连续性、讲述性特质决定了图画书画面需要创造出一种贯穿故事始终的整体感。教师可以根据具有强烈叙事性的一组画面，在课堂教学中设计画面的排序活动，即教师在图画书阅读活动进行之后，为儿童提供图画书故事打乱顺序之后的图片，儿童根据教师的讲述，在看懂、理解每幅图意的基础上，根据故事内在的逻辑规律将图片按序排列，并能表达排图原因，以培养儿童有序思维能力。

(2) 设计画面阅读的延伸活动

教师可以设计图画书阅读的延伸活动，组织儿童大胆、自主地续编或改编故事，儿童可以不按照图画书的叙事情节进行画面排序，而根据打乱的一组画面自主地改编故事。如大班阅读活动《打瞌睡的房子》，叠罗汉式的行文结构决定了其画面连续性的审美特质。教师可以引导儿童根据故事的讲述方式，先将打乱顺序的画面按序排列，在排序的过程中，引导儿童自己讲述故事内容；当儿童能够根据阅读经验进行文本重读之后，教师可以引导儿童进行故事创编活动。如：让儿童将画面随意排序，每一种排序方式都可能创编出一个新的故事。在阅读活动的多感官操作活动中，儿童的想象力、创造力得到了很好的发展，也能够感受到用多元方式阅读图画书所带来的乐趣。

图画书中的语言对文本意义的表达、审美功能的传递有着重要作用。图画书是一种以图文两个符号系统协同叙事的复合文本，当图画书依托“一连串图画和少量文字”进行叙事，只在必要时使用文字时，它的文字与纯文本文学的文字，自然有着很不相同的运用方式、状态、特征与面貌。语言的修辞美、认知性、节奏感以及话语宣泄下的情感表达是图画书语言的重要特征。

(一) 图画书的语言特点及其教育价值

1. 丰富文本的意象：语言的修辞美

修辞语言具有唤起儿童丰富意象的力量。图画书中的修辞语言可以创造出丰富的形象，产生图画书欣赏的意境美。以感性形象为主的语言既符合儿童的欣赏情趣，同时又引导儿童掌握了形象化的语言。儿童文学创作应符合学前儿童修辞风格和表达特点，从而建立作者与小读者之间最大可能的共同“语义场”。学前儿童运用修辞性语言的过程实质就是经历分析、类比、推理、联想等的心理过程，在此过程中，他们努力寻找本体与喻体的相似点，建立起事物之间的关系。这有助于学前儿童将新知识纳入原有的认知系统之中，并丰富和改善原有的认知。儿童在使用比喻、夸张、通感、重复等修辞性语言的时候，能够充分地发挥其想象力，从多个维度进一步认识所描述的事物。

(1) 比喻与夸张

在图画书中，形象化的语言给予儿童美好的审美阅读情趣。比喻可以将故事的内容说得具体生动，给儿童以鲜明深刻的印象。例如，《我爸爸》中对很酷的爸爸作了这样的描述：“我爸爸长得又高又大，看起来像栋大房子。”图画书语言经常运用夸张、幽默的手法，《我爸爸》中为了体现我的爸爸很酷，作者这样描写道：“我的爸爸，他一跳可以飞过月亮。”这样的诙谐效果给了儿童丰富的阅读体验。

(2) 通感与重复

所谓通感，是利用诸种感觉相互交通的心理现象，是以一种感觉来描述表现另一种感觉的修辞方式。通感的运用可以起到令人回味无穷的效果，以激发儿童丰富的联想。例如，《你很快就会长高》中用语言呈现了诸种感觉互通的意象：“脚踏车骑得很快，把声音都盖过了。”对于儿童而言，重复中又有所递进的语言结构具有较强的吸引力，同时也较易掌握。如《鳄鱼怕怕，牙医怕怕》《要是你给老鼠吃饼干》里出现的语言特点：同一个句子或者同一种语法结构的句子不断重复出现，这不仅给听故事的儿童提供了非常有趣的阅读体验，而且能让他们很快理解故事大意，复述出故事的内容，锻炼其语言表达能力。

2. 契合儿童的思维发展：语言的认知性

思维是人脑对客观事物进行概括和间接的反映，它借助语言，以知识为中介来实现。儿童的思维是以语言发展为前提逐渐发展起来的。儿童阶段的思维类型主要是逻辑思维和形象思维，直觉思维较少。图画书中的很多语言都可以成为促进儿童逻辑思维、形象思维发展的生长点。在图画故事书语言的感知过程中，儿童的经验或体验不断得到改组，新的逻辑意义不断生成。

图画书的语言可以在趣味阅读的同时促进儿童逻辑思维的发展，表现为对数学概念的初步认知。如小班儿童在阅读《第五个》时，可以在了解玩具动物找医生的故事情节中，很自然地习得“一到五”这五个数字概念及其相互之间的减法运算。儿童的语言知识具有直观性、非概念化的特点。心理学研究表明：儿童最早感知的是一日中的早、中、晚，然后是知觉一周内的时序，最后是认知一年四个季节的时序。例如，《鲸鱼》中描绘渔民轮流寻找鲸鱼的情景：“从早晨到夜晚，从夜晚到早晨，一点儿也不放松。”这种联系儿童生活经验的形象化语言，发展了儿童的形象思维能力。图画书语言的陌生化会激发儿童的阅读兴趣与探究心理。儿童旺盛的求知欲促使他们对不熟悉的词汇保持高度的敏感性，如猜测《獾的礼物》中的“信赖”与“流逝”这两个词语的意思，儿童能够在猜测、想象的语义空间中发展其认知、探究能力。

3. 图画书的叙事张力：语言的节奏感

由于儿童识字不多，他们在欣赏作品的时候主要依靠的是听觉，即听作品，因此儿童文学的语言必须通俗易懂、活泼生动、亲切自然、娓娓动听。儿童以身体和世界建立联系，在阅读图画书时，通过语言的多元节奏去感受故事的动感。图画书语言的音乐性特征，主要体现在由图画书语言、语音手段所形成的丰富，和谐的节奏和韵律上。“咔嚓咔嚓”，“白天又黑夜，黑夜又白天”这些节奏明快的图画书语言具有悦耳动听的乐感，符合儿童偏爱富有节奏感的语言的年龄特点。图画书中语言的叙述节奏可以激发儿童的阅读兴趣。儿童一边阅读，一边做出相应的动作，这种用身体感知来参与图画书阅读的方式，可以促使儿童的身心得到快速发展。

（二）对幼儿教师指导方式的建议

1. 培养儿童运用修辞性语言的能力

(1) 为儿童修辞性语言的发展提供模仿对象

儿童接受修辞性语言文本，感受到语言的新奇、有趣，自然而然产生美感，并在适宜的情境中加以模仿。可见，教师应为儿童提供丰富的修辞文本，刺激其“羡美”“崇新”和“趋同”动机，使其积极模仿成人修辞的表达结构与词汇选择。例如，《你很快就会长高》中运用了很多夸张的语言实现了儿童的幻想之梦，如“晚上，泡在有一百万个泡泡的澡盆里吃冰棒”，这些话语虽然远离儿童的生活经验，但是满足了儿童的心理需要。教师应该鼓励儿童模仿并努力说出更多这类词句，使语言更为生动形象。例如，“我兴奋地骑着新买的小自行车，感觉车轮都快要转飞了。”

(2) 促进儿童审美“择语”能力的发展

学前儿童创造性地运用修辞性语言是扩展其语言经验的重要手段，能适应交流时表达新事物和新概念的需要，弥补“语言空档”，使其语言表达具有更宽广的空间和自由度，并巩固和强化对原有词汇的认知。教师在引导儿童积累修辞性语言的过程中，可以逐渐要求儿童养成从审美角度审视语言的习惯。如儿童在表达自己很热的时候，通常会说：“我很热！”此时教师可以做出一定的引导，如追问儿童：“你热成什么样啦？”儿童可能会做出进一步的解释：“我身上的汗就像下了雨一样，”“我感觉自己就像在蒸包子的蒸笼里一样。”儿童养成了审美“择语”习惯以后，会对更多的词语、句型保持敏感性，并大量地拓展其语言经验。

2. 剖析吻合儿童认知发展的图画书语言

(1) 通过具体的时间概念帮助儿童发展其时间知觉

在学前阶段，儿童依靠具体活动特征来认识时间。因此，图画书经常会用儿童最熟悉的“白天”和“夜晚”来表现时间进展的长短。例如，《蝴蝶和大雁》中描写蝴蝶和大雁的相互等待：“天黑了，天又亮，可是蝴蝶飞飞丽娜没有下来。”儿童在白天和黑夜的轮流转换中，能感受到时间的进展，也深刻体会了故事所要表达的主人公的期待心情。教师不仅要尊重儿童时间知觉的年龄特征，还应该在此基础上进行时间知觉的延伸，如引导儿童认识和理解一天、一月、一季、一年的时间概念，并在对日常事物的描述中，鼓励儿童逐步使用表示时间概念的词语，以丰富儿童的用语经验。

(2) 发展儿童的数学认知

幼儿教师在进行早期阅读活动时，应选择种类丰富的图画书，以促进儿童感知、想象、数学推理等逻辑思维的发展。《好饿的毛毛虫》是一本深受儿童喜爱的图画书，该图画书的语言描写是其创作的一大特色。“星期一，它吃了一个苹果，可是肚子还是很饿。星期二，它吃了两个梨子，可是肚子还是很饿。星期三，它吃了三个李子；星期四，它吃了四个草莓；星期五，它吃了五个橘子。”教师可以利用这一排比句式引导儿童感受毛毛虫饥饿的不同程度，同时对星期一、星期二……一个、两个、三个……数学概念进行相应的认知。

(3) 引导儿童大胆猜测陌生的词语

随着生活经验的不断丰富和知识视野的不断扩大，儿童求知的欲望也越来越强。因此，儿童的语言常常展示出一种探究美。教师可以引导儿童通过小组讨论，结合图画书发展的脉络对陌生词语进行大胆猜测。如在阅读《三个强盗》这本图画书时，有的儿童不明白“躲躲闪闪”和“倒霉”这两个词语的意思，教师可以借此来激发儿童的猜测与探索的兴趣，在对画面的观察和对其他辅助语言的推测下，儿童会逐步明白这两个陌生的词语，同时感受到成功探索语言意义的乐趣。

3. 以富含节奏感的语言作为阅读教学的有效切入点

(1) 利用语言的音韵美促进儿童的言语记忆

一些充满诗性的图画书，词汇的选择、词组的搭配和句式的调整会格外讲求字符音节的和谐、节奏感和旋律，并综合考虑所有文字的结构和组合方式，或以排比、递进连贯，或以重复、首尾衔接循环。例如，《爱吃青菜的鳄鱼》里描写鳄鱼在吃萝卜时发出“喀滋！喀滋！喀滋！”等整齐匀称、节奏感强的声响，深受儿童喜爱，教师应该引导儿童在阅读、模仿的过程中，感受语言的音乐美感，这些富含音韵美的语言不仅生动反映了故事所要表达的情节，还便于儿童阅读与记忆。

(2) 选取富含节奏感的词语作为理解故事发展的线索

图画书利用核心的词句贯穿于整个故事的发展脉络。例如，《母鸡萝丝去散步》中以富含节奏感的动态语言带领着儿童感受故事的节奏美。母鸡萝丝走过院子，绕过池塘，越过干草堆，经过磨坊，穿过篱笆，钻过蜜蜂房……这一系列的语言描写，给了儿童最直观的阅读感受。教师应利用“走、绕、越过、经过、穿过、钻过”六个动词作为帮助儿童理解整个故事的有效线索。教师还可以引导儿童在阅读故事时，根据语言的节奏、句式进行故事续编，如：母鸡萝丝路过小溪旁，跨过小树枝，跳过矮篱笆……儿童续编故事的积极体验，可以帮助儿童在图画书阅读的主动参与空间里进行文本意义的拓展与重构。

四、早期阅读活动的目标

幼儿园早期阅读活动着重从情感态度、认识和能力三个目标层面培养儿童学习书面语言的行为。

（一）培养儿童学习书面语言的兴趣

要学习掌握书面语言，首先应当对书面语言产生兴趣，有积极主动“接近”书面语言的愿望。在早期阅读活动中，我们有必要帮助儿童萌发出对接受书面语言最初步的、同时也是最根本的情感倾向。在学前阶段培养儿童学习书面语言的兴趣，着重要帮助儿童获得以下两种基本的阅读态度：

1. 热爱书籍，建立自觉阅读图书的良好习惯

书籍是书面语言的实际载体，也是人类知识的宝库。从小培养儿童对书籍的热爱，可以有效地发展他们阅读的兴趣和积极性。

2. 乐意观察各种符号，对文字有好奇心和探索愿望

文字是一种语言的代码，也是一种符号体系。尽管儿童尚未正式进入学习掌握文字的时期，但仍然需要通过一系列的活动来培养他们对文字的兴趣。幼儿园早期阅读活动的目标之一，便是激发儿童对各种符号的敏感性，并引起他们探索和感知文字符号的积极性。

（二）帮助儿童初步认识书面语言和口头语言的对应关系

书面语言和口头语言是人类语言的两大反映形式，也是两种语言符号类型。儿童正处于口头语言迅速发展的时期，为了让他们更好地学习口语，并为下一阶段集中学习书面语言做好准备，在学前期有必要帮助儿童初步感知和认识书面语言，理解书面语言和口头语言的对应关系。

儿童可以从幼儿园的早期阅读活动中得到这样几方面的认识：(1) 书面语言和口头语言一样，都可以储存信息，但书面语言是用文字的方式记录储存的，具有可视的特点。(2) 书面语言与口头语言都可以用来表达人们的思想。口头语言直接说出来，书面语言却具有文字反映的特点。(3) 书面语言和口头语言一样，都是人们交际的工具，但是交际的方式不同。如果没有书面语言，在空间和时间条件限制下，人们的交际将会出现问题。

（三）帮助儿童掌握早期阅读的技能

在学前阶段儿童还需要掌握一些必要的阅读技能，这就是早期阅读能力的培养。

1. 观察模拟书面语言的能力

儿童对书面语言是否敏感，首先一点是能够通过观察了解书面语言与其他语言呈现方式的差异，了解母语文字的特征、相互间区别语义的异同等，并且能够进行模仿。观察模拟的能力是学习书面语言的基本技能，掌握这种能力非常有益于儿童未来的学习。

2. 预期的能力

预期的能力是预计估测阅读内容的方法策略。这种预期能力可以有效帮助儿童理解每一个具体的阅读内容，并且不断扩展儿童的阅读经验。培养儿童的阅读预期能力，必须通过大量的阅读实践活动，在儿童有较多的同类阅读经验的基础上，给予点拨指导，帮助他们归纳出一定的阅读内容规律。

3. 自我调适的技能

书面语言的学习需要一种敏锐地发现错误并及时进行自我纠正的能力。这种不靠外部纠正而随时敏感地自省领悟的能力，对儿童学习和掌握书面语言十分重要。

不同年龄阶段儿童早期阅读的教育目标如下：

小班

(1) 喜欢阅读，知道阅读的基本方法，能初步看懂单幅儿童图画书的主要内容；

(2) 能用口头语言讲述儿童图画书的主要内容；

(3) 对文字感兴趣，能在成人的帮助下认读最简单的汉字；

(4) 在活动中以描绘图形的方式练习基本笔画。

中班

(1) 能仔细观察画面的人物细节，看懂单幅或多幅儿童图画书的主要内容，增强预知故事情节发展和结局的能力；

(2) 懂得爱护图书，初步了解图书的制作过程，有兴趣模仿制作图书；

(3) 初步了解汉字简单的认读规律，并积极主动地认读汉字；

(4) 喜欢描画图形，尝试用有趣的方式练习汉字的基本笔画。

大班

(1) 能与同伴合作制作图画书，进一步了解图画书的构成；

(2) 知道图书画面与文字的对应关系，开始有兴趣阅读图书中的简单文字；

(3) 积极学认常见的汉字，并能注意在生活中学习和运用书面语言；

(4) 掌握基本的书写姿势，在有趣的图形练习中做好写字的准备。

五、儿童早期阅读活动的内容

在过去若干年的语言教育观念中，学龄前儿童以发展口头语言为主，人们认为在儿童尚未接受正式的读写教育之前，是完全没有读写的发展可言的。然而，最近十几年有关学前儿童读写发展的研究发现，学前儿童在早期获得口头语言的同时，便萌生对书面语言的兴趣和敏感性，他们通过观察、体验有关书面语言的读写经验，从而逐步尝试探索周围环境中的书面语言。

根据幼儿园早期阅读活动的目标，为儿童提供的早期阅读内容包含三个方面的阅读经验，即前图书阅读的经验、前识字经验、前书写经验。

（一）向儿童提供前图书阅读的经验

许多人认为早期阅读主要是识字，但是这种观点其实是错误的。在学前儿童早期阅读能力发展中，有一个很重要的方面是图书阅读行为，例如能看懂或识别一些路标和生活中公共场所的一些标记。图书是学前儿童阅读发展的重要媒介，有关研究表明，阅读能力强的儿童常来自语言丰富的环境，早期的图书阅读能够带领儿童超越他们原有的语言形态。

苏日比(1985)通过研究儿童萌发的图书阅读行为发现，两三岁儿童的口语阅读图书的行为可以分为以下五个阶段：(1) 注意图画，但未形成故事。(2) 注意图画并形成口语故事。(3) 注意图画、阅读和讲故事。(4) 注意图画，但开始形成书面的故事内容。(5) 注意文字：这个阶段依次出现四种情况，先是只关注文字而忽略故事；接着是部分阅读，重点关注自己认识的字；继而以不平衡的策略读书，在读书时过度省略不认识的字，或者凭预测替代某个不认识的字；最后过渡到独立阅读文字。

“前图书阅读经验”既可以利用儿童感兴趣的丰富多彩的图书来帮助儿童学习阅读图书、培养阅读能力，同时还要挖掘任何可供儿童阅读的材料，例如广告纸、说明书、菜单等生活中随手可得的东西，这些与生活紧密结合的材料同样能丰富儿童的前图书阅读经验。

儿童在早期阅读时要学习若干具体的行为经验：

(1) 翻阅图书的经验，掌握一般的翻阅图书的规则和方法。

(2) 读懂图书内容的经验，会看画面，能从中发现人物表情、动作、背景，将之串联起来理解故事情节。

(3) 理解图书画面、文字与口语有对应关系的经验，会用口语讲出画面内容；或听老师念图书，知道是在讲画面故事的内容。

(4) 图书制作的经验。知道图书上所说的故事是作家用文字写出来的，画家又用图画表现出来，最后印刷装订成书。儿童也可以自己尝试做小作家、小画家，把自己想说的事画成一页一页的故事，再订成一本图书。

(二) 向儿童提供前识字经验

集中、大量、快速识字是儿童进入小学阶段的学习任务，而不是学前儿童阅读的内容。但是在学前阶段，通过有计划、有目的的早期阅读活动可以帮助儿童获得前识字经验，提高儿童对文字的敏感程度。

早期阅读活动向儿童提供的前识字经验主要有以下六个方面的内容：(1) 知道文字有具体的意义，可以念出声来，可以把文字、口语与概念对应起来。(2) 理解文字功能作用的经验。如知道想说的话可以通过文字写成信寄到别人的手中，再转化成口头语言，别人会明白写信人的具体意思。(3) 粗晓文字来源的经验。初步了解文字是怎样产生的，又是如何演变成今天的样子的。(4) 知道文字是一种符号，并与其他符号系统可以转化的经验。如认识各种交通图形标志，知道各种标志代表一定的意思，可以用语言文字表现出来。(5) 知道语言和文字的多样性经验。如知道世界上有各种各样的语言和文字，同样一句话，可以用不同的语言和文字表达，不同的语言和文字可以互译。(6) 了解识字规律的经验。在前识字学习中让儿童明白文字有一定的构成规律，掌握这些规律就可以更好地识字。如汉字“木”字旁的字大多与木有关，如森、林、树等。把握这种内在规则，会增加儿童的识字兴趣，有利于儿童自己探索认识一些常见的字。

（三）向儿童提供前书写经验

学前儿童学习书写的方式与学习识字和阅读图书相似，都要通过尝试和探索的过程。他们先觉得好玩而在纸上涂涂画画，慢慢地了解写字的各种形式，开始试着写出类似字的东西。儿童首先了解书面语言是有意义的，然后认识写字是一再重复使用少数几个笔画，进而发现这些笔画有许多变化方式。经过探索，儿童进一步认识形成字的笔画只能有限度地变化，最后发现写字有次序和方位的规则。这些基本的书写策略的形成过程，同样是汉语儿童书写行为发展的一般规律。

尽管学前阶段不要求儿童学习写字，但是通过游戏化的前书写活动帮助儿童获得一些有关汉字书写的信息仍然必要。前书写经验是为进入小学后正式学习书写所做的准备工作，学前阶段儿童着重积累有关汉语文字书写构成的经验，主要包括认识汉语文字的独特书写风格，将汉字书写与其他文字的书写区别开来。例如，知道汉字的基本间架结构，了解书写的最初步规则，学习按照规则写字，尝试用有趣的方式练习基本笔画，知道书写汉语文字的主要工具，了解使用铅笔、钢笔、圆珠笔、毛笔的不同要求，尝试使用这些书写工具，学会用正确的书写姿势写字，包括坐姿、握笔姿势等。

六、早期阅读活动设计与实施的基本结构

早期阅读活动是有目的、有计划地发展儿童阅读能力，培养儿童良好的阅读习惯和阅读态度的活动。只有合理的阅读活动结构才能调动儿童的积极主动性，使儿童投入到其乐无穷的阅读活动中去。

（一）儿童自由阅读

在阅读活动开始时，教师首先应提供让儿童自己阅读的机会。这一步骤将阅读活动学习的书面语言展现在儿童面前，让儿童自由地接近本次活动的学习内容，观察自己的认识对象，获得有关的信息。在这一环节，教师要巧妙而实在地起到引导作用，儿童在教师的具体指导下逐步开始阅读活动。教师可采用提问的方式，用问题引导儿童的思路，指示他们观察认识的途径。如中班阅读活动《打瞌睡的房子》，教师作打瞌睡状，然后问小朋友们是否打过瞌睡、打瞌睡时的动作是什么样的，进而引导儿童观察图书画面上打瞌睡的房子的造型，以激发儿童的阅读兴趣。教师还可以向儿童提出观察的要求，然后教师操作、表演，让儿童完整地、安静地阅读观看。教师在简单地介绍完图书的名称及封面内容后，就要提供机会让儿童自由阅读，使儿童能重新回忆曾经看过的重要情节，在此基础上再度对同一内容进行理解。儿童可以小声地边翻阅图书边讲述，这时儿童主要是独自讲述，一般不与同伴发生语言交往。儿童自己阅读是给自己“接近”本次阅读学习内容的机会，是在教师指导下观察和认识一定书面语言的开始。

教师在指导这个阶段时应注意：第一，在儿童自由阅读活动中，教师要根据阅读材

料、儿童已有的知识经验与阅读反应，设计并恰当地搭配使用不同类型的问题，才能使阅读更符合儿童的认知水平，建构起儿童自己的阅读提纲，从而帮助儿童掌握阅读的要点。第二，在教师巡回指导时，要注意观察每个儿童的表现。对那些阅读能力较强的儿童，要鼓励他们再仔细阅读图书中的细节部分、了解角色的特征、尝试分析角色的心理活动，以了解其内容的发展线索，更好地掌握故事情节；对那些阅读能力较低的儿童，则要予以重点观察，了解哪些内容是儿童不易理解与掌握的，从而为下一步的阅读活动提供必要的依据。

（二）师幼共同阅读

师幼共同阅读是指教师与儿童在共同阅读的过程中，充分发挥师幼互动的作用，为儿童提供想说、敢说、喜欢说、有机会说并能得到积极应答的环境，以达到提高儿童表达、感受、倾听、分享的能力以及阅读水平的目的。早期阅读活动中师幼共同阅读是一个重要的组织形式，是影响早期阅读活动顺利开展的重要因素之一。在师幼共同阅读中，教师要充分发挥自己的主导作用，以儿童为主体，做到有计划、有目的、有策略地进行；同时，要把握好儿童的阅读特点，全面提高儿童阅读的整体水平。教师和儿童一起阅读，实际上是在儿童自己观察认识接触到的书面语言信息的基础上，由教师带领儿童来进一步学习理解这些书面语言信息。在这一环节中，教师要将要求儿童掌握的书面语言的信息贯穿到阅读的过程中去。教师的作用在于帮助儿童明确此次早期阅读的内容，并正确地掌握书面语言的信息。教师应注意，在这一环节中，教师不必着重“告诉”儿童什么，而是可以采用“平行”的方式，与儿童平起平坐地共同阅读。

质疑对话是一个非常适宜在师幼共同阅读时进行的有效策略。质疑对话即在阅读教学中，摒弃过去教师提问、儿童回答的传统模式。质疑对话可穿插于整个教学过程中，可以在儿童理解故事前进行，也可在儿童理解故事后进行。如故事《獾的美餐》，教师在儿童自主阅读后，不急着提问而是引发儿童思考：“看了故事，你有什么不明白的地方?”由于是在儿童理解故事前进行的，儿童的问题特别的多，大都为较浅层的问题。如：“獾住的洞形状真奇怪，这个洞是怎么做的啊?”“小动物们为什么都跑到这个洞里呢?”这些“问题球”可以抛给其他儿童解答。教师则根据儿童的解答再引发新的较为深层的问题，帮助儿童更好地理解故事。又如：儿童阅读理解了故事《獾的美餐》后，教师也引发儿童的思考：“阅读了这个故事后，你还有什么不明白的地方吗?”由于是在理解故事后进行的，因此大都是儿童经过“深思熟虑”的较为深层问题，如：“小动物们写信给谁的呢?”，还有的儿童问：“小动物知不知道这个洞的主人是谁?”“我们要是没经过主人的同意就吃了他的东西，可以通过什么办法去告诉他呢?”教师通过引发儿童对故事深层的思考，帮助儿童更进一步地挖掘故事的内涵，感悟故事中的“真、善、美”。

（三）围绕阅读重点开展活动

每一次阅读活动都会有一定的阅读重点，教师在准备阅读活动时就要做到心中有数，由于图书具有前后联系和连续性强的特点，如果一个重点或难点画面没有得到正确的理解，往往会影响到儿童对整本图书主要内容的把握，因此，教师对这些问题要给予特别的关注，并能按照阅读目标有计划地在活动中贯彻实施。经过师幼共同阅读后，教师可以组织儿童围绕阅读重点开展活动，重点在于帮助儿童深入地掌握阅读内容，习得正确的阅读方法。

教师一定要在前面几个阶段观察了解儿童实际困难的基础上，结合图书的主要难点对儿童进行必要的指导，使儿童能将图书的细节与内容相结合，从而深入地理解图书的主要内容，并能体验图书中人物的内心感受。在此环节，教师应使用理解性问题和探究性问题进行阅读引导。其中，理解性问题指的是鼓励儿童从自己的理解角度去体验作品；探究性问题可能是揭示故事主题的关键问题或故事角色、情感变化的问题。这些层层递进的问题设置对于儿童理解阅读材料的深层含义有着较大的帮助作用。

除了组织讨论外，教师在指导儿童围绕阅读重点开展活动时，还可以灵活采用其他活动形式，比如游戏、表演等。只要能够引导儿童深入掌握学习的重点、加深对阅读材料的印象，各种活动方式都可以在这一环节中得到灵活、有效的运用。

（四）归纳阅读内容

儿童在自由阅读、师幼共读、围绕重点阅读之后，已经能将故事中相同的几个情节点加以初步的归纳理解，但是他们还不能很好地去感受故事的主题，这就需要家长或教师运用一些巧妙的方法去引导儿童进行概括和提升，从而加深其对故事的理解。

1. 归纳理解

归纳理解是阅读教学中，让儿童在自主阅读的基础上学着归纳图画故事中相同的情节点、感知故事的线索以及发展的过程。大班阅读活动《嘿，站住！》就是一个有多幅画面且较多情节点的故事。在阅读教学活动中，教师先让儿童自主阅读，然后引发大家进行讨论："嘿，站住！这句话是大猩猩对谁说的？"，"谁能说说，这个故事主要讲了几件事？"，"老鼠妈妈被吓了一大跳，老鼠妈妈此时心里会怎么想？"，"熊猫妈妈被吓了一大跳，熊猫妈妈又想了些什么？"教师通过引导儿童寻找相关情节点的图片，使儿童对故事的脉络及其情节发展更为清晰，从而在30分钟的教学活动中有效地提高了儿童对故事的归纳理解力。

2. 概括提升

概括提升是指在阅读教学中帮助儿童边阅读边思考，使其学会梳理并归纳故事的主题，提升对故事内涵的理解。如在《小狐狸的枪和炮》中，教师引导儿童在自主阅读时思考："为什么小狐狸一会儿得意扬扬，一会儿愁眉苦脸，一会儿又开怀大笑呢？"概括式的提问引发了儿童的思考并帮助他们形成了对故事的初步理解。在此基础上，教师又鼓励儿童学着归纳故事的中心大意，当然这样的方法比较适合大班下学期的孩子。如："看了这个故事，能不能用两三句简短的话讲清故事讲了什么，告诉我们一个什么道理？"通过思考，儿童可以根据对故事的理解，概括故事的中心，更能透过故事挖掘深层的内涵。这不仅能使儿童深入地理解故事，更能锻炼儿童精炼概括的能力。

七、早期阅读教育活动形式与指导要点

（一）早期阅读教育活动的形式

早期阅读教育活动有多种形式，教师在组织阅读活动时应根据儿童的具体情况选择合适的内容和形式。常见的阅读活动形式如下：

1. 幼儿园阅读教育活动

班级图书角阅读活动；教师组织的专门的阅读活动；一日生活中渗透阅读因素的活动；利用社会、自然环境的阅读活动；阅览中心的阅读活动；儿童自发性的阅读活动。

2. 家庭阅读教育活动

亲子阅读活动；邻里间交往性阅读活动；家庭外出的郊游；参观性阅读活动。

3. 利用社会教育资源的阅读活动

社区阅读活动；图书馆阅读活动；随机性阅读活动（商标、广告、标志、新闻、报刊）；视听阅读活动。

（二）早期阅读教育活动的要求

幼儿园早期阅读活动有其独特的目标和专门的内容，在组织活动方面也有其独特的要求与特点。

1. 创设丰富的阅读环境

早期阅读活动重在为儿童提供阅读经验，因而在组织活动时，需要向儿童提供含有较多阅读信息的教育环境。良好的阅读环境是指有利激发孩子阅读兴趣，支持和引导儿童发展阅读能力的阅读空间。因此，幼儿园应从环境入手，为孩子提供舒适、温馨、安全、丰富且便于交流展示的物质环境，以及宽松愉快、和谐的心理环境。美且和谐的幼儿园环境，能充分发挥激发儿童阅读能力的作用。教师应为孩子提供舒适、温馨的阅览室，阅览室里应摆放着小桌子、小椅子、地毯和软垫，还有各种内容、形状及不同版本的书，并按类别进行分类，制作利于儿童理解的标记，供儿童选择。教师可以利用一切机会和场所让儿童充分感受书面语言的魅力，从而潜移默化地接受有关语言方面的知识。

2. 提供合适的阅读材料

早期阅读是通过积累各种阅读经验来培养儿童阅读兴趣、阅读习惯和阅读能力的过程。因此，我们要从不同年龄阶段儿童的特点出发，多层次地为儿童选择丰富多元的阅读材料，选择适合孩子年龄特点的书籍。图文并茂的视觉材料，能给孩子以积极的刺激，能加快大脑发育和成熟，促进孩子思维的发展。在学前阶段，儿童所接触的书面语言一般是他们已经知道的东西的文字代码。从儿童认识书面语言的这一特点出发，早期阅读活动应当提供有具体意义的、形象的、生动的阅读内容。那些有趣的、图文并茂的故事，有实在意义并有一定规律可循的文字，提倡整合的阅读活动，都能够使儿童获得有关书面语言的初步知识。

3. **提倡整合的阅读活动**

早期阅读教育的整合是指早期阅读教育活动与其他教育活动以及早期阅读教育活动内部各要素之间的整合，这些要素之间存在有机联系，并相互影响。早期阅读是以全面促进儿童阅读兴趣培养、习惯养成和能力发展为目标的教育实践活动，倡导和推行早期阅读的整合教育有助于教师在实践中准确把握早期阅读的各要素及各要素之间的有机联系，从而保证早期阅读目标的全面实现。

首先，儿童以整体的方式感知阅读信息。儿童能够阅读的材料，如图书、图片、录像带、碟片、幻灯片、符号、标志等，都是以图、文、义整合的方式整体呈现的，儿童很难从中剥离出单独的画面、符号、文字等信息。其次，儿童以综合的方式习得阅读方法。在满怀兴致地阅读图书、观赏动画片或观看广告招牌的过程中，在成人的引导下，儿童会逐步习得翻阅图书、爱护图书、制作图书，按顺序观察、理解推测、感知模拟文字以及表述见解等基本阅读方法。最后，儿童在阅读活动中积极主动地接触各种材料，不断对图书阅读、文字构成、书写规范的经验进行认知上的同化、顺应和平衡，由此自主地建构阅读的整体经验。

4. **提供鲜明的文化和语言背景**

任何一种语言，尤其是书面语言，都有其独特的文化背景。在幼儿园开展早期阅读活动时，应当充分考虑儿童母语的特性及其文化特色，帮助儿童了解母语的文化和语言背景。例如，有关汉字起源与发展的知识，汉字的基本间架结构以及在田字格内的位置，书写汉字的独特工具——毛笔及其使用方法，等等。所有这些都能有效地帮助儿童感受祖国语言的文化气息，通过书面语言来更好地了解祖国文化，而通过祖国文化的信息渗透也可以更好地帮助儿童认识、学习书面语言。这种早期阅读活动中的文化知识和语言学习的相互作用可以取得相得益彰的教育效果。

（三）幼儿园阅读活动的指导

作为早期阅读教育的指导既要合乎儿童学习的基本规律，又不能对不同的儿童、不同的活动用同一个模式，同一种方法，应该在注重实践活动和活动中师生互动、亲子互动、生生互动的阅读教育活动指导大前提下，重视以下早期阅读教育活动的指导要点。

1. **创设良好的阅读环境**

在日常生活中指导儿童早期阅读的一个重点是，为儿童提供自由自在、生动有趣、丰富多彩的多元阅读环境和条件，让他们饶有兴趣地接触图书和文字，逐渐形成对文字的兴趣和阅读动机，学习阅读的技能。丰富的早期阅读环境包括：根据儿童的年龄特点、兴趣爱好和认知发展特点，在儿童的活动场所为他们提供合适的、多样化的、随手可取的书籍或其他文字游戏材料。根据不同儿童的需要及阅读特点，教师可采用自然阅读等指导方法，让儿童在丰富多彩的阅读情景中，通过自己的感官，产生阅读兴趣和求知欲，主动去阅读。例如，可以通过班级图书馆、各活动区材料、阅览中心、书城、问题箱以及供应图片、卡片、拼图等方式，让儿童按照自己的意愿和方法去阅读、去探索。

2. 激发儿童阅读的兴趣

激发兴趣是最重要、最有效的指导之一。在阅读过程中，儿童的内部动机可以保证阅读活动的顺利进行并取得积极的阅读效果。但并不是每个人生来就喜欢看书，而且部分儿童对图书的好奇心最初也只是受潜在的动机力量驱使，需要通过实践获得成功和乐趣才能逐渐形成和稳固下来。因此，培养儿童的内部动机十分必要。教师可以通过创设适当的问题情境，从而激发儿童的求知欲。这主要指教师在读物内容和儿童求知心理间制造一种“不协调”，将幼儿引入一种与问题有关的情境中。例如，“你们看过《三只小猪的故事》，但是今天有一本图画书叫《三只小猪的真实故事》，里面的大灰狼要告诉我们一件事情的真相，你们想知道真相是什么吗？这本书会告诉我们所发生的一切。”创设问题情境时应注意问题要小而具体、新颖有趣、有适当的难度并具有启发性，易造成儿童心理上的悬念。教师还可以采用图文对照法，在活动中采用文字与图意对应，依字配图，图文并茂，这样既适合儿童形象思维的特点，又可以激发儿童学习兴趣，发展儿童观察力和想象力。另外，还可以采用竞赛法、演示法等提高儿童兴趣。

3. 设计合理的阅读活动结构

有组织的儿童阅读活动往往是在教师指导下渐次进行的，因此教师是否设计出合理的活动结构将直接影响儿童的阅读。教师可根据不同的年龄班、不同的阅读重点设计合理的活动结构。一般说来，小班一开始要从教师先读、师幼共读慢慢过渡到儿童自己阅读。在师幼一起读的过程中，教师要提出适当问题，帮助幼儿把握情节、关系，最后再进行讨论、归纳。中班儿童可以先独立阅读，然后在师幼共读的过程中通过教师的提示和提问加深理解，教师还可围绕阅读重点开展绘画、游戏等活动以巩固儿童的阅读成果。大班同样有儿童自己阅读和师幼共读活动，与小、中班相比，其不同之处在于在阅读前后可以加上较为正规的文字认读活动，开始了由运用口头语言向运用书面语言的过渡。早期阅读是一项丰富多彩的活动，因此不可按照一个模式进行，教师可发挥自己的优势，结合儿童与读物的特点进行活动设计。但不论如何设计，活动结束之前教师或个别儿童要将阅读内容完整讲述一遍。

4. 引导儿童与图书、文字进行创造性互动

从成人陪伴阅读到自主阅读是一个比较漫长的过程，当儿童具备一定的阅读基础和能力以后，成人应该引导儿童与图书、文字进行创造性互动，以进一步延伸和扩展儿童的阅读经验。创造性互动可包括：引导儿童通过口述自己听到的或者看到的“故事”，扮演“讲故事人”的角色来创编和讲述自己的故事；准备一些操作材料，根据故事情节与儿童一起玩角色扮演游戏；让儿童尝试将自己创作的故事画在纸上，并帮助儿童制作成书；通过玩文字游戏、写便条、出通知、写信以及给熟悉物品做标签等途径，帮助儿童学会创造性地使用书面语言符号，使他们成为图书和文字材料的创作者，这样的活动不仅有利于儿童阅读能力的提高，而且有利于他们全面的发展。

（四）对家庭亲子阅读活动的指导

1. **直接指导**

定期培训：用家长座谈会、家长在学校的时间，使家长全面了解早期阅读教育的目标、途径、内容和方法，使家长明确儿童早期阅读对其发展的重要性。小组指导：主要针对亲子阅读中普遍存在的问题，利用接送孩子的时间进行小组辅导。材料展示：阶段展示孩子的阅读材料，让家长了解儿童在园的阅读情况，拓宽家长对孩子进行阅读教育的思路。经验交流：组织家长进行家庭阅读经验交流，丰富家长教育孩子的方法。

2. **间接指导**

即利用家园联系栏、家长信箱，或家长开放日、印发阅读资料等方法帮助家长了解和学习家庭教育经验。

3. **个别指导**

由于儿童的阅读兴趣、习惯、态度和能力各有差异，为达到最佳的教育效果，使每个儿童都能有所发展，可针对不同的家长作具体的个别辅导。例如，教给家长观察自己孩子的方法，以便其针对自己孩子的情况采取相应的方法；指导家长共做亲子活动材料，如制作不同主题的“我们自己的书”，等等。

八、家庭中的早期阅读指导

（一）家庭中早期阅读存在的问题

1. **家长教育观念上存在误区**

由于正规的阅读是以文字为基础的，因此，一说起“早期阅读”，人们常把它与识字联系在一起，以为要对儿童进行大量的识字教育；也有人认为学前阶段儿童主要以口头语言为主，而阅读是进入小学后的事情，学前阶段不必操之过急；还有人认为，所谓“早期阅读”就是看图讲述，在阅读活动中不注重培养儿童的阅读兴趣和阅读习惯。

2. **阅读活动中家长缺乏科学的理论指导**

首先，许多家长在为孩子购买图书时往往根据自己的意愿，有目的地选择一些开发智力的书籍，把书籍视作开发孩子智力的一种工具，较少考虑孩子的兴趣；其次，儿童阅读环境欠佳，家长陪孩子阅读的时间较少，儿童拥有的图书虽多，但往往缺乏固定的书架和单独的阅读区；再次，儿童阅读习惯较差，家长不重视对儿童正确阅读行为的培养，儿童爱听家长讲故事，不喜欢自己读故事，因而每天缠着家长讲故事，能够自己一页一页认真仔细翻看的很少。许多家长不注重对阅读内容的重复，经常购买新书以引起孩子对书的兴趣，忽视孩子的认知特点，不能对孩子的阅读技能和阅读习惯进行有效培养。

（二）家庭培养儿童阅读的有效途径

1. 选择合适的阅读材料

（1）选择具有表意性质的图文并茂的阅读材料

从学前儿童认知的特点出发，家长要为儿童选择有具体意义的、形象的、生动的阅读内容。一般而言，图书是书面语言的载体，但学前阶段儿童阅读的图书是由文字和图画两种符号构成的，具有图文并茂的独特内容。同时，图书中的文字具有实在意义，并有一定规律可循，能帮助婴幼儿形成有关书面语言的初步知识。另外，学前儿童接触到的图书应色彩鲜艳、图文并茂、画面清晰，主要感知对象要突出，减少无关刺激物对婴幼儿注意的干扰，而且语言要浅显、生动、有趣、朗朗上口、易学易记。

（2）选择适合儿童年龄阶段的读物

儿童阶段身心发展速度很快，随着年龄的增长，孩子的阅读水平、兴趣等会有明显的差异。因此，家长应根据孩子的年龄特点选择合适的读物，3～4 岁的儿童可选择一些故事内容生动有趣、情节简单、形象突出、画面清晰的图书，同时要装订牢固，纸质较厚韧，便于儿童反复翻阅。5～6 岁的儿童，父母除了为他们提供富有想象力的童话以及启发孩子哲理的寓言等外，还可以给孩子读一些科学家、文学家的故事，让孩子从著名人物的事迹中了解一些建功立业的道理，另外还可以选择一些历史、自然等方面的知识性图书。6～7 岁的儿童则可选一些知识类故事，以满足他们的探究心理，从而利于他们的语言表达能力、观察能力、思维能力的进一步发展。

2. 创设良好的阅读环境，激发阅读兴趣

（1）创设阅读区

家长在家里可以布置一个专门供儿童阅读使用的空间，在图书区除了书外还要提供其他如纸、笔等文具材料和绘画材料，鼓励儿童多渠道反映自己阅读后的体验和感受，并对儿童创造性的说、画、涂、写等及时给予肯定与鼓励，力求为儿童营造愉快的、自由的阅读心理环境，充分体验阅读的乐趣；还要经常更换、添置新的图书，以保持他们对图书的新鲜感，同时根据儿童的年龄特点和认知水平，每天保证一定的时间，让儿童自由选择读物阅读。

（2）感受亲子阅读的乐趣

亲子阅读对于孩子而言，首先是得到爱与快乐的途径。亲子阅读的目的是创造平等对话的氛围，体会共同成长的快乐。父母与孩子一起阅读图书，在阅读过程中围绕作品中的情节或某个词开展讨论、表达自己的理解或感悟等。这可以促使亲子间互相补充、互相学习，而通过父母的提问、解释或建议则可以提高儿童的阅读兴趣和能力，鼓励儿童继续阅读，同时也可以促进父母与孩子之间的沟通和交流。

3. 采取科学的指导方法

（1）阅读要有重点

每一个故事都是有情节、有高潮的，家长在给儿童讲故事的时候要把握住重点和难点，应当组织儿童围绕阅读重点进行阅读，并灵活采用讨论、表演等形式帮助儿童深入地掌握阅读内容和正确的阅读方式。只要能够引导儿童深入掌握阅读的重点和难点，加深对所学的书面语言的印象，各种活动方式都可以在这一环节的组织过程中使用。

(2) 注意语言的生动性

家长讲故事的语言方式对吸引儿童的阅读兴趣有重要作用，讲故事时家长的语音、语调要丰富多样，要注意语气的变化，并做出相应的表情。家长可以根据故事情节及人物形象变换自己的声音和表情，用游戏或扮演的方式进入故事情节，自然表达人物的对话。故事情节本身就对孩子有很好的启发，可以让他们感受不同的人物形象，也可以丰富儿童的想象力，增强他们的创造力。

早期阅读活动案例分析

早期阅读活动(一)：好饿的小蛇(小班)

(苏州市相城区蠡口中心幼儿园　杨志群)

一、活动目标

(1) 初步理解故事内容，感受故事幽默、滑稽的风格。

(2) 学习用恰当的语言描述物体的颜色与形状。

(3) 乐意表述自己的猜测与想象。

二、活动准备

(1) 多媒体课件、音乐磁带、录音机。

(2) 幼儿对不同物体的形状有一定的认识。

三、活动过程

1. 激发阅读兴趣

(1) 直接导入，引起兴趣

师：我们今天来听一个好听的故事，名字叫《好饿的小蛇》。

(2) 引导幼儿观看 ppt 首页图片

师：这条小蛇长得怎么样？猜一猜，小蛇在小树林里会干什么呢？

2. 欣赏 ppt 课件，理解故事内容，感受故事幽默、滑稽的风格

(1) 观察 ppt 图片 1～2 页

师：小蛇怎么变成这个样子了？小蛇可能吃了什么东西呀？这是什么水果呢？你从哪里看出来的？

教师引导幼儿模仿小蛇吃苹果的动作并鼓励幼儿重复故事中的语言："好饿的小蛇扭来扭去在散步，它发现了一个圆圆的苹果，'啊呜——咕嘟。啊，真好吃！'"

(2) 观察 ppt 图片 3～10 页

师：猜猜小蛇分别吃了哪些东西？(香蕉、菠萝、葡萄、小树)

教师引导幼儿通过动作来模仿小蛇的身体造型，鼓励幼儿学习图画书中的语言大

胆表述。

3. 欣赏动画故事,体会故事幽默的风格

(1) 边播放动画故事,边配合讲述,引导幼儿一起说一说故事中的某些句子。

(2) 帮助幼儿进一步体会故事中的幽默与风趣。

4. 结束部分

(1) 简单小结活动情况,鼓励幼儿把故事讲给家里人听。

(2) 带领幼儿在欢快的音乐声中模仿小蛇的各种动作。

四、活动延伸

将此故事内容渗透在区角的角色游戏活动中。

早期阅读活动(二):鸭子骑车记(大班)

(上海闵行区天恒名都幼儿园　王竹君)

一、活动目标

(1) 理解故事内容,从图画书中寻找故事的发展线索。

(2) 关注画面细节,尝试用连贯、清晰的语言进行表述。

(3) 感受鸭子挑战自我、坚持到底的精神。

二、活动准备

(1) 图画书《鸭子骑车记》人手一本。

(2) 图画书局部画面及其相应小图片:鸭子骑车时遇到的朋友,鸭子骑车的各种动作。

(3) 幼儿有丰富的图画书阅读经验,已经养成较好的阅读习惯。

三、活动过程

1. 师幼共同观看图画书封面,激发幼儿阅读兴趣

(1) 观察图画书封面上的主要角色形象。

师:封面上有谁?它会有什么奇思妙想?

(2) 了解故事名称。

(3) 讨论:鸭子可能学会骑车吗?

2. 幼儿自主阅读图画书,了解故事大意,寻找答案

(1) 带着问题边逐页翻阅图画书边思考:鸭子究竟有没有学会骑车?

(2) 交流从书中找到的答案。

3. 师幼共读,关注画面细节,梳理故事线索

(1) 线索一:动物朋友们对鸭子骑车的不同态度(出示局部画面一)。

师:鸭子骑车时遇到了哪些动物朋友?这些动物赞成鸭子骑车吗?

(2) 线索二:鸭子怎样学会骑车?(出示局部画面二)

师:鸭子原来会不会骑车?(引导幼儿从图画书中找出鸭子最初不会骑车时的动作)

(3) 线索三:动物朋友们的巨大改变。

师:最初鸭子的朋友都不学骑车,后来呢?

师:动物朋友们从什么时候开始想学骑车的?(引导幼儿连贯地翻阅最后几页,理解动物朋友跃跃欲试,学习骑车的有趣情景)

4. 拓展想象空间

教师引导幼儿思考:鸭子学会骑车后有没有新的想法?(引导幼儿从图画书画面中发现鸭子看到拖拉机又产生新的想法的情节)

四、活动延伸

鼓励幼儿将图画书中的内容讲给爸爸妈妈听。

第八章　学前儿童语言教育评价

学前儿童语言教育评价即收集教育活动系统各方面的信息，并依据一定的客观标准对学前儿童语言发展状况和儿童语言教育过程、内容、方法、效果等做出客观的衡量和科学的判定的过程。对学前儿童语言教育的评价，是随着对儿童语言发展和语言教育的认识的不断深化而逐渐发展起来的。本章主要从学前儿童语言教育评价的理论基础、作用与原则、内容和方法三个方面进行分析。

第一节　学前儿童语言教育评价的理论基础

《幼儿园教育指导纲要（试行）》强调，教育评价是幼儿园教育的重要组成部分。教师应自觉地运用评价手段，了解教育活动对幼儿发展的适宜性和有效性，以调整、改进工作，提高教育质量。教育活动评价的过程，是教师运用幼儿发展知识、学前教育原理等专业知识于教育实践，分析问题、解决问题的过程，也是教师自我成长的重要途径。

构建学前儿童语言教育评价指标体系的过程，就是将学前儿童语言教育的总体目标分解为语言发展水平目标和语言教育活动目标两个次级目标，然后再分解为具体、可操作的指标，通过对具体指标的评价，完成将各项局部评价转化为整体评价的工作。对学前儿童语言教育的评价，不仅包括对儿童语言发展状况的评价，还包括对儿童语言教育的过程（包括目标、内容、方法、效果等）做出价值判断，对教师教与儿童学的过程与结果做出评价。幼儿的行为反应和发展变化是对教育工作最客观、直率、真实的评价，教师要关注幼儿的反应和变化，把它看作重要的评价信息和改进工作的重要依据。由此可见，学前儿童语言教育的评价内容是丰富的、多方面的、多层次的。因此，必须建立一整套评价的指标体系，才能使学前儿童语言教育的评价具有客观性、精确性和科学性。

实践发现，评价指标的作用不仅决定了人们评什么、不评什么，而且决定我们重视什么、忽略什么。在一定意义上说，指标体系影响着语言教育发展的方向。对儿童语言教育进行评价，最早出现于西方。但西方国家往往更重视对儿童语言发展水平的评价，因此，在一定程度上导致人们只把注意力放在了儿童语言的发展水平上，而忽略了语言教育的过程，使语言教育出现了偏差。目前，由于重视“教育过程”的呼声越来越高，人们的注意重点已逐渐转到既重视结果又重视过程的评价上来。我国学前儿童语言教育评价，强调把语言教育作为一个整体来评价，包括从儿童语言发展的状况来评价教育效果和从对语言教育整体的各个部分及其相互关系的分析和判断来评价教育教学过程的实际运行状况。这一指标体系的构建，必将影响人们对学前儿童语言教育的态度，也将引起教育观念的变革。

第二节　学前儿童语言教育评价的作用和原则

所谓教育评价就是判断教育工作的价值。语言教育评价是语言教育整体结构中的一个要素，它通过对其他各要素的评价以及对语言教育整体运行中各个步骤的监测、诊断和反馈，对语言教育整体效果做出评价。学前儿童语言教育整体结构包括语言教育目标、语言教育内容、语言教育过程和语言教育评价四个要素。教育评价是语言教育整体结构中不可缺少的组成部分，也是语言教育运行过程中每一轮之间连接和转换的环节。

一、学前儿童语言教育评价的作用

（一）反馈作用

所谓“反馈”就是将教育成果信息返回给教师，用以调整改进教育过程。评价作为一种反馈——矫正系统，主要判断语言教育整体结构中每一个环节是否有效。如果无效，则必须及时采取改正和补救措施，以确保教育的有效性。反馈功能对教育者和受教育者所产生的心理效应主要具有以下几种：

（1）确认效应。可以反馈与确认教师的教育和儿童的学习是否有效。

（2）激发动机效应。教师对教育活动的设计与组织通过评价被确认存在缺陷和不足时，就具有激发教师改进和调整语言教育活动的动机作用效应；相反，良好的成果一经确认，则会激起教师更大的努力。

（3）强化成功经验的效应。可以强化教师选择成功有效的内容和方法，以及有关教具和学具的使用，并且迁移到同类活动中。

（4）消退失败经验的效应。根据评价结果的信息反馈，可以改正不适当的、经实践证明是失败的内容和方法，从而大大提高教师自我教育评价和改进教育工作的能力。

（二）诊断作用

诊断是语言教育评价的一个基本作用。通过评价，可以诊断学前儿童在语言教育活动整体实施上的语言发展状况；可以诊断儿童学习语言时在知识经验和能力技能上的准备程度以及已有的语言发展水平，由此来决定儿童语言教育的目标和内容；可以诊断儿童语言教育活动的实际效果；还可以诊断儿童在语言方面的兴趣、个性、语言能力等方面的差异，以便教师因材施教和有的放矢地进行个别指导。根据语言教育活动评价所得到的诊断结果，可以及时调整语言教育的内容，改进语言教育的方法。

（三）增效作用

教育评价在语言教育整体运行中具有增效作用。若能做到在语言教育过程中每走一步都做出评价，并以此为基础再进行下一步，就可能避免许多“无效劳动”，使教师和儿童的时间和精力花费在能取得实效的活动上。经常性的评价还可为学期或学年总评价积累素材，进行客观地归纳和总结。这些活动虽然增加了教师暂时的负担却换取了长远的效益，教师多付出的劳动量能随着评价体系及工具的建立和完善而逐渐减少。

二、学前儿童语言教育评价的原则

语言教育评价是在进行语言教育评价时必须遵守的基本要求，应遵循以下的原则：

（一）正确的价值观

树立正确的评价观，对评价要有正确、完整的认识，充分发挥评价的鉴定功能、诊断功能、改进功能、激励功能和导向功能。评价不仅仅是为了甄别、检查儿童学习和发展状况，同时也是为了提供真实的信息，使教师、家长了解孩子语言发展的现状，以便实施针对性的策略，提高学习效率，促进学前儿童语言的发展。

（二）客观公正的原则

首先，要制定或者参照客观公正的评价标准确定评价方案，事先尽量考虑周全，减少误差；其次，评价过程必须规范，要采取实事求是的态度，客观公正，而不能主观武断、掺杂个人的感情或情绪因素妄加评论和指责。如果评价者不能客观公正地对待评价对象，就会产生不良的后果，使评价活动失去意义。

（三）参照性原则

参照性原则是指制定的评价标准要有依据。幼儿园语言教育活动评价标准的制定，首先要符合国家有关法规性质的文件规定，这是确定语言教育活动评价标准的根本依据；其次，要依据儿童语言发展的基本规律，根据儿童在每个年龄段应有的水平做出恰当的规定，不可任意提高或降低标准；再次，要依据语言教育活动的目标，目标不仅是教育活动组织和实施的指南，也是教育活动评价的指南和参照的依据。在评价过程中，那种脱离目标另定标准的做法是不可取的。

（四）连续性、全面性的原则

教育实践是一个不断运动、全面发展的过程。教育评价必须要连续不断地对语言教育活动的各个组成部分和各个构成要素进行全面的评价。这就要求评价者既要对学前儿童的语言发展情况进行全面评价，也要对教师的教学活动进行评价；既要对语言教学的目标进行评价，也要对活动的内容、方法进行评价；既要对教学工具的运用进行评价，也要对师幼互动进行评价等。同时，评价的方法和工具还应有连续性，对评价的资料要进行妥善的保存，这样才能保证评价的连续性和全面性，反映出学前儿童语言动态发展的轨迹。

另外，学前儿童语言教育评价还应关注评价个体的差异性、评价主体的互动性、评价内容的多元化等原则。

第三节　学前儿童语言教育评价的内容和方法

学前儿童语言评价的内容主要包括两个方面：一是对学前儿童语言发展状况的评价，二是对学前儿童语言教育活动的评价。对不同方面的评价内容，应采取相应的评价方法。

一、学前儿童语言评价的内容

（一）对学前儿童语言发展状况的评价

1. 对目标达成的评价

语言领域的内容包括发展儿童的认知、情感与技能等，所以在对目标达成情况进行分析时，一般涉及以下三个方面内容：① 分析认知目标的达成情况，即了解儿童是否获得了目标所规定的语言知识，是否掌握了有关的语音、词汇、句型，是否懂得了在何种情况和环境下运用这些词汇和句型。② 分析情感与态度目标的达成情况，即了解儿童是否形成了耐心地倾听他人说话的态度，是否乐意在集体面前讲述自己经历的事或图片内容，是否掌握并遵守语言交往中的一般规则。③ 分析技能与能力目标达成的情况，即了解儿童构词成句的能力和在具体语境中运用语言的能力，是否能根据活动中语言情境来运用有关的词汇、语法和语调，是否能用连贯的语句说清楚自己想要表达的意思。在对目标达成情况进行分析的同时，还应对目标达成程度进行判断。目标达成程度可分为三级指标，即完全达到目标要求、基本达到目标要求和未达到目标要求。

2. 对学前儿童参与活动程度的评价

对学前儿童语言发展状况评价的另一方面，就是对儿童参与活动程度的分析与评价。这是一种动态的评价。通过对儿童在活动中的表现，可以了解活动设计和实施的情况，也可以了解儿童语言发展的状况。关于儿童参与活动的程度可以分为三级指标：① 儿童参与活动的最理想状态——主动积极参与；② 儿童参与活动的中间状态——一般参与活动程度；③ 儿童参与活动的最不理想状态——未参与活动。具体的评价标准可以从儿童参与活动的兴趣和注意力情况进行分析，即了解儿童对活动的内容和形式是否有浓厚的兴趣和强烈的学习动机，是否愿意主动举手回答教师的提问，儿童在活动中注意力是否集中、集中的程度和持久情况，儿童的情绪是否高涨，活动气氛是否活跃。

（二）对学前儿童语言教育活动的评价

对学前儿童语言教育活动的评价也可以说是对教师教学工作和教学效果的评价。这个方面的评价主要包括教育活动目标、教育活动内容、教育活动方法与活动的组织形式、活动的环境和材料、活动过程中师幼关系等五个方面。

1. 语言教育活动的目标

幼儿园的教育活动是有目的、有计划地引导儿童生动、活泼、主动参与多种形式的教育活动。活动目标是活动开展的指南，因此学前儿童语言教育活动的评价首先要关注活动目标。在评价语言教育活动目标时，主要分析这一活动目标的提出是否与学前儿童语言教育的终期目标、年龄阶段目标和具体语言教育活动目标相适应，是否从本班儿童的原有经验和发展需要出发，在目标中是否包含了认知、情感、能力三方面的内容。

2. 语言教育活动的内容

在评价语言教育活动内容时，主要分析教师对语言活动内容的选择是否恰当，即是否符合儿童的生活经验水平、认知规律和心理特点；教师是否将活动内容理解透彻，即是否能够重新组织、微调已有教材的教学程序；内容的分量是否适当，有无过多或过少的情况，是否抓住了关键内容，内容的组织是否主次分明，重点、难点是否突出；内容布局是否合理，与各环节之间的过渡或衔接是否自然流畅；活动内容与儿童原有的语言、认知和社会经验是否相对应等。

3. 语言教育活动方法及组织形式

在评价语言教育活动方法时，主要分析方法的运用是否规范、统一；方法的选择与运用是否依据活动目标、内容和儿童的年龄不同而变化；各种教学的方法与儿童的学习方式是否适合；这一方法能否调动儿童学习的积极性。在评价语言教育活动组织形式时，主要分析在活动展开过程中，形式是否丰富多样；教学的结构安排是否合理，即时间分配上是否出现前松后紧或者前紧后松的现象，教师指导时间和儿童练习时间分配是否适当，儿童个别活动与小组活动、集体活动的时间分配是否合理；是否考虑根据儿童的兴趣特点和认知发展水平或者某一具体活动内容采用实物演示、现场表演或谈话等方式创设活动情景，引起儿童的注意等。

4. 活动的环境和材料

在对儿童与语言环境之间的互动情况进行评价时，应重点观察儿童是否积极、主动地参与活动，并与活动环境进行互动；是否对活动环境和活动材料产生浓厚的兴趣；是否愿意主动操作活动材料。在评价教师对材料的利用情况时，主要考察教师所提供的环境和材料是否是活动所必需；教师在指导儿童学习时是否充分利用了这些材料；是否出现了材料提供不足或过剩而对儿童的学习兴趣和学习效果产生影响的情况。

5. 活动过程中的师幼关系

在评价语言教育活动过程中的师幼关系时，主要分析在活动过程中教师是否为儿童创设了宽松、民主的氛围，是否支持、鼓励儿童与教师、同伴交谈并体验语言交流的乐趣；师幼互融程度如何；教师是否确立了儿童在语言学习活动中的主体地位；儿童的注意力、兴趣、情绪、意志、性格等非智力因素是否得到充分的激发；教师指导与儿童主动学习是否协调，是否出现了因教师指导不足而影响教育活动目标的达成或者因指导过度而干扰儿童学习的主动性等现象。

二、学前儿童语言教育评价的方法

学前儿童语言教育评价的方法，是指通过一定的手段收集语言教育活动系统中各方面的信息，依据一定的客观标准对学前儿童语言发展和教育活动及其效果做出客观的衡量和科学的判定。评价的方法实际上是收集信息的方法。评价时，最好综合运用几种方法，这样可以收集多方面的信息，作为评价的量和质的客观资料，为科学的教育评价提供依据。

（一）自由叙述评价法

自由叙述评价法是将对教育活动的意见、判断、感想等自由地说出来或写下来，通过口头语言或文字叙述的形式对教育活动加以评价的方法。这种方法既适合于自我评价，也适合于对他人的评价。常见的形式有教师的听课记录、教案自评等。自由叙述评价法有利于综合反映学前儿童语言教育活动过程中的情况。

（二）观察评价法

观察评价法主要关注儿童在语言活动中的行为表现，重视对整个语言教育活动的效果进行分析。观察评价法主要包括解析语言教育活动目标的达成情况，活动内容和方法与儿童的适合程度，教育活动的运行状况以及了解儿童通过语言教育活动之后在语言方面产生的变化等内容。通过观察教师可以获得大量的评价信息，可以及时了解语言教育活动的运行状况，还可以通过观察得来的反馈信息，随时调整语言教育活动的内容、方法和组织形式。这一方法主要通过对儿童行为表现的观察了解从而对整个教育活动的效果进行分析，是一种很有效的评价方法。

（三）综合等级评定法

学前儿童语言教育活动的评价可以采用综合等级评定法，这一方法是从纵向和横向两个维度确定评价指标的，既对活动的各种因素进行分析和评价，又对活动的各种状态进行分析与评价，从而能够得到综合的评价信息。其中，纵向包括构成语言教育活动的各种因素，主要有目标、内容、形式、儿童参与活动程度、材料利用情况、师生互动。横向包括教育活动各因素在运行过程中的状态及其等级。根据这两个维度制定综合等级评定表(见表8-1)。教师在活动评价中，只要在相应的位置打上钩即可。使用综合等级评定法，评价者可以获取多重评价信息。

表 8－1 学前儿童语言教育活动评价表

目标达成分析	目标	完全达到	基本达到	未达到
	目标 1			
	目标 2			
	目标 3			
适合程度分析	内容	完全合适	基本合适	不合适
	形式			
活动因素分析	参与程度	主动积极	一般参与	未参与
	材料利用	充分利用	一般利用	未利用
	师生互动	积极互动	一般配合	消极被动

附录一

《幼儿园教育指导纲要(试行)》

第一部分　总则

一、为贯彻《中华人民共和国教育法》、《幼儿园管理条例》和《幼儿园工作规程》，指导幼儿园深入实施素质教育，特制定本纲要。

二、幼儿园教育是基础教育的重要组成部分，是我国学校教育和终身教育的奠基阶段。城乡各类幼儿园都应从实际出发，因地制宜地实施素质教育，为幼儿一生的发展打好基础。

三、幼儿园应与家庭、社区密切合作，与小学相互衔接，综合利用各种教育资源，共同为幼儿的发展创造良好的条件。

四、幼儿园应为幼儿提供健康、丰富的生活和活动环境，满足他们多方面发展的需要，使他们在快乐的童年生活中获得有益于身心发展的经验。

五、幼儿园教育应尊重幼儿的人格和权利，尊重幼儿身心发展的规律和学习特点，以游戏为基本活动，保教并重，关注个别差异，促进每个幼儿富有个性的发展。

第二部分　教育内容与要求

幼儿园的教育内容是全面的、启蒙性的，可以相对划分为健康、语言、社会、科学、艺术等五个领域，也可作其他不同的划分。各领域的内容相互渗透，从不同的角度促进幼儿情感、态度、能力、知识、技能等方面的发展。

一、健康

(一) 目标

1. 身体健康，在集体生活中情绪安定、愉快；

2. 生活、卫生习惯良好，有基本的生活自理能力；

3. 知道必要的安全保健常识，学习保护自己；

4. 喜欢参加体育活动，动作协调、灵活。

(二) 内容与要求

1. 建立良好的师生、同伴关系，让幼儿在集体生活中感到温暖，心情愉快，形成安全感、信赖感。

2. 与家长配合，根据幼儿的需要建立科学的生活常规。培养幼儿良好的饮食、睡眠、盥洗、排泄等生活习惯和生活自理能力。

3. 教育幼儿爱清洁、讲卫生，注意保持个人和生活场所的整洁和卫生。

4. 密切结合幼儿的生活进行安全、营养和保健教育，提高幼儿的自我保护意识和能力。

5. 开展丰富多彩的户外游戏和体育活动，培养幼儿参加体育活动的兴趣和习惯，增强体质，提高对环境的适应能力。

6. 用幼儿感兴趣的方式发展基本动作，提高动作的协调性、灵活性。

7. 在体育活动中，培养幼儿坚强、勇敢、不怕困难的意志品质和主动，乐观，合作的态度。

（三）指导要点

1. 幼儿园必须把保护幼儿的生命和促进幼儿的健康放在工作的首位。树立正确的健康观念，在重视幼儿身体健康的同时，要高度重视幼儿的心理健康。

2. 既要高度重视和满足幼儿受保护、受照顾的需要，又要尊重和满足他们不断增长的独立要求，避免过度保护和包办代替，鼓励并指导幼儿自理、自立的尝试。

3. 健康领域的活动要充分尊重幼儿生长发育的规律，严禁以任何名义进行有损幼儿健康的比赛、表演或训练等。

4. 培养幼儿对体育活动的兴趣是幼儿园体育的重要目标，要根据幼儿的特点组织生动有趣、形式多样的体育活动，吸引幼儿主动参与。

二、语言

（一）目标

1. 乐意与人交谈，讲话礼貌；

2. 注意倾听对方讲话，能理解日常用语；

3. 能清楚地说出自己想说的事；

4. 喜欢听故事、看图书；

5. 能听懂和会说普通话。

（二）内容与要求

1. 创造一个自由、宽松的语言交往环境，支持、鼓励、吸引幼儿与教师，同伴或其他人交谈，体验语言交流的乐趣，学习使用适当的、礼貌的语言交往。

2. 养成幼儿注意倾听的习惯，发展语言理解能力。

3. 鼓励幼儿大胆、清楚地表达自己的想法和感受，尝试说明、描述简单的事物或过程，发展语言表达能力和思维能力。

4. 引导幼儿接触优秀的儿童文学作品，使之感受语言的丰富和优美，并通过多种活动帮助幼儿加深对作品的体验和理解。

5. 培养幼儿对生活中常见的简单标记和文字符号的兴趣。

6. 利用图书、绘画和其他多种方式，引发幼儿对书籍、阅读和书写的兴趣，培养前阅读和前书写技能。

7. 提供普通话的语言环境，帮助幼儿熟悉、听懂并学说普通话。少数民族地区还应帮助幼儿学习本民族语言。

（三）指导要点

1. 语言能力是在运用的过程中发展起来的，发展幼儿语言的关键是创设一个能使他们想说、敢说、喜欢说、有机会说，并能得到积极应答的环境。

2. 幼儿语言的发展与其情感、经验、思维、社会交往能力等其他方面的发展密切相关，因此，发展幼儿语言的重要途径是通过互相渗透的各领域的教育，在丰富多彩的活动中去扩展幼儿的经验，提供促进语言发展的条件。

3. 幼儿的语言学习具有个别化的特点，教师与幼儿的个别交流、幼儿之间的自由交谈等，对幼儿语言发展具有特殊意义。

4. 对有语言障碍的儿童要给予特别关注，要与家长和有关方面密切配合，积极地帮助他们提高语言能力。

三、社会

（一）目标

1. 能主动地参与各项活动，有自信心；

2. 乐意与人交往，学习互助、合作和分享，有同情心；

3. 理解并遵守日常生活中基本的社会行为规则；

4. 能努力做好力所能及的事，不怕困难，有初步的责任感；

5. 爱父母长辈、老师和同伴，爱集体、爱家乡、爱祖国。

（二）内容与要求

1. 引导幼儿参加各种集体活动，体验与教师、同伴等共同生活的乐趣，帮助他们正确认识自己和他人，养成对他人、社会亲近、合作的态度，学习初步的人际交往技能。

2. 为每个幼儿提供表现自己长处和获得成功的机会，增强其自尊心和自信心。

3. 提供自由活动的机会，支持幼儿自主地选择、计划活动，鼓励他们通过多方面的努力解决问题，不轻易放弃克服困难的尝试。

4. 在共同的生活和活动中，以多种方式引导幼儿认识、体验并理解基本的社会行为规则，学习自律和尊重他人。

5. 教育幼儿爱护玩具和其他物品，爱护公物和公共环境。

6. 与家庭、社区合作，引导幼儿了解自己的亲人以及与自己生活有关的各行各业人们的劳动，培养其对劳动者的热爱和对劳动成果的尊重。

7. 充分利用社会资源，引导幼儿实际感受祖国文化的丰富与优秀，感受家乡的变化和发展，激发幼儿爱家乡、爱祖国的情感。

8. 适当向幼儿介绍我国各民族和世界其他国家、民族的文化，使其感知人类文化的多样性和差异性，培养理解、尊重、平等的态度。

（三）指导要点

1. 社会领域的教育具有潜移默化的特点。幼儿社会态度和社会情感的培养尤应渗透在多种活动和一日生活的各个环节之中，要创设一个能使幼儿感受到接纳、关爱和支持的良好环境，避免单一呆板的言语说教。

2. 幼儿与成人，同伴之间的共同生活、交往、探索、游戏等，是其社会学习的重要途径。应为幼儿提供人际间相互交往和共同活动的机会和条件，并加以指导。

3. 社会学习是一个漫长的积累过程，需要幼儿园、家庭和社会密切合作，协调一致，共同促进幼儿良好社会性品质的形成。

四、科学

1. 对周围的事物、现象感兴趣，有好奇心和求知欲；

2. 能运用各种感官，动手动脑，探究问题；

3. 能用适当的方式表达、交流探索的过程和结果；

4. 能从生活和游戏中感受事物的数量关系并体验到数学的重要和有趣；

5. 爱护动植物，关心周围环境，亲近大自然，珍惜自然资源，有初步的环保意识。

（二）内容与要求

1. 引导幼儿对身边常见事物和现象的特点、变化规律产生兴趣和探究的欲望。

2. 为幼儿的探究活动创造宽松的环境，让每个幼儿都有机会参与尝试，支持、鼓励他们大胆提出问题，发表不同意见，学会尊重别人的观点和经验。

3. 提供丰富的可操作的材料，为每个幼儿都能运用多种感官。多种方式进行探索提供活动的条件。

4. 通过引导幼儿积极参加小组讨论、探索等方式，培养幼儿合作学习的意识和能力，学习用多种方式表现、交流、分享探索的过程和结果。

5. 引导幼儿对周围环境中的数、量、形、时间和空间等现象产生兴趣，建构初步的数概念，并学习用简单的数学方法解决生活和游戏中某些简单的问题。

6. 从生活或媒体中幼儿熟悉的科技成果入手，引导幼儿感受科学技术对生活的影响，培养他们对科学的兴趣和对科学家的崇敬。

7. 在幼儿生活经验的基础上，帮助幼儿了解自然、环境与人类生活的关系。从身边的小事入手，培养初步的环保意识和行为。

（三）指导要点

1. 幼儿的科学教育是科学启蒙教育，重在激发幼儿的认识兴趣和探究欲望。

2. 要尽量创造条件让幼儿实际参加探究活动，使他们感受科学探究的过程和方法，体验发现的乐趣。

3. 科学教育应密切联系幼儿的实际生活进行，利用身边的事物与现象作为科学探索的对象。

五、艺术

（一）目标

1. 能初步感受并喜爱环境、生活和艺术中的美；

2. 喜欢参加艺术活动，并能大胆地表现自己的情感和体验；

3. 能用自己喜欢的方式进行艺术表现活动。

（二）内容与要求

1. 引导幼儿接触周围环境和生活中美好的人、事、物，丰富他们的感性经验和审美情趣，激发他们表现美、创造美的情趣。

2. 在艺术活动中面向全体幼儿，要针对他们的不同特点和需要，让每个幼儿都得到美的熏陶和培养。对有艺术天赋的幼儿要注意发展他们的艺术潜能。

3. 提供自由表现的机会，鼓励幼儿用不同艺术形式大胆地表达自己的情感、理解和想象，尊重每个幼儿的想法和创造，肯定和接纳他们独特的审美感受和表现方式，分享他们创造的快乐。

4. 在支持、鼓励幼儿积极参加各种艺术活动并大胆表现的同时，帮助他们提高表现的技能和能力。

5. 指导幼儿利用身边的物品或废旧材料制作玩具、手工艺品等来美化自己的生活或开展其他活动。

6. 为幼儿创设展示自己作品的条件，引导幼儿相互交流、相互欣赏、共同提高。

（三）指导要点

1. 艺术是实施美育的主要途径，应充分发挥艺术的情感教育功能，促进幼儿健全人格的形成。要避免仅仅重视表现技能或艺术活动的结果，而忽视幼儿在活动过程中的情感体验和态度的倾向。

2. 幼儿的创作过程和作品是他们表达自己的认识和情感的重要方式，应支持幼儿富有个性和创造性的表达，克服过分强调技能技巧和标准化要求的偏向。

3. 幼儿艺术活动的能力是在大胆表现的过程中逐渐发展起来的，教师的作用应主要在于激发幼儿感受美、表现美的情趣，丰富他们的审美经验，使之体验自由表达和创造的快乐。在此基础上，根据幼儿的发展状况和需要，对表现方式和技能技巧给予适时、适当的指导。

第三部分　组织与实施

一、幼儿园的教育是为所有在园幼儿的健康成长服务的，要为每一个儿童，包括有特殊需要的儿童提供积极的支持和帮助。

二、幼儿园的教育活动，是教师以多种形式有目的、有计划地引导幼儿生动，活泼，主动活动的教育过程。

三、教育活动的组织与实施过程是教师创造性地开展工作的过程。教师要根据本《纲要》，从本地、本国的条件出发，结合本班幼儿的实际情况，制定切实可行的工作计划并灵活地执行。

四、教育活动目标要以《幼儿园工作规程》和本《纲要》所提出的各领域目标为指导，结合本班幼儿的发展水平、经验和需要来确定。

五、教育活动内容的选择应遵照本《纲要》第二部分的有关条款进行，同时体现以下原则：

（一）既适合幼儿的现有水平，又有一定的挑战性。

（二）既符合幼儿的现实需要，又有利于其长远发展。

（三）既贴近幼儿的生活来选择幼儿感兴趣的事物和问题，又有助于拓展幼儿的经验和视野。

六、教育活动内容的组织应充分考虑幼儿的学习特点和认识规律，各领域的内容要有机联系，相互渗透，注重综合性、趣味性、活动性，寓教育于生活、游戏之中。

七、教育活动的组织形式应根据需要合理安排，因时、因地、因内容、因材料灵活地运用。

八、环境是重要的教育资源，应通过环境的创设和利用，有效地促进幼儿的发展。

（一）幼儿园的空间、设施、活动材料和常规要求等应有利于引发、支持幼儿的游戏和各种探索活动，有利于引发、支持幼儿与周围环境之间积极的相互作用。

（二）幼儿同伴群体及幼儿园教师集体是宝贵的教育资源，应充分发挥这一资源的作用。

（三）教师的态度和管理方式应有助于形成安全、温馨的心理环境；言行举止应成为幼儿学习的良好榜样。

（四）家庭是幼儿园重要的合作伙伴。应本着尊重、平等、合作的原则，争取家长的理解、支持和主动参与，并积极支持、帮助家长提高教育能力。

（五）充分利用自然环境和社区的教育资源，扩展幼儿生活和学习的空间。幼儿园同时应为社区的早期教育提供服务。

九、科学、合理地安排和组织一日生活。

（一）时间安排应有相对的稳定性与灵活性，既有利于形成秩序，又能满足幼儿的合理需要，照顾到个体差异。

（二）教师直接指导的活动和间接指导的活动相结合，保证幼儿每天有适当的自主选择和自由活动时间。教师直接指导的集体活动要能保证幼儿的积极参与，避免时间的隐性浪费。

（三）尽量减少不必要的集体行动和过渡环节，减少和消除消极等待现象。

（四）建立良好的常规，避免不必要的管理行为，逐步引导幼儿学习自我管理。

十、教师应成为幼儿学习活动的支持者、合作者、引导者。

（一）以关怀、接纳、尊重的态度与幼儿交往。耐心倾听，努力理解幼儿的想法与感受，支持、鼓励他们大胆探索与表达。

（二）善于发现幼儿感兴趣的事物、游戏和偶发事件中所隐含的教育价值，把握时机，积极引导。

（三）关注幼儿在活动中的表现和反应，敏感地察觉他们的需要，及时以适当的方式应答，形成合作探究式的师生互动。

（四）尊重幼儿在发展水平、能力、经验、学习方式等方面的个体差异，因人施教，努力使每一个幼儿都能获得满足和成功。

（五）关注幼儿的特殊需要，包括各种发展潜能和不同发展障碍，与家庭密切配合，共同促进幼儿健康成长。

十一、幼儿园教育要与0～3岁儿童的保育教育以及小学教育相互衔接。

第四部分　教育评价

一、教育评价是幼儿园教育工作的重要组成部分，是了解教育的适宜性、有效性，调整和改进工作，促进每一个幼儿发展，提高教育质量的必要手段。

二、管理人员、教师、幼儿及其家长均是幼儿园教育评价工作的参与者。评价过程是各方共同参与、相互支持与合作的过程。

三、评价的过程，是教师运用专业知识审视教育实践，发现、分析、研究、解决问题的过程，也是其自我成长的重要途径。

四、幼儿园教育工作评价实行以教师自评为主，园长以及有关管理人员、其他教师和家长等参与评价的制度。

五、评价应自然地伴随着整个教育过程进行。综合采用观察、谈话、作品分析等多种方法。

六、幼儿的行为表现和发展变化具有重要的评价意义，教师应视之为重要的评价信息和改进工作的依据。

七、教育工作评价宜重点考察以下方面：

（一）教育计划和教育活动的目标是否建立在了解本班幼儿现状的基础上。

（二）教育的内容、方式、策略、环境条件是否能调动幼儿学习的积极性。

（三）教育过程是否能为幼儿提供有益的学习经验，并符合其发展需要。

（四）教育内容、要求能否兼顾群体需要和个体差异，使每个幼儿都能得到发展，都有成功感。

（五）教师的指导是否有利于幼儿主动、有效地学习。

八、对幼儿发展状况的评估，要注意：

（一）明确评价的目的是了解幼儿的发展需要，以便提供更加适宜的帮助和指导。

（二）全面了解幼儿的发展状况，防止片面性，尤其要避免只重知识和技能，忽略情感、社会性和实际能力的倾向。

（三）在日常活动与教育教学过程中采用自然的方法进行。平时观察所获得的具有典型意义的幼儿行为表现和所积累的各种作品等，是评价的重要依据。

（四）承认和关注幼儿的个体差异，避免用划一的标准评价不同的幼儿，在幼儿面前慎用横向的比较。

（五）以发展的眼光看待幼儿，既要了解现有水平，更要关注其发展的速度、特点和倾向等。

附录二

我国学前儿童语言教育的几个新的发展趋向

——领会《纲要》有关幼儿园语言教育指导要求的精神

2001年我国教育部颁布了《幼儿园教育指导纲要(试行)》,这个新的幼儿教育纲要引起了整个幼教界的极大关注。在学习《纲要》的过程中,我们试图从语言教育的角度解读领会其精神,发现了《纲要》在学前儿童语言教育方面呈现的几个新的趋向。这些新的趋向反映了当前国际范围内有关儿童语言发展和语言教育研究的新成果,表现出国际儿童语言教育的新的理论观念,同时也充分体现了我国幼儿语言教育近年来改革发展的趋势。值此机会,我们将这些体会认识用书面的形式记录下来,以供国内幼教同行进一步探讨。

一、重视儿童的语言运用能力发展的趋向

重视儿童语言运用能力的发展,是近年来国际儿童语言教育的一个共同的趋向。我国教育部2001年颁布的《幼儿园教育指导纲要(试行)》,也第一次明确地提出了重视儿童语言运用的要求。《纲要》强调了幼儿的"语言能力是在运用的过程中发展起来的",因此认为"发展幼儿语言的关键"不是让幼儿强记大量的词汇,而是要引导幼儿"乐意与人交谈,讲话礼貌;注意倾听对方讲话,能理解日常用语;能清楚地说出自己想说的事;喜欢听故事、看图书;能听懂和会说普通话"。这样的提法明显地淡化了纯粹重视学前儿童语言形式学习的要求,强调语言教育过程中重视语言交际的功能,重视学前儿童在使用语言的过程中学习语言。在学习和贯彻《纲要》的过程中,许多有心的幼儿教育工作者希望了解,什么是儿童语言运用?什么是儿童语言运用能力的发展?怎样在幼儿园教育过程中培养幼儿的语言运用能力?这里我们需要从厘清基本概念入手,来认识儿童语言运用能力发展以及相关的教育问题。

1. 儿童语言运用能力发展的基本认识

儿童的语言运用是指儿童在学习和获得语言的过程中不断操作和使用语言进行交流的现象。儿童在交往过程中成长起来的语言运用能力,主要表现为儿童如何运用适当的语言形式表达自己的交往倾向,如何运用适当的策略开展与他人的交谈,如何根据不同情境的需要运用适当的方法组织语言表达自己的想法?儿童的语言运用能力,也有一个学习和获得的发展过程。在近年的研究中,国际儿童语言界开始注重学前儿童语言运用能力的发展，将儿童语言的发展与儿童语音、语法和语义的发展并列，成为儿童语言发展的四个重要范畴。有关的研究甚至将儿童语言的发展称为“儿童语言发展的源泉”，因为儿童在早期与成人交往过程中表现出的积极的语言倾向，给他们创造了语言学习的机会。

在过去的30年里，有关儿童语言运用的研究经历了几个不同的阶段，也形成了不同的儿童语言研究层面。最初的研究者比较关注话语和语境的问题，着重研究在不同的语境中，儿童如何学会使用委婉方式来表达自己的愿望；20世纪80年代之后，研究者又比较注意探讨儿童如何学习与人交谈，将研究的关注点放在了儿童如何学习寻找话题、轮流谈话以及延长谈话的修补能力方面等等(MacTear，1985)；及至20世纪90年代，研究者们回过头来重视儿童语言交流行为的发展过程，探讨儿童在语言发展中如何获得必要的知识技能，以便在相互交往中适当、有效、规范地使用语言(Ninio&Snow，1996)。这样的研究关注的是儿童语言运用能力最基本的层面，以及这些行为的形成过程，因而也就注定主要研究的是早期儿童的语言运用问题。

20世纪90年代中期在早期儿童语言运用的研究上有了突破性的进展。由哈佛大学教育研究院教授凯瑟琳·斯诺领导的研究小组，对美国英语儿童的语言交流行为进行了较大样本的跟踪研究。研究结果告诉我们，早期儿童的语言交流行为的成长主要表现在三个方面：一是语言交流行为逐步从模糊到清晰。孩子最初借助于手势与表情以及声音来表达自己的愿望，逐渐地学习使用语言来表达，并且在3岁之后社会交往倾向和言语行动表现的清晰度越来越高。二是语言交流的类型逐步扩展和增加。儿童的交往倾向类型有一个不断增加的过程，他们的言语行动类型也有一个不断扩张的过程，与此同时，由这两个方面综合构成的儿童语言运用的变通程度，即儿童语言运用的灵活性，也随着交往倾向和言语行动类型的增加而得到发展。儿童由此更灵活自如地运用语言来产生不同的交往效果。此外，在早期儿童语言交流行为的发展过程中，存在着一些较早出现并且常用的核心类型(Snow，1996)。哈佛大学的研究因此得出结论，认为儿童语言运用能力的习得过程，反映了儿童在认知能力、社会理解力及更严格意义上的语言技能这三方面的整合性发展。换言之，儿童的语言、社会和认知这三个方面的成长是互相促进、密不可分的(Ninio&Snow，1996；Snow，1996)。

20世纪90年代有关儿童语言交流行为发展的研究，还提交给儿童语言发展和语言教育研究一个新的观点。这个在国际儿童语言界引起广泛关注的新观点告诉我们，儿童的语言运用能力是儿童整体语言学习和发展的驱动力(Snow，1999)。支撑这个观点的证据来源于两个方面。一个方面是在正常儿童语言发展的研究中，发现儿童在没有会说话之前，就出现了用手势、体态和表情伴随言语声音表达自己的情况，这样的语言交流行为的萌发获得成人的即时反应，因而在交往中逐步发展起真正用语言交流的行为(Snow，1996；Pan，1996)。另一个方面的证据来源于对孤独症儿童的研究。孤独症儿童因为语言运用的发展过程匮乏，尽管他们积累了许多词汇，但是他们在发展过程中语言能力处于停滞状态，之后甚至落后于起点相似的弱智儿童(Rollins，1994)。因此，儿童语言运用可以被看成是儿童语言学习的动力和源泉，因为儿童在运用语言的过程中建立起与他人的交流情境，产生社会性交往和互动过程，也就因此学到了更多的真正有用的语言。

2. 汉语儿童的语言发展研究带来的信息

有关汉语儿童语言发展的研究一向落后于语言教育的需求，这种状况迄今尚未得到根本的改善。虽然较长时间以来，汉语儿童语言运用能力的研究处于空白状态，但是新近完成的一项汉语儿童早期语言发展的研究，填补了这方面的空白。我们沿用了哈佛大学的儿童语言研究分析框架，对汉语儿童早期语言交流行为的形成进行量化和质化的研究，从而探讨了中国文化情境中儿童早期语言运用能力发展的基本规律（Zhou，2001）。

这项有关汉语儿童早期语言能力的研究发现，中国儿童早期语言交流行为的发展速率与美国儿童相仿，但是发展的模型有差异（Zhou，2000；Zhou，2001）。这就是说，汉语儿童的语言交流行为成长的一般速度，从总体上评价是与美国儿童非常相似的。在研究的各个年龄段，汉语儿童语言交往倾向和言语行动类型的扩展速度、他们使用不同语言交流行为类型的频率、他们的语言清晰度的增长情况，以及他们语言交流行为的核心类型的存在状况，均与美国儿童基本相似。这样的结果反映了人类儿童语言发展的共同性。但是，在汉语儿童的语言交流行为形成过程中，也表现出一些不同于美国儿童的语言特征。比如，同种儿童在与母亲互动交往过程中，汉语儿童有一些语言交往倾向类型和言语行动使用频率大大超过美国儿童；但是另一些类型的使用频率则低于或大大低于美国的同龄儿童。这些儿童语言交流行为的独特性值得引起研究者和教育工作者的关注（Zhou，2000；Zhou，2001）。

我们的研究还发现，从质的角度评量儿童语言交流行为的发展，有三个基本的评价指标：语言交流行为表达的清晰度，新的语言交流行为类型的生成和儿童合作交流的行为水平（Zhou，2001）。第一个指标是说，孩子将需要表达的交往倾向说得越清楚，他们的交往目的就越容易达到，因而语言水平就越高。第二个指标与儿童学会并使用新的交往倾向类型和言语交往行为类型有关。比如，刚开始孩子只会与成人讨论交流当时出现在眼前的东西，后来逐步学会讨论想象情境中的内容，或是过去、将来发生的事情。这时候，因为新的类型出现在儿童语言中，他们的语言交流行为就有了比过去更多的灵活性，有利于他们更好地表达和交流。第三个指标可以考查儿童对交往情境的敏感度和交流双方的相互理解程度。例如，最早的时候孩子只会自顾自玩并发出模仿的声音，或者用招呼成人的方式来唤起和引导交流对方的注意。随着儿童年龄的增长，他们通过讨论和协商来建立延续一些共同关注的话题，使得交流在实质内容上有共同关心点。儿童在使用语言时的合作交流程度越高，他们的语言所产生的功能作用和对交流对方的影响就越强。

有关汉语儿童语言研究的另一方面结果是，研究发现了汉语儿童语言交流行为特征与成人语言交流行为的关系，从而反映出儿童语言发展受到来自于周围环境中成人行为特点的影响，呈现出在一定社会文化环境中成长的特征。研究结果告诉我们，汉语儿童语言交流行为不同于美国儿童的特性，一方面与汉语语言特点规律有关，但是更重要的是受到了与他们交往的成人——母亲语言特点的影响。举例来说，汉语儿童与美国儿童相比，较早出现“讨论当前关注问题”的交往倾向类型，并且使用的频率很高；但是使用“协商当前要开展的活动”的类型比较少；同时在“讨论当前关注问题”时，汉语儿童较多使用的是“肯定回答”、“陈述解释”等言语行动类型，而较少使用疑问质疑的方式来参与讨论。究其原因我们发现，中国的母亲在与孩子互动时表现出一种“任务中心”的观念。中国的母亲有非常注重引导孩子“讨论”交往的倾向，并且有大大多于美国母亲的问题让孩子回答。可以这样认为，中国孩子在与成人交往过程中，有许多机会要用回答问题和陈述见解的方式进行一个接一个问题的讨论，相对而言，他们运用其他交流类型的时间和空间就有可能少些。中国的孩子由此会成长为很好的接应话题的“讨论者”，但是值得关注的是，儿童在交往过程中“主动协商”、“大胆否定”和“善于质疑”的行为形成就受到了影响(Zhou，2000)。这样的结果证明了当代社会文化心理学的一个观点：儿童成长受到社会文化导向的发展过程的影响，来自于父母和其他成人的影响对儿童的发展产生作用；任何成人与儿童的交往行为都携带了某种社会文化的因素，并通过交流互动传递给儿童；而人类的一定社会文化的延续和发展正是在这样的过程中得以代代相传(Rogoff，1990)。

3. 儿童语言发展研究带给语言教育的信息

任何儿童发展研究都旨在提供有关的客观规律信息，要使这些信息最终对儿童教育产生一点作用，需要将它转换和运用到教育实践中去。我们在这里提及的有关儿童语言运用能力发展的研究，引用有关汉语儿童的语言研究结果，目的也是要探讨在幼儿园语言教育中的转换和应用问题。在我们贯彻执行《幼儿园教育指导纲要(试行)》时，许多幼儿教育工作者开始重视儿童语言运用的问题。《纲要》强调了幼儿的“语言能力是在运用的过程中发展起来的”，实际表明了对儿童语言交际功能的重视，要求让学前儿童在使用语言的过程中学习语言。在解读《纲要》有关语言教育的内容时，联系我们有关汉语儿童语言运用的研究，我们需要认真思考这样几个问题：

第一，如何为幼儿提供宽松的语言运用情境

应当说，这些年来我们的幼儿教育工作者已经从观念上认同了这样的提法。但是，究竟什么是宽松的语言运用环境，怎样为幼儿创设一个宽松的语言运用环境，仍然是许多幼教工作者感觉比较困惑模糊的问题。《纲要》明确要求“创造一个自由、宽松的语言交往环境，支持、鼓励、吸引幼儿与教师，同伴或其他人交谈，体验语言交流的乐趣”。

转换我们从汉语儿童语言研究中获得的信息，我们认为幼儿园语言教育的首要任务是帮助幼儿成为积极的语言运用者，在交往中逐渐学习理解和表达不同的意图倾向。鉴于这样的理由，教师和其他的成人需要特别注意保护幼儿运用语言交往的主动性和积极性。在我们的幼儿园里，常常可以看到这样的现象：当我们的孩子在集体活动中积极举手要求发言的时候，教师有意或者无意地忽视幼儿的说话愿望，久而久之，就使得相当一部分幼儿成了等待教师点名发言的被动的“交往者”。如果教师不在乎孩子发言多么准确或者优美，让每个孩子说说哪怕是不成熟的想法；或者在很多孩子争着要说的时候，用分组或者三三两两自由讨论的方式来让每个孩子有说的机会，那么他们交往的愿望得到满足和鼓励，他们也有了语言运用的机会。同样的问题还出现在孩子说话的过程中，有些教师出于“教育”的目的，打断孩子的话而要求他“说完整”、“说对”、“发音正确”等等，实际效果往往是孩子的交往愿望在这样的“打断”过程中受到了挫伤。我们已经在有关儿童语言交流行为的研究中发现，没有交往的愿望倾向就没有交流行为的产生，也就谈不上语言的学习和运用。因此，我们的教师应当允许孩子说得暂时不对、不完整，要相信孩子会在交往的过程中说得越来越准确、越来越完整。宽松的语言学习环境是愉快的，是积极互动的，也是允许出错的。

第二，如何为幼儿提供真实而丰富的语言运用情境

儿童的语言是在运用的过程中成长起来的，而儿童语言的运用又是在实际的语言交流中实现的。儿童语言发展研究的结果告诉我们，学前儿童语言交流行为的发展，实际上也是一个语言交流行为类型“大软件包”的扩展过程。其中包含有大约20种交往倾向类型和40种言语行动类型的获得，以及在表达时由交往倾向加言语行动构成的近百种语言变通类型。在幼儿园里，教师给幼儿提供真实而丰富的语言情境，是给幼儿创设可以帮助他们操作运用多种语言交流行为的交往情境。一方面是在专门的语言教育活动中，让幼儿学习在不同的语言情境里如何运用相应的语言交流方式来与人交往。比如谈话活动中幼儿学习如何倾听他人的语言，并采用合适的内容和语言形式与他人交谈；讲述活动中幼儿学习怎样在集体面前比较清楚地叙述个人的看法；文学活动中幼儿侧重理解和使用叙事性的语言表达方式；听说游戏要求幼儿使用敏捷应变的语言；早期阅读活动给幼儿接触书面语言的机会。另一方面，日常的语言交往是真正真实而丰富的语言教育环境，幼儿可以有更多的机会与各种各样的人交往，操练、扩展自己的语言经验。幼儿园语言教育决不能忽视这些日常的和渗透的环节。目前我们有许多幼儿园还存在只看“课”的问题，即教师的关注点基本集中在专门的语言教育活动上，而教育行政教研部门和园长也比较注重检查督导这些专门的教育活动。这样做的结果是，我们关注了每周不超过两小时的语言教育活动，而轻视了对幼儿来说每天每时都会存在的学习运用语言的机会。这是需要引起我们重视的一个问题。

第三，如何提供有利于幼儿创造性运用语言的机会

最近这些年来，我们的幼儿教育工作者已经充分认识到了儿童创造性培养的重要性。但是落实到幼儿教育实际中去，许多人简单地将幼儿创造性的培养寄希望于艺术教育，或者是流于一点贫乏的创造思维训练材料的使用。我们认为，创造性培养是贯穿和融合在教育过程的一切活动之中的，语言教育过程当然也不能例外。从汉语儿童语言运用能力发展的研究中反映出一点，我们的孩子疑问和质疑类言语行动的不足，有可能对他们的创造性思维和行动造成影响，因为儿童的语言运用能力与他们的认知能力，以及社会性能力是整合一体地发展的。从语言教育的角度来探讨这个问题，有一点需

要我们教师注意的是:怎样增加儿童质疑提问的机会。反思我们的语言教育活动过程,教师在与幼儿交往的时候由教师发起的提问很多,往往有教师在一次专门的语言教育活动中出现一问到底的现象。这样的师幼互动交往过程就不大可能给幼儿留下提问质疑的空间。此外,在幼儿园开展语言教育活动时,注意鼓励幼儿大胆地用语言表达自己的"预期"和"假设"也不够。我们经常会碰到这样的情形,幼儿在大胆地创编故事表达自己的想象时,教师却因为过于注意内容的逻辑性而给予幼儿消极或者否定的反馈,这样做实际上就影响了幼儿的创造性语言的运用。创造性的语言运用环境,应当是《纲要》所提出的幼儿"想说、敢说"的环境,应当是幼儿可以随时大胆质疑提问的学习环境,同时也是鼓励幼儿表达对学习内容预期和假设的场合。

近年来,国际教育界正在悄然兴起一股整合儿童发展理论与早期教育理论之风,回溯最近若干年有关儿童发展方方面面的研究成果,探讨如何将这些新的研究成果运用于早期教育之中。这样的做法提醒我们,儿童发展的研究只有落实到教育过程上去,才能真正地发挥研究的价值;而早期教育只有在重视和运用了儿童发展新的研究成果之后,才会最大效度地营造出符合规律的教育环境。语言教育当然不能例外。

二、重视学前儿童早期阅读的发展趋向

在学习《幼儿园教育指导纲要(试行)》的时候,我们不难发现在学前儿童语言教育方面,另一个非常明显的新动向是对早期阅读的提倡和重视。《幼儿园教育指导纲要(试行)》第一次明确地把幼儿的早期阅读方面的要求纳入语言教育的目标体系中,提出要"培养幼儿对生活中常见的简单标记和文字符号的兴趣;利用图书、绘画和其他多种方式,引发幼儿对书籍、阅读和书写的兴趣,培养前阅读和前书写技能"。

近年来,我国幼教界普遍关注幼儿的早期阅读的问题,开始重视研究这个新的课题。但是,我们的理论研究滞后于实践的需要,有关早期阅读的种种问题,从概念界定到内容方法等等,迄今为止尚未在我国幼教界形成共识。与此俱生的是在实践层面出现了比较混乱的认识,在幼儿园教师和家长中存在许多困惑。因此在贯彻落实《纲要》的时候,我们认为应当从最根本的问题上着手进行梳理。这个最根本的问题就是:对儿童来说什么是最重要的早期阅读能力?这些核心的早期阅读能力与后来的书面语言能力之间有什么样的关系?怎样正确地培养幼儿的自主阅读习惯和能力?

1. 自主阅读能力是早期阅读教育的关键

在社会和经济发展迅速的今天,人的阅读能力被视为重要的、具有很高价值的能力。因为阅读是学习的基础,人的阅读能力往往决定了他的学业成就,同时也是这个人未来成功从事各项工作的基本条件。所以,在现代社会中,人的阅读能力被看作是当今社会人们获得成功的基础(Snow,1998)。近年国际上一些长期追踪的研究证实了一点,那些小学三年级在阅读方面很差的学生,一般到高中阶段总体成绩也会很差,许多人甚至可能无法从高中毕业(Burn,1999)。因此有关研究结果告诉我们,人的主要阅读能力,是在3～8岁期间形成的。

为什么说人的主要阅读能力是在3～8岁期间形成的?当研究者进一步探讨这样

的现象时，发现人的阅读发展大致可分为两个层面的发展，即获得阅读能力的学习和通过阅读获取信息的方法能力的学习。一般来说，8 岁以前的儿童应当掌握的是基本阅读能力，而他们在 8 岁以后就可以通过这些基本阅读能力去进一步形成获取信息的方法技能，即通过阅读获取信息的能力，从而去学习各学科知识。简单地说，当儿童能够通过阅读学习独立思考、解决问题时，他们才有良好的在校学习适应性与学业成就，才具备个人终身学习的倾向与能力(Snow，1998；Burns，1999)。因此，研究的结果告诉我们，3～8 岁是儿童学习基本阅读能力的关键期，家长和老师要切实把握这个发展儿童阅读能力的时机。

研究还指出，在儿童 3～8 岁期间，我们要帮助他们奠定的基本阅读能力，是自主阅读的意识与技能(Snow，1998)。在这个阶段，孩子的口头语言发展速度惊人，同时开始认识符号、声音与意义的关联性，学习如何看待一张纸、一本书，尝试用自己所学的语言解释周围生活中的所见所闻。唯有成为自主阅读者，儿童才算真正具备了基本的阅读能力，这是近年来儿童自主阅读在全世界都受到重视的根本原因。然而，儿童不是天生就具备了自主阅读能力的。他们自主阅读能力的发展，有其形成过程与规律，在他们自主阅读能力的成长历程中，需要父母师长的正确引导。因此，目前国际范围内普遍认为，儿童的自主阅读能力的培养应当从出生开始，这不仅是家长和教师的工作，而且是整个社会的责任，需要教育部门、医疗保健机构和社会工作等方方面面的合力来协同推动进行。

2. 自主阅读的核心能力

当我们提及培养幼儿自主阅读能力的时候，非常担心的一个问题是，这个概念被歪曲和滥用。最近几年，我国幼儿教育的实践层面出现了一种“早期阅读热”。在研究非常匮乏的状况下，不少人轻而易举地将“早期阅读”与“早期识字”等同起来，加上诸多商业运作的原因，出现了识字课本和识字读物满天飞的现象。毫无疑问，这样的“早期阅读”教学将对我们的幼儿发展产生比较严重的不利影响，需要引起我们幼儿教育工作者的重视。这里我们郑重声明一点，我们所说的幼儿自主阅读，绝不是指幼儿识了一些字可以自己阅读的意思。那么什么是幼儿自主阅读能力？认同“阅读”是一个非常复杂的需要学习的过程时，我们不由得要探讨儿童自主阅读的核心能力，这个问题实际上是 20 世纪 90 年代起国际阅读研究关注的主要问题。

美国国家研究院早期阅读教育委员会的研究者们，在整合提炼了过去成果信息的基础上，提出这样的认识：一个熟练的英语阅读者，应当具有三个方面的主要技能，其中包括：① 认读文字——通过语音规则的联结来认读对应文字的能力；② 理解语意——能运用已有知识、口语词汇和综合认知策略来理解文字意义的能力；③ 流畅阅读——能够流利地认读文字从而理解阅读内容并保持阅读的趣味性。基于这样的看法，对儿童阅读学习至关重要的早期阅读基础是：① 儿童口语的丰富性以及对语音的敏感性。这个方面的充分条件，决定了儿童在看到书面文字的时候能否将之与所听到的口语字词对应起来，或者听到所说的话又能否将之用书面语言表达出来。毫无疑问，这是儿童学习阅读的基本能力。② 学习并欣赏书面语言符号的动机。儿童对书面语言的兴趣和知识，是通过自身的经验而建立起来的。在学前阶段，儿童需要拥有自己的书，需要有自己随时可以取到翻阅的图书，需要有人给他们讲述和朗读书上的内容，还要有机会经常看到别人阅读和写字。通过这样一些互动的过程，儿童可以理解书面语言的价值意义，同时建立起热爱阅读的情感动机，这也是为成为一个好的阅读者所做的必要准备。③ 儿童对文字的敏感性和有关文字的知识。有关文字的知识有助于儿童对学习阅读产生兴趣并比较快地学习书面语言(Snow，1998；Burns，1999)。

加拿大学者琳达·西格在研究儿童阅读困难的过程中发现，对儿童阅读能力来说，有三个方面的能力是至关重要的。一方面是儿童在阅读过程中的语音敏感性，这个能力帮助儿童将认读的书面符号与他获得的口语对应起来，产生意义上的联系，从而习得具体的字词；二是儿童在阅读过程中的语法敏感性，这个能力有助于儿童理解语句的意思，在书面语言的阅读和写作中使用正确的方式；三是儿童在阅读过程中的工作记忆能力，这个方面的能力可以支持儿童掌握阅读信息。在琳达·西格研究儿童阅读困难中的这些发现，也在中文广东话儿童的相应研究中得到验证，说明了不同语种的儿童阅读有一些共同核心能力的存在(Siegel，2000)。

此外，也有一些研究关注了儿童阅读学习中元认知策略的形成过程。研究者们认为，一个好的学习者需要逐步地养成诸如反思、预期、质疑和假设等元认知技能，这将有利于他们成为成功的阅读者(Bowman，2000)。

探讨中国文化环境里幼儿的自主阅读能力，我们需要吸收国际研究的信息，同时也需要考虑汉语语言的特点和汉语儿童的阅读规律等问题。经过初步的研究，我们提出汉语儿童早期自主阅读的核心能力主要包括下列三个方面：

第一，口头语言与书面语言对应的能力。

学龄前阶段是儿童口头语言发展的关键期。毫无疑问，各种研究均已证明，口头语言是书面语言发展的基础。对处于学前阶段的幼儿来说，他们的早期阅读过程是与他们已经获得的口语分不开的，在学习书面语言时调动自己的口语经验，将书面语言信息与自己已有的口语经验对应起来，是学前儿童自主阅读能力增长的一个重要方面。

在阅读中将口语与书面语言对应起来的能力，实际上包含了认知加工过程的两个方面的具体技能。一是儿童在阅读学习时对语音的敏感性。孩子从出生起就通过听觉的途径接受各种各样的口语信息，比如很小的婴儿听到“mama”的语音时，会用眼睛看着自己的妈妈，稍大一点就会发出“妈妈”的语音来呼唤或者寻找自己的母亲。在他们阅读的时候，如果认读“妈妈”这两个文字，必须要调动自己原有的语音经验，将之与文字符号对应起来。就汉语儿童学习阅读而言，还需要加上对汉语语音声调敏感的因素，因为汉语是通过声调来辨义的语言，“ma”的语音在不同声调的作用下可能是“妈”、“麻”、“马”和“骂”四个不同的字。

将口语与书面语言对应起来的能力，还包括儿童阅读学习时对语法的敏感性。书面语言的学习与口语一样，不应当是被割裂成逐字逐词的，儿童往往使用某种整体加工的方式认知这些学习内容。比如“我要红气球”和“气球是红的”是不同的语法表现形式，需要儿童有足够的口语语法经验，需要儿童在阅读这样的书面语言时，能够调动口语语法经验来完成认知加工过程。用这样的观点看待儿童早期阅读，我们就可以认识到，学前阶段让幼儿听讲故事和阅读图画故事书，对他们的语法敏感性的培养是何等有益的活动。

第二，书面语言的视觉感知辨别的能力。

学习书面语言的接受途径与口头语言不同，很大程度上是通过视觉的方式来进行的。对汉语这样一个特别的语言种类来说，视觉感知是每一个阅读者阅读学习的重要方式。学前阶段幼儿的早期阅读应当在这两个方面做好准备：

对汉语文字的特征的敏感性。汉语的文字是与其他任何文字不同的符号系统。要成为一个好的阅读者，必须对这种文字有别于其他符号有一定的敏感性。在学前阶段，儿童会在阅读过程中了解文字的作用，对文字符号产生兴趣和探究愿望，他们需要逐渐将汉语文字与其他符号区分开来，需要把汉语文字符号与其他文字符号区别开来。这些都是儿童视觉感知辨别书面语言的基本能力。

对汉语文字构成规律的敏感性。汉语文字的构成有着独特的规律。比如汉字的偏旁部首，就是不同于任何其他语言的构成方式。在帮助儿童学习阅读时，很有必要引导他们从视觉途径关注这些规律，联想某个符号特征与语义之间的联系。在视觉接受文字符号信息的时候，能够敏锐地抓取这种文字的符号特征，并且通过特征规律去推导与文字意义之间的联系，将有助于儿童成长为好的阅读者。

第三，成为流畅阅读者的策略预备能力。

学前儿童还不可能是流畅的阅读者。即使是识了不少字的幼儿，那些被人们视为“神童”的能够读报纸的幼儿，也不是流畅的阅读者，因为他们对阅读内容并没有也不可能真正地理解。要成为一个流畅的阅读者，需要各个方面的准备，其中最为重要的是整合阅读内容的阅读策略准备，这是学前阶段儿童需要学习的，也是他们自主阅读能力的组成部分。

成为流畅阅读者的策略预备能力，主要是指在理解阅读内容时产生作用的几种初步的技能：

反思的策略预备技能。幼儿在听故事看图书的过程中，会对故事里所发生的事情、对故事里的人物产生种种思考。这件事这个人是这样吗？先怎样的，后来又怎么样的？听完故事或者看完图书之后，有对阅读内容的反思过程，将有利于幼儿对阅读内容的理解。

预期的策略预备技能。在幼儿积累了相当的听故事和阅读图书的经验之后，就有可能在听到或看到类似的内容时，对故事的事件发展和人物的取向做出推测。这样的预期能力，可以帮助儿童在未来的阅读学习中，比较快速地理解阅读内容。儿童认读文字或者书写文字等各种书面语言的学习过程，均需要这样的技能的参与。

质疑的策略预备技能。在整合的阅读理解过程中，还需要儿童有质疑阅读内容的经验。听完故事或者看完图书之后，问一问为什么这个人会这样做，为什么这件事情会发生。养成思考“为什么”的习惯，有助于儿童在阅读时寻找到事件发生发展的某种原因，比较深入准确地理解阅读内容。

假设的策略预备技能。假设是与想象联系在一起的。听完故事或者看完图书之后，我们可以让幼儿假设，换一个条件或者情景，故事里的人或者动物会怎么样？事情会朝着什么样的方向发展？假如这样会如何，假如那样又怎么样？幼儿有了这些假设的策略技能之后，可以将之推到未来书面语言的学习过程中去，将会对他们未来的阅读和写作产生极好的作用。

3. 自主阅读能力的培养

阅读是一个多元的、复杂的历程，儿童需要在阅读过程中寻找到适合的途径，积累阅读经验，从而培养起自主阅读的能力来。在了解了儿童自主阅读的基本概念和核心能力构成之后，我们清楚地看到，学前阶段儿童的早期阅读教育绝不是用识字和写字教学可以替代的。这里我们就如何培养幼儿的自主阅读能力提出几点建议。

(1) 在丰富幼儿口语的过程中增加幼儿对语音和语法的敏感性。

我们在认识自主阅读核心能力时，已经充分了解了儿童口语对阅读能力建立的重要作用。因此，幼儿教育工作者和家长应当理解，学前阶段是儿童口头语言发展的大好时机，在这个阶段忽略儿童口语学习，而将他们的精力大量集中在识字写字上，毫无疑问是既事倍功半又存在危险的做法。这里所说的危险，就是用丧失儿童口语发展机会和书面语言学习基础的代价，去展示他们认识的几百个字和会写的若干个字。我们要再次郑重告诫教师和家长，幼儿口语发展水平对他们的阅读能力发展至关重要，不可忽视。我们需要通过日常交流和组织的语言活动，帮助幼儿扩展他们的口语词汇量，同时学到一些比较复杂的词汇，增加他们口语表达的丰富性。教师和家长可以在听说游戏、谈话活动、讲述活动、故事阅读和续编故事等活动中，引导幼儿运用口头语言表达自己的想法。这样当幼儿在阅读中遇及各种词汇的时候，就可以辨认出这些词汇，并且理解这些词汇的意义。

与此同时，教师和家长需要引导幼儿提高对语音和语法的敏感性。学前阶段儿童逐渐增加对口语声音和意义的敏感程度，他们开始关注口语中的押韵现象，喜欢听具有绕口令特征的语言，同时他们也开始注意到许多字词的发音相似之处，通过改变语词的次序可能造成不同的表达效果。家长和教师可以有意识地组织一些活动，指导幼儿学习感知和辨识语音以及词序，比如玩一些要求语言押韵的游戏、念儿歌童谣、随机指认相同字音的字，或者是让幼儿仿编和创编儿歌及歌曲等等。这些活动都将有效地提高幼儿对语音和语法的敏感程度，从而在阅读学习时可以敏锐地发现口语和书面语的对应关系。

(2) 围绕故事的活动，培养幼儿的阅读策略。

从学前阶段到小学低年级，故事是儿童阅读的主要材料。因此让幼儿慢慢适应故事文体特征以及其中包含的一些基本成分，都会有助于儿童建立起基本的阅读策略。

家长和教师应当注意每天给幼儿看故事书的时间，养成阅读图书的习惯，让幼儿口述自己听到的或者看到的故事，让幼儿扮演“讲故事的人”的角色来编和讲自己的故事。在幼儿听完故事或者看完图书之后，适当提出有利于他们反思和质疑的问题，帮助他们理解阅读内容。

在幼儿 4 岁之后，家长和教师的故事阅读指导活动进入第二个阶段。这个阶段除了延续上个阶段的有关活动，并不断提高要求之外，还可以开展分享阅读的活动，即成人和幼儿一起阅读有趣的图书。在与幼儿共同读书的过程中，成人可以帮助幼儿认识书上的文字与口头语言的对应关系，并且在读的过程中进行认读文字的初步尝试。与此同时，增加预期和假设的提问，或者用绘画和表演的方式来帮助幼儿预期故事结局，假设不同事件的发展情景。

(3) 创建有文字的学习环境，提高幼儿对文字的敏感性。

幼儿对文字的敏感性，是他们通向阅读之路的最重要的一步。教师和家长要创设这样的环境，让幼儿感受到文字无所不在地环绕在周围世界。丰富的早期阅读教育环境包括：提供幼儿随手可取的品质优良的书籍、书写材料，以及一些拼字积木和拼字磁铁玩具；在幼儿周围的重要物品上贴上一些文字标签；给幼儿做一些有自己名字的标志，如“××的房间”、“××的宝盒”。在这样的环境中，通过指导幼儿观察不同的印刷品来帮助幼儿了解文字的功能和重要意义，比如观察信件、账单，查看报纸所登天气预报或者是写购物单；通过指导幼儿认识文字书写的最基本规则来帮助他们建立基本的文字概念，比如知道看书要先看封面标题，文字阅读是从上到下、从左往右的顺序，以及认识最常见的字等等。

在幼儿园里，可以适当围绕课程内容开展拼字组词的活动，提高幼儿对母语文字组成规律的认识。在幼儿园内开展的拼字组词活动，重点要放在幼儿对文字组成关系结构的认识上，并且应当通过有趣的方式来进行，需要提供操作材料给幼儿摆弄玩耍。

此外，在幼儿园和家里也可以开展早期的“写作”活动，让幼儿尝试做一个小小的“写家”。这里说的写作，不是没完没了的写字或者描红，而是让幼儿尝试写下自己的心里话或者知道的事情。比如写便条、写信，或者是写一本故事书。可以让幼儿用图文相间的方式来“写”，也可以让幼儿画画、说说、写写，教师或者家长给予加注解释。总之，幼儿的早期写作活动，重点是加深幼儿对书面表达的印象，让他们体验写的快乐，增进写的经验。

(4) 尽早发现幼儿阅读困难，提供支持性帮助。

由于儿童早期阅读能力发展对于日后阅读及学业成就的影响甚大，因此，当孩子出现一些阅读困难的征兆时，教师和家长要敏锐地给予早期预防性的干预。一般而言，存在阅读困难的儿童最有可能出现三个方面的问题：无法了解或使用书面语言的组成规则，无法获得并使用理解策略来解读书面语言的含义，阅读缺乏流畅性。这三方面的问题可能会同时存在，降低儿童的阅读学习动机。教师和家长可以为这些儿童建立比较特殊的个别教学计划，针对他们在阅读活动中出现的问题给予特别的帮助。

总之，幼儿自主阅读能力是早期阅读教育的关键。有关这个方面的教育内容和方法，还需要我们幼儿教育理论和实践工作者携手进行深入的研究。

三、重视支持性语言教育环境的创设

学习《幼儿园教育指导纲要(试行)》，重视支持性语言教育环境的创设已经成为第三个共同的关注趋向。近年来国际早期教育界已经开始关注支持性教育环境的问题，提倡在教育过程中成人负责而认真地对儿童的各种需求和行为做出反应。由此得到的认识是，教育者的责任和义务在于促进儿童的学习倾向，提高他们的学习感受能力，因为这将帮助儿童形成终身积极参与学习的进取心(Bowman，2000)。于是，在幼儿园语言教育方面，教师作为儿童语言发展的支持者的作用就得到了凸显，由教师提供的支持性教育环境有利于儿童语言能力的迅速发展。

1. 支持幼儿语言学习的个别需要

当代儿童语言教育的一个突出的特点，是认同儿童语言发展既有人类语言发展的一般规律，又有非常明显的个别差异，因而就要求给每一个儿童提供符合个别需要的教育机会。仔细研读《幼儿园教育指导纲要(试行)》，我们认为有关语言教育部分充分体现了这样的观念思想。《纲要》强调了"幼儿的语言学习具有个别化的特点，教师与幼儿的个别交流、幼儿之间的自由交谈等，对幼儿语言发展具有特殊意义"。

教师如何支持儿童语言学习的个别需要？许多教师发现，这个问题说起来容易，落到实处确有许多难处。这里需要我们的教师养成一个基本的习惯，要对儿童语言发展信息比较敏感，在日常的活动中非常注意观察幼儿的语言。当教师和孩子交往的时候，随时观察记录每一个孩子的语言情况，就会发现某个或者某几个孩子的语言发展和其他孩子群体有差别。这样教师在教育过程中就可以适当地增加或者变化教育计划，让他们获得更适合的、更多的学习机会。

在幼儿园里，我们还不可避免地遇及一些语言发展有不同障碍的儿童。这些儿童的语言学习又有更加明显和特别的需要。如同《纲要》所提出的那样，"对有语言障碍的儿童要给予特别关注。"教师要做有心人，在发现幼儿有可能存在语言障碍后，及时与家长联系，并和家长共商进一步的检查和评估。在日常语言教育过程中，教师需要帮助这些孩子提高运用语言交流的自信心，鼓励他们积极参与交往，并且制定特别的个别教育计划，针对幼儿的语言问题予以特别的帮助。

2. 支持幼儿开放而平等的语言学习

近年来，国际幼儿语言教育理论又有一个新的观点：儿童语言学习是开放而平等的学习。在这个新的语言教育观念下，教师和儿童是构造愉快学习和交流过程的共同体。从教师方面来说，教师有比较充分的专业自主权，这些主要表现在他们熟悉学习和教学理论，设计课程内容和选择教材，并且根据他们对儿童的了解做教学活动设计。从儿童方面来说，在教育过程中儿童和教师的关系是合作学习者的关系，而非下对上的关系。教师的责任是为儿童创设一个良好的语言学习环境，而且在儿童之间营造一个非竞争的学习共同体。尤其要注意的是，当儿童有权利去自我选择的时候，学习的效果会更好。

可以说，在学习《纲要》的过程中，我们可以感受到渗透于其中的开放的观念。创设支持性的语言教育环境，教师作为支持者也是平等的交流者。与幼儿交往，重要的行为反应是“支持、鼓励、吸引幼儿与教师，同伴或其他人交谈，体验语言交流的乐趣”。这样就有了与幼儿一起分享和协作的学习过程，更允许幼儿通过不同方式探索如何使用语言，在幼儿有需求的时候及时给予指导和帮助。

3. 支持幼儿在活动中扩展语言经验

在重视创设支持性语言教育环境时，《幼儿园教育指导纲要（试行）》还同时关注了促使儿童语言发展的方法途径问题。《纲要》明确指出“发展幼儿语言的重要途径是通过互相渗透的各领域的教育”，因而要求“在丰富多彩的活动中去扩展幼儿的经验，提供促进语言发展的条件”。

《幼儿园教育指导纲要（试行）》所体现的支持幼儿在活动中扩展语言经验的倾向，也反映出国际幼儿语言教育的一种共同走向。比较几个国家幼儿教育纲领性文件，美国的《早期儿童发展适宜性教育指南》多处提及采用不同的活动方式，例如表演游戏、谈话、猜谜等方式，帮助幼儿学习语言。英国给早期教育工作者的提示是，要让“幼儿在活动中有机会听说、表达自己的观点”，因为幼儿在探索周围环境、时间和观念时，在与他人进行社会交往中，能够重复、强化、巩固语言，从而提高他们的语言能力；与此同时，英国的《基础教育阶段（3～5 岁）课程指南》还指出“游戏能给幼儿以想象、创造经验的机会”，因为在游戏中，幼儿可以做和说他们在现实中不可能实现的事情，这也是促进幼儿语言发展非常重要的方法途径。

应当指出一点，这种支持幼儿通过活动学习语言的倾向，也是中国幼儿教育改革和发展的一个必然结果。在过去的 20 年里，中国幼儿教育工作者将新的教育观念引进到语言教育中，使得我们的幼儿园语言教育发生了两个大的变化。一是语言教育活动内容的整合性，即教育者充分意识到儿童语言发展与其他智能、情感等方面的发展是整合一体的关系。在儿童语言发展过程中，儿童对每一个新词、每一种句式的习得，都是整个学习系统调整、吸收与发展的结果。离开了儿童发展的其他方面，语言学习是不可能成功的。与此同时，儿童语言学习的每一点收获，都对他们其他方面的发展起到良好的促进作用，儿童其他方面的发展同样也离不开语言的发展。基于这样的观念，在开展学前儿童语言教育的时候，幼儿教育工作者注意从外部进行整合，将语言教育作为学前儿童教育整体中的一部分来看待，加强学前儿童语言教育与其他方面教育之间的联系。同时也注意了儿童语言学习内部的整合，在选择和编排语言教育内容时，把语言学习内容视为一个整体，而非将教学切割成分离的技能成分。

另一个变化是幼儿园语言教育活动形式的多样性。20 世纪 90 年代以来我国幼儿园语言教育研究，比较关注语言教育活动的设计与组织，关注教师在组织活动时为幼儿创设具有真实语言运用机会的不同交流情境，使语言教育活动的过程成为教师与幼儿共同建设的积极互动的过程。例如，近年来比较广泛地为幼儿园教师所采纳的讲述活动、谈话活动、听说游戏活动、文学活动和早期阅读活动，从不同的角度为幼儿创设了比较丰富的语言学习情境，提供幼儿语言发展需要的形式多样的活动过程，让幼儿在活动中与语言和非语言信息互动操作，促使他们在活动过程中学习和获得有效的、有用的语言。在学习《纲要》的时候，我们需要进一步探讨幼儿园各种语言教育活动如何有效地帮助幼儿扩展语言经验的问题，特别注意日常生活各环节幼儿如何实现扩展语言经验的活动。

综上所述，在学习《幼儿园教育指导纲要(试行)》的过程中，我们感受到了中国幼儿园语言教育发展的几个趋势。重视儿童语言运用能力的发展，重视儿童的早期阅读，重视支持性语言教育环境的创设，是当前我们贯彻《纲要》精神，进一步深化幼儿语言教育改革的几个关注点。这些在学前儿童语言教育方面呈现的发展倾向，也表现出中国幼教与国际幼教接轨的趋势，折射出中国幼教改革发展的良好态势。

附录三

《3—6 岁儿童学习与发展指南》中语言领域的发展目标和教育建议

语言是交流和思维的工具。幼儿期是语言发展，特别是口语发展的重要时期。幼儿语言的发展贯穿于各个领域，也对其他领域的学习与发展有着重要的影响：幼儿在运用语言进行交流的同时，也在发展着人际交往能力、理解他人和判断交往情境的能力、组织自己思想的能力。通过语言获取信息，幼儿的学习逐步超越个体的直接感知。

幼儿的语言能力是在交流和运用的过程中发展起来的。应为幼儿创设自由、宽松的语言交往环境，鼓励和支持幼儿与成人、同伴交流，让幼儿想说、敢说、喜欢说并能得到积极回应。为幼儿提供丰富、适宜的低幼读物，经常和幼儿一起看图书、讲故事，丰富其语言表达能力，培养阅读兴趣和良好的阅读习惯，进一步拓展学习经验。

幼儿的语言学习需要相应的社会经验支持，应通过多种活动扩展幼儿的生活经验，丰富语言的内容，增强理解和表达能力。应在生活情境和阅读活动中引导幼儿自然而然地产生对文字的兴趣，用机械记忆和强化训练的方式让幼儿过早识字不符合其学习特点和接受能力。

（一）倾听与表达

目标 1　认真听并能听懂常用语言

3～4 岁	4～5 岁	5～6 岁
1. 别人对自己说话时能注意听并做出回应。 2. 能听懂日常会话。	1. 在群体中能有意识地听与自己有关的信息。 2. 能结合情境感受到不同语气、语调所表达的不同意思。 3. 方言地区和少数民族幼儿能基本听懂普通话。	1. 在集体中能注意听老师或其他人讲话。 2. 听不懂或有疑问时能主动提问。 3. 能结合情境理解一些表示因果、假设等相对复杂的句子。

教育建议：

1. 多给幼儿提供倾听和交谈的机会。如：经常和幼儿一起谈论他感兴趣的话题，或一起看图书、讲故事。

2. 引导幼儿学会认真倾听。如：

成人要耐心倾听别人（包括幼儿）的讲话，等别人讲完再表达自己的观点。

与幼儿交谈时，要用幼儿能听得懂的语言。

对幼儿提要求和布置任务时要求他注意听，鼓励他主动提问。

3. 对幼儿讲话时，注意结合情境使用丰富的语言，以便于幼儿理解。如：

说话时注意语气、语调，让幼儿感受语气、语调的作用。如对幼儿的不合理要求以比较坚定的语气表示不同意；讲故事时，尽量把故事人物高兴、悲伤的心情用不同的语气、语调表现出来。

根据幼儿的理解水平有意识地使用一些反映因果、假设、条件等关系的句子。

目标 2　愿意讲话并能清楚地表达

3～4 岁	4～5 岁	5～6 岁
1. 愿意在熟悉的人面前说话，能大方地与人打招呼。 2. 基本会说本民族或本地区的语言。 3. 愿意表达自己的需要和想法，必要时能配以手势动作。 4. 能口齿清楚地说儿歌、童谣或复述简短的故事。	1. 愿意与他人交谈，喜欢谈论自己感兴趣的话题。 2. 会说本民族或本地区的语言，基本会说普通话。少数民族聚居地区幼儿会用普通话进行日常会话。 3. 能基本完整地讲述自己的所见所闻和经历的事情。 4. 讲述比较连贯。	1. 愿意与他人讨论问题，敢在众人面前说话。 2. 会说本民族或本地区的语言和普通话，发音正确清晰。少数民族聚居地区幼儿基本会说普通话。 3. 能有序、连贯、清楚地讲述一件事情。 4. 讲述时能使用常见的形容词、同义词等，语言比较生动。

教育建议：

1. 为幼儿创造说话的机会并体验语言交往的乐趣。

每天有足够的时间与幼儿交谈。如谈论他感兴趣的话题，询问和听取他对自己事情的意见等。

尊重和接纳幼儿的说话方式，无论幼儿的表达水平如何，都应认真地倾听并给予积极的回应。

鼓励和支持幼儿与同伴一起玩耍、交谈，相互讲述见闻、趣事或看过的图书、动画片等。

方言和少数民族地区应积极为幼儿创设用普通话交流的语言环境。

2. 引导幼儿清楚地表达。如：

和幼儿讲话时，成人自身的语言要清楚、简洁。

当幼儿因为急于表达而说不清楚的时候，提醒他不要着急，慢慢说；同时要耐心倾听，给予必要的补充，帮助他理清思路并清晰地说出来。

目标3　具有文明的语言习惯

3～4岁	4～5岁	5～6岁
1. 与别人讲话时知道眼睛要看着对方。 2. 说话自然，声音大小适中。 3. 能在成人的提醒下使用恰当的礼貌用语。	1. 别人对自己讲话时能回应。 2. 能根据场合调节自己说话声音的大小。 3. 能主动使用礼貌用语，不说脏话、粗话。	1. 别人讲话时能积极主动地回应。 2. 能根据谈话对象和需要，调整说话的语气。 3. 懂得按次序轮流讲话，不随意打断别人。 4. 能依据所处情境使用恰当的语言。如在别人难过时会用恰当的语言表示安慰。

教育建议：

1. 成人注意语言文明，为幼儿做出表率。如：

与他人交谈时，认真倾听，使用礼貌用语。

在公共场合不大声说话，不说脏话、粗话。

幼儿表达意见时，成人可蹲下来，眼睛平视幼儿，耐心听他把话说完。

2. 帮助幼儿养成良好的语言行为习惯。如：

结合情境提醒幼儿一些必要的交流礼节。如对长辈说话要有礼貌，客人来访时要打招呼，得到帮助时要说谢谢等。

提醒幼儿遵守集体生活的语言规则，如轮流发言，不随意打断别人讲话等。

提醒幼儿注意公共场所的语言文明，如不大声喧哗。

(二) 阅读与书写准备

目标1　喜欢听故事，看图书

3～4岁	4～5岁	5～6岁
1. 主动要求成人讲故事，读图书。 2. 喜欢跟读韵律感强的儿歌、童谣。 3. 爱护图书，不乱撕、乱扔。	1. 反复看自己喜欢的图书。 2. 喜欢把听过的故事或看过的图书讲给别人听。 3. 对生活中常见的标识、符号感兴趣，知道它们表示一定的意义。	1. 专注地阅读图书。 2. 喜欢与他人一起谈论图书和故事的有关内容。 3. 对图书和生活情境中的文字符号感兴趣，知道文字表示一定的意义。

教育建议：

1. 为幼儿提供良好的阅读环境和条件。如：

提供一定数量、符合幼儿年龄特点、富有童趣的图画书。

提供相对安静的地方，尽量减少干扰，保证幼儿自主阅读。

2. 激发幼儿的阅读兴趣，培养阅读习惯。如：

经常抽时间与幼儿一起看图书、讲故事。

提供童谣、故事和诗歌等不同体裁的儿童文学作品，让幼儿自主选择和阅读。

当幼儿遇到感兴趣的事物或问题时，和他一起查阅图书资料，让他感受图书的作用，体会通过阅读获取信息的乐趣。

3. 引导幼儿体会标识、文字符号的用途。如：

向幼儿介绍医院、公用电话等生活中的常见标识，让他知道标识可以代表具体事物。

结合生活实际，帮助幼儿体会文字的用途。如买来新玩具时，把说明书上的文字念给幼儿听，了解玩具的玩法。

目标 2　具有初步的阅读理解能力

3～4 岁	4～5 岁	5～6 岁
1. 能听懂短小的儿歌或故事。 2. 会看画面，能根据画面说出图中有什么，发生了什么事等。 3. 能理解图书上的文字是和画面对应的，是用来表达画面意义的。	1. 能大体讲出所听故事的主要内容。 2. 能根据连续画面提供的信息，大致说出故事的情节。 3. 能随着作品的展开产生喜悦、担忧等相应的情绪反应，体会作品所表达的情绪情感。	1. 能说出所阅读的幼儿文学作品的主要内容。 2. 能根据故事的部分情节或图书画面的线索猜想故事情节的发展，或续编、创编故事。 3. 对看过的图书、听过的故事能说出自己的看法。 4. 能初步感受文学语言的美。

教育建议：

1. 经常和幼儿一起阅读，引导他以自己的经验为基础理解图书的内容。如：

引导幼儿仔细观察画面，结合画面讨论故事内容，学习建立画面与故事内容的联系。

和幼儿一起讨论或回忆书中的故事情节，引导他有条理地说出故事的大致内容。

在给幼儿读书或讲故事时，可先不告诉名字，让幼儿听完后自己命名，并说出这样命名的理由。

鼓励幼儿自主阅读，并与他人讨论自己在阅读中的发现、体会和想法。

2. 在阅读中发展幼儿的想象和创造能力。如：

鼓励幼儿依据画面线索讲述故事，大胆推测、想象故事情节的发展，改编故事部分情节或续编故事结尾。

鼓励幼儿用故事表演、绘画等不同的方式表达自己对图书和故事的理解。

鼓励和支持幼儿自编故事，并为自编的故事配上图画，制成图画书。

3. 引导幼儿感受文学作品的美。如：

有意识地引导幼儿欣赏或模仿文学作品的语言节奏和韵律。

给幼儿读书时，通过表情、动作和抑扬顿挫的声音传达书中的情绪情感，让幼儿体会作品的感染力和表现力。

目标3　具有书面表达的愿望和初步技能

3～4岁	4～5岁	5～6岁
1. 喜欢用涂涂画画表达一定的意思。	1. 愿意用图画和符号表达自己的愿望和想法。 2. 在成人提醒下，写写画画时姿势正确。	1. 愿意用图画和符号表现事物或故事。 2. 会正确书写自己的名字。 3. 写画时姿势正确。

教育建议：

1. 让幼儿在写写画画的过程中体验文字符号的功能，培养书写兴趣。如：

准备供幼儿随时取放的纸、笔等材料，也可利用沙地、树枝等自然材料，满足幼儿自由涂画的需要。

鼓励幼儿将自己感兴趣的事情或故事画下来并讲给别人听，让幼儿体会写写画画的方式可以表达自己的想法和情感。

把幼儿讲过的事情用文字记录下来，并念给他听，使幼儿知道说的话可以用文字记录下来，从中体会文字的用途。

2. 在绘画和游戏中做必要的书写准备，如：

通过把虚线画出的图形轮廓连成实线等游戏，促进手眼协调，同时帮助幼儿学习由上至下、由左至右的运笔技能。

鼓励幼儿学习书写自己的名字。

提醒幼儿写画时保持正确姿势。

参考文献

[1] 李宇明主编:《儿童语言的发展》,华中师范大学出版社 1995 年版
[2] 朱曼殊主编:《儿童语言发展研究》,华东师范大学出版社 1986 年版
[3] 祝士媛主编:《学前儿童语言教育》,北京师范大学出版社 1995 年版
[4] 陈帼眉主编:《学前心理学》,人民教育出版社 1989 年版
[5] 朱智贤主编:《儿童心理学》,人民教育出版社 1993 年版
[6] 朱曼殊主编:《心理语言学》,华东师范大学出版社 1990 年版
[7] 赵寄石、楼必生主编:《学前儿童语言教育》,人民教育出版社 1993 年版
[8] 周兢主编:《语言》,南京师范大学出版社 1996 年版
[9] 唐淑主编:《幼儿园语言和科学教育》,南京师范大学出版社 1999 年版
[10] 卢乐珍、朱缪斌主编:《幼儿园教育活动》,江苏少年儿童出版社 1993 年版
[11] 张明红主编:《学前儿童语言教育》,华东师范大学出版社 2006 年版
[12] 席琴、王新炎主编:《学前儿童语言教育》,光明日报出版社 2007 年版
[13] 朱海琳主编:《学前儿童语言教育》,科学出版社 2009 年版
[14] 张加蓉、卢伟主编:《学前儿童语言教育活动指导(第二版)》,复旦大学出版社 2009 年版
[15] 教育部基础教育司编著:《〈幼儿园教育指导纲要(试行)〉》解读,江苏教育出版社 2002 年版
[16] 中华人民共和国教育部:《幼儿园教育指导纲要(试行)》,2001 年
[17] 徐晓华主编:《幼儿园语言文学教育活动》,新华出版社 1996 年版
[18] 周兢主编:《幼儿园语言教育活动设计与组织》,人民教育出版社 1996 年版
[19] 王志明主编:《幼儿园教育活动与研究》,苏州大学出版社 1995 年版
[20] 彭懿主编:《图画书:阅读与经典》,二十一世纪出版社,2006 年版
[21] 周兢主编:《早期阅读发展与教育研究》,教育科学出版社 2007 年版
[22] 林崇德主编:《发展心理学》,人民教育出版社 2001 年版
[23] 刘金花主编:《儿童发展心理学》,华东师范大学出版社 2006 年版
[24] 郑荔:《学龄前儿童“修辞特征”语言研究》,南京师范大学博士论文,2008 年版
[25] 黄璟:《从语言获得理论谈儿童语言教育的启示》,《中国石油大学胜利学院学报》,2010 年第 1 期

[26] 张明红:《学前儿童语言教育及其研究展望》,《幼儿教育》,2001 年第 1 期
[27] 蔡淑兰:《学前儿童语言教育评价指标体系的构建》,《内蒙古师大学报(哲学社会科学版)》,1999 年第 4 期
[28] 王蕾:《图画书与学前儿童语言教育》,《学前教育研究》,2008 年第 7 期
[29] 周兢、程晓樵:《论幼儿园早期阅读活动》,《学前教育研究》,1995 年第 2 期
[30] 颜晓燕:《实施整合的早期阅读教育的必然性与途径》,《学前教育研究》,2011 年第 12 期
[31] 张敬:《试谈儿童文学的价值功能》,《科教文汇》,2009 年第 4 期
[32] 刘欣茹、张莅颖、李岩:《幼儿家庭早期阅读教育浅析》,《教育导刊》,2010 年第 3 期
[33] 孙秀荣:《幼儿早期阅读的特点及指导策略》,《幼儿教育》,2000 年第 7 期
[34] 张明红:《早期阅读材料的选择》,《幼儿教育(教育科学版)》,2007 年第 9 期
[35] 杨玲:《早期阅读教育的价值与指导策略》,《当代教育论坛》,2010 年第 8 期
[36] 郑荔:《学前儿童修辞性语言的出现与培养》,《学前教育研究》,2009 年第 2 期
[37] 康长运、唐子煜:《图画书本质特点研析》,《大学出版》,2002 年第 2 期
[38] 郑慧俐:《图画书的画面特点及教师指导方式的相关研究》,《教育导刊》,2010 年第 10 期
[39] 李晓霞:《浅谈儿童语言的审美特征》,《考试教研》,2009 年第 5 期
[40] 郑慧俐、郑荔:《图画书的语言特点及教师指导方式的相关研究》,《幼儿教育》,2011 年第 6 期
[41] 杨红:《早期阅读教育研究》,《课程教材教学研究》,2010 年第 1 期
[42] 顾凤玲:《早期阅读中发展幼儿思维及语言表达力研究报告》,《宁夏教育科研》,2010 年第 1 期
[43] 张伟英、沙海燕:《图画故事书中图文交互关系研究》,《装饰》,2009 年第 4 期
[44] 方卫平:《细节·巧思·主题及其他——关于原创图画书创作的几点初步思考》,《昆明学院学报》,2009 年第 1 期
[45] 康长运:《儿童图画故事书阅读特点及机制的探讨》,《幼儿教育》,2008 年第 19 期
[46] 张婧梅:《图画书在幼儿园早期阅读教育中的运用》,《时代教育》,2008 年第 7 期
[47] 陈晖:《儿童图画书的故事、主题及文字表达》,《深圳大学学报》,2009 年第 9 期
[48] 王小兰:《浅谈儿童文学语言的音乐美和动态美》,《社科纵横》,2002 年第 4 期

后　记

随着《幼儿园教育指导纲要(试行)》与《3—6岁儿童学习与发展指南》的颁布与实行,为了适应我国学前儿童语言教育改革与发展的新需要,我们对《学前儿童语言教育》这本教材进行了修订,本教材在语言教育的基本观念、语言教育的目标定位、语言教育的内容选择、语言教育的活动指导与评价等方面进一步体现了《纲要》与《指南》的先进精神与理念。本教材反映了现代学前儿童语言教育的新理念、新思想,把语言教育的理论阐述和语言教育实践中的具体问题结合起来,力求学生能意识到语言教育理论对语言教学的实践指导意义。

该教材修订的主旨在于提高学生对学前儿童语言学习的兴趣,拓展学生对于学前儿童语言学习内容的广度与深度,提升学生在学前儿童语言学习过程中理论联系实际的能力,帮助学生及时了解学前儿童语言教育最前沿的研究成果。

本教材的完成是集体协作的结晶,由主编制定编写计划,编写者共同研讨编写细节。具体编写分工为:郑慧俐(淮阴师范学院)负责第四章、第五章、第七章;季燕(南通大学)负责第二章、第三章;张梅(南京市鼓楼幼儿园江北新区分园)负责第一章;陈洁(湖南民族职业学院)负责第六章;范媛(商洛职业技术学院)负责第八章。全部书稿汇总后,由主编进行统稿并最终定稿。

教材中参考、引用和借鉴了一些国内外同行的研究成果和幼儿教育一线教师的教学实践案例,在此一并向所有的文献作者致谢。感谢淮阴师范学院教育科学学院领导对本教材编写的大力支持和热情关心!感谢责任编辑丁群为本教材的顺利出版付出的辛苦劳动!

由于学识浅薄,研究经验不够丰富,书稿内容疏漏与不当在所难免,敬请读者批评指正,以便不断修正完善。

编　者

2023年4月

图书在版编目(CIP)数据

学前儿童语言教育 / 郑慧俐，季燕主编. — 南京 ：南京大学出版社，2023.4

ISBN 978-7-305-26813-7

Ⅰ. ①学… Ⅱ. ①郑… ②季… Ⅲ. ①学前儿童—语言教学—高等学校—教材 Ⅳ. ①G613.2

中国国家版本馆 CIP 数据核字(2023)第 040711 号

出版发行 南京大学出版社
社　　址 南京市汉口路 22 号　　邮　编 210093
出 版 人 金鑫荣

书　　名 学前儿童语言教育
主　　编 郑慧俐　季　燕
责任编辑 丁　群　　编辑热线 025-83597482

照　　排 南京南琳图文制作有限公司
印　　刷 徐州大华快速印刷有限公司
开　　本 787×1092　1/16　印张 11.75　字数 258 千
版　　次 2023 年 4 月第 1 版　2023 年 4 月第 1 次印刷
ISBN 978-7-305-26813-7
定　　价 42.00 元

网址：http://www.njupco.com
官方微博：http://weibo.com/njupco
微信服务号：NJUyuexue
销售咨询热线：(025) 83594756